AF566120

# Kinder, die Systeme sprengen

Band 2:
Impulse, Zugangsweg und hilfreiche Setting-bedingungen für Jugendliche und Schule

von

Menno Baumann

Schneider Verlag Hohengehren GmbH

Umschlagidee:

Verlag

Umschlagfoto:

Jann Wilken

Gedruckt auf umweltfreundlichem Papier (chlor- und säurefrei hergestellt).

**Bibliografische Information der Deutschen Nationalbibliothek**

Die Deutsche Nationalbibliothek verzeichnet diese Publikation in der Deutschen Nationalbibliografie; detaillierte bibliografische Daten sind im Internet über ›http://dnb.d-nb.de‹ abrufbar.

ISBN: 978-3-8340-1981-3

Schneider Verlag Hohengehren GmbH
Wilhelmstrasse 13
D-73666 Baltmannsweiler

homepage: www.paedagogik.de

**Kinder, die Systeme sprengen Band 2: Impulse, Zugangswege und hilfreiche Settingbedingungen für Jugendhilfe und Schule**

## Vorwort

Als ich im Jahre 2005 intensiver damit begann, mich mit der Thematik von Hoch-Risiko-Klientel im Kontext störender Verhaltensweisen in Schule und Jugendhilfe – den vermeintlichen ‚Systemsprengern', wie sie später genannt wurden – zu befassen, habe ich die Dimension dieses Themas nicht überschauen können. Und auch nicht, welche Wellen dieses Thema schlagen würde. Im ersten Band „Kinder, die Systeme sprengen – Wenn Jugendliche und Erziehungshilfe aneinander scheitern" habe ich in eher strukturierter Form die Ergebnisse eines Forschungsprojektes vorgestellt, welches ich an der Carl von Ossietzky Universität in Kooperation mit über 20 freien Trägern der Jugendhilfe durchgeführt habe. Dieses Forschungsprojekt war ein wichtiger Baustein im Bereich der Grundlagenforschung und ich war gespannt, wie die Publikation, die in erster Auflage im Jahre 2010 erschien, in der Fachwelt aufgenommen würde.
Im Frühjahr 2012, als der Schneider-Verlag mit der Frage einer 2. Auflage des ersten Bandes auf mich zutrat, war ich gerade mit dem Thema auf „Vortragsreisen" quer durch die Fachwelt – sowohl geographisch als auch von den Institutionen, die mich zu Vorträgen, Workshops und Fortbildungen einluden. Und im Rahmen dieser Veranstaltungen wurde klar, dass es einen zweiten Band von „Kinder, die Systeme sprengen" geben müsse: Ein Buch, dass Ansätze und Reflexionen auf das Gelingen schwierigster Fallverläufe und Lebensentwürfe aufzeigt, und dies auf der Grundlage des bisher erreichten Forschungsstandes.
Diese Idee wurde von Ulrich Schneider als Verlags-Verantwortlichem sofort aufgegriffen, und so begannen die Vorbereitungen für dieses Buch. Im Gegensatz zum ersten Band erwartet Sie hier allerdings weniger das Ergebnis *einer* klar umrissenen Studie. Es handelt sich eher um eine ‚Spurensuche' nach Impulsen und nach Handlungsvorschlägen, wie es gelingen kann, Kontinuität in Hilfeverläufe hineinzubringen – zum Schutz vor Scheitern, oft aber auch gerade trotz eines phasenweise scheiternden Hilfeverlaufs.
Hierzu habe ich auf der einen Seite geforscht, aber die Forschungsdesigns sahen deutlich weniger strukturiert aus, als bei den Studien zur Grundlagenforschung. In vielen kleinen Einzelprojekten haben sich zahlreiche Studierende der Carl von Ossietzky Universität Oldenburg sowie ab 2015 der Fliedner-Fachhochschule Düsseldorf im wahrsten Sinne des Wortes mit mir auf den Weg gemacht (soll heißen: in Einrichtungen, in Familien aber auch auf die Straßen der norddeutschen Brennpunkt-Quartiere), um nach den Aspekten und Faktoren zu suchen, die im Leben

junger Menschen unterstützend gewirkt haben. Gleichzeitig habe ich in Einrichtungen der schulischen und außerschulischen Erziehungshilfe nach gelingenden Settings und Strukturen gesucht und begonnen, als Bereichsleiter einer Jugendhilfeeinrichtung selbst solche zu implementieren und zu begleiten. Letztlich war es mir somit vergönnt, junge Menschen zurück ins System hinein begleiten zu können und zu dürfen. Durch die Berufung zum Professor für Intensivpädagogik an die Fliedner-Fachhochschule Düsseldorf und die Einrichtung eines Masterstudiengangs an eben dieser Hochschule im Jahre 2015 bekam ich dann endgültig die notwendige Infrastruktur, mir dieses Thema zu erschließen.
Und in diesen Prozessen ist ein breites Feld von Erkenntnissen gewachsen, welches ich in diesem zweiten Band nun darzustellen versuche. Diese „Spurensuche" möchte ich Ihnen nahebringen, in dem ich „Geschichten" erzähle und mich daran versuche, diese zu strukturieren. Im Fokus stehen verschiedene junge Menschen, an und von denen ich viel lernen durfte und an denen sich viel von dem, was wir erforscht haben, zeigen lässt. Ergänzt werden die Erzählungen immer wieder durch kleinere Beispiele, Verweise und Forschungsergebnisse.

Wieder bleibt es mir, an dieser Stelle zu danken: Den Studierenden, die mich im Forschungsprozess unterstützt haben; den jungen Menschen und den engagierten Pädagogen, die uns tiefe Einblicke in ihre Biographien und auch in die Dynamik unserer Hilfesysteme gewährt haben (selbstverständlich sind alle Namen in diesem Band anonymisiert sowie weitere Angaben entfremdet, um eine Zuordnung der Fallgeschichten zu den real dahinterstehenden Personen und Einrichtungen eindeutig auszuschließen – dass Ihnen Geschichten bekannt vorkommen werden, liegt daran, dass bestimmte Muster in komplexen Fallverläufen immer wiederkehren...); den Kollegen des „FIBUS-Teams", der Clearing-Gruppe, des Therapeutischen Fachdienstes sowie des Bereiches „Innovative Hilfen" des Leinerstifts e.V., die mit mir gemeinsam so manches ausprobiert und ausgehalten haben, wenn ich wieder einmal eine Inspiration für den Einzelfall hatte oder einfach nicht locker gelassen habe, doch noch mal „einen Versuch" zu starten; der Bereichsleiterrunde des Leinerstift e.V. für zahlreiche Gespräche und Anregungen und für die gute Zusammenarbeit in vielen „Fällen"; und natürlich auch den zahlreichen Kollegen und Kolleginnen aus Wissenschaft und Praxis, die mit mir im Dialog waren und mich immer wieder auch kritisch hinterfragten – allen voran Manfred Wittrock, Tijs Bolz und Viviane Albers – sowie den Lesern des ersten Bandes, die in Folge dessen das Interesse für dieses Thema in der Fachwelt verbreitet haben.

Dem Schneider-Verlag danke ich für die unkomplizierte Zusammenarbeit in der Veröffentlichung der beiden Bände und für die Bereitschaft, auch mal ein zum Zeitpunkt des ersten Bandes noch unorthodoxes Thema zu wagen.
Ein besonderer Dank sei an dieser Stelle auch Nora Fingscheidt geschuldet, der Regisseurin des Filmes „Systemsprenger", die mich mit auf die Reise nahm, dieses Phänomen noch einmal aus einer vollkommen anderen Perspektive – quasi vom ersten Austausch bis zu Berlinale – entdecken zu lernen, was für mich noch einmal ein völlig neuer Blick auf „Inszenierungen" schwieriger Hilfeverläufe wurde. Auch wenn Nora immer behauptet, ich wäre für sie eine Unterstützung in den letzten Jahren gewesen, so ist die Bedeutung des Perspektivwechsels für mich bei der Entwicklung dieses Themenfeldes ebenfalls kaum hoch genug zu betrachten.

Juni 2019, Menno Baumann

# 1. ‚Systemsprenger Florian' ??? Junge Menschen in der Pendelbewegung zwischen Jugendhilfe, Justiz, Psychiatrie und Straße – Versuch einer Annäherung an ein Phänomen

Es gibt viele Möglichkeiten, sich mit der Lebensgeschichte junger Menschen zu befassen, die wir auch als ‚Systemsprenger' beschreiben könnten. Dabei bleibt der Blick auf eben dieses Klientel allein durch die Bezeichnung ‚Systemsprenger' zwangsweise verkürzt. Kann ein Kind oder ein Jugendlicher wirklich ein ‚Systemsprenger' sein? Und welchen Wert hat dieser Begriff ohne eine Definition, welches ‚System' denn da gesprengt wird? Ist das pädagogische Hilfesystem wirklich geeignet, als EIN System zu erscheinen, dass von bestimmten Kindern gesprengt wird – oder sind nicht die Bedingungen in unterschiedlichen Institutionen und Einrichtungen viel vielfältiger? So könnte sich doch z.B. an einem Gymnasium ein hochbegabter Jugendlicher als ‚Systemsprenger' erweisen, da er durch die normalen Anforderungen der Schule nicht gefordert wird und somit einen Mehrbedarf an „Betreuung", sprich: kognitivem Input hat, als ihm das Schulsystem anzubieten hätte, und das ohne dass wir zwangsweise von Langeweile-getönten Störungen ausgehen müssten... Auch gibt es zweifelsohne Systembedingungen in unterschiedlichen Einrichtungen, gegen die zu rebellieren und die zu sprengen ein durch und durch gesunder psychischer Prozess ist – der Leser denke nur an die Missbrauchsdebatte gerade in kirchlichen Einrichtungen... Wer aus einer solchen Institution flüchtete, kann auf Grund dieser Eigenschaft heute wohl kaum als „verhaltensgestört" bezeichnet werden. Ähnliches gilt wohl auch für prominent gewordene Jugendhilfeeinrichtungen der Gegenwart, denen ein eindeutiger Machtmissbrauch nachgewiesen werden konnte...

Eine Definition dessen, was unter dem Begriff ‚Systemsprenger' verstanden werden soll, erscheint also unabdingbar – wenn wir schon mit einem solch sperrigen Begriff hantieren müssen, weil eine gute Alternative fehlt.

Im ersten Band, der Darstellung meiner Forschungsergebnisse zu dieser Zielgruppe der vermeintlichen ‚Systemsprenger' und zu den Prozessen, welche von diesen Kindern und Jugendlichen ausgelöst werden, habe ich eine erste *Zielgruppendefinition* gewählt, welche auf äußere, quasi messbare Kriterien fokussiert war:

> *„Der Terminus ‚Systemsprenger' soll hier auf Kinder und Jugendliche angewandt werden, bei denen die Erziehungshilfemaßnahme von Seiten der betreuenden Einrichtungen abgebrochen wurde, da das Kind/ der Jugendliche auf Grund schwerwiegender Verhaltensstörungen nicht zu betreuen erschien und somit den Rahmen der Erziehungshilfe gesprengt hat"* (Baumann 2010, 13).

Natürlich habe ich auch im ersten Band schon differenzierende Erläuterungen getätigt, aber der Untersuchungsfokus lag eindeutig auf dem gegenseitigen Scheitern von Jugendlichen und Erziehungshilfe im sozial- und sonderpädagogischen System, und zwar (aus Sicht des Hilfesystems) auf Grund schwerwiegender Verhaltensstörungen. Das System über seine Belastbarkeitsgrenze hinaus strapazierende Verhalten ist dabei – dass sei an dieser Stelle betont – nur einer von vielen Gründen für vorzeitige Beendigungen von Maßnahmen in der Jugendhilfe (vgl. Tornow & Ziegler 2012, Arnold & Macsenaere 2012).
Der Fokus dieses zweiten Bandes ist inhaltlich gesehen aber ein radikal anderer. Hier sollen Möglichkeiten der Unterbrechung schwierigster Fallverläufe im Mittelpunkt stehen. Fachlich ausgedrückt wäre die treffendere Bezeichnung bzw. *die zweite Definition* für diesen Band also zwangsweise komplexer zu betiteln: Ich spreche hier von ‚Systemsprengern' als

> *‚Hoch-Risiko-Klientel, welches sich in einer durch Brüche geprägten negativen Interaktionsspirale mit dem Hilfesystem, den Bildungsinstitutionen und der Gesellschaft befindet und diese durch als schwierig wahrgenommene Verhaltensweisen aktiv mitgestaltet'.*

Baumann 2014

Aber diese komplexe Definition ist für die Kommunikation zwischen Wissenschaft und pädagogischer Praxis in einem ersten Schritt höchst unzweckmäßig, weshalb ich bei der Kurzbezeichnung ‚Systemsprenger' verbleibe, wissend, dass diese Bezeichnung nur einen Teil der Komplexität abbildet, aber immer mit dem Hinweis, dass die Frage nach systemimmanenten Eigenschaften für die Betrachtung der ‚Sprengungsversuche' unabdingbar ist. Eine begriffliche Präzision, was sich hinter diesem ursprünglich nur als Platzhalter gedachten Begriff ‚Systemsprenger' verbirgt, ist aber zur Entwicklung einer organischen Arbeitsmethodik in diesem Feld unabdingbar.

Aber während Sie als Leser vermutlich gerade versuchen zu entscheiden, ob Sie das Buch wieder zur Seite legen, weil Sie eben diese theoretische Kleinst-Wortklaubereien nicht wollten, oder ob Sie den ersten Absatz einfach ignorieren und in der Hoffnung auf Besserung weiterlesen, möchte ich versuchen, diesen Gedankengang praktisch zu konkretisieren, in dem ich Ihnen einen ersten der jungen Menschen vorstellen möchte, die sie durch dieses Buch begleiten werden:

*‚Florian' wächst in einem so genannten sozialen Brennpunkt einer norddeutschen Metropolregion auf. Armut, frühe Trennung der Eltern, häusliche Gewalt durch den Stiefvater sowie eine emotional labile Mutter kennzeichnen seine Kindheit. In Folge zunehmender Eskalation der häuslichen Situation durchläuft er eine „klassische" ‚Systemsprengerkarriere', in deren Rahmen wirklich alle Stationen des von mir als Pendelbewegung bezeichneten Weges durchlaufen werden:*

*Zunächst wird ‚Florian' in der Schule auffällig. Er stiehlt und schlägt andere Kinder. Eine Verständigung zwischen Mutter und Klassenlehrerin scheitert, die Mutter wird als „unkooperativ" wahrgenommen. Bereits zur dritten Klasse wird er an eine Förderschule mit dem Schwerpunkt emotionale und soziale Entwicklung (FöS-ESE) überwiesen. Parallel beginnt eine Familienhilfe ihre Arbeit in der Familie. Kurzzeitig wird ‚Florian' auch in einer Tagesgruppe gefördert, diese stellt ihre Arbeit aber schnell wieder ein, da ‚Florian' sich mit den anderen Kindern nicht versteht und häufig wegläuft und einfach nach Hause fährt.*

*Die Arbeit an ‚Florians' Sozialverhalten scheint aber zunächst positiv zu verlaufen, so dass die Förderschule nach der vierten Klasse eine Rückschulung an die im Stadtteil befindliche Förderschule Schwerpunkt Lernen empfiehlt. Diese Rückschulung scheitert aber schnell, da ‚Florian' mit seinen alten Freunden zusammentrifft und für viel Unruhe sorgt. Nach nur wenigen Wochen wird ihm schwere Erpressung und ein Raub vorgeworfen, so dass ‚Florian' an die FöS-ESE zurückkehrt. Die Situation beruhigt sich nicht wieder, das Jugendamt wird auf Grund schwerwiegender Auffälligkeiten und Polizeikontakten im Freizeitbereich aktiv und es kommt zu einer ersten, wohnortnahen Unterbringung in einer Fünf-Tage-Gruppe. ‚Florian' läuft aber immer wieder weg und steht teilweise mitten in der Nacht bei seiner Mutter und dem Stiefvater vor der Tür. Die Einrichtung beendet die Maßnahme, Florian kehrt zurück in den elterlichen Haushalt. Nach einer kurzen Phase mit heftigen Gewalteskalationen zwischen ‚Florian' und seinem Stiefvater erfolgt wieder eine Aufnahme, diesmal in eine Intensivgruppe, die am anderen Ende der Stadt liegt. Wieder läuft ‚Florian' häufig weg, kehrt aber diesmal nicht immer gleich zurück zu seiner Mutter, sondern treibt sich draußen auf der Straße herum, wo er sich einer „Straßengang", wie sich die*

*Gruppe selbst bezeichnet, zuordnet. Oder er kommt bei seiner Tante und seinem Cousin im Nachbarstadtteil unter. Versuche, ihn am Weglaufen zu hindern, enden mit Gewaltausbrüchen und Angriffen gegen die Mitarbeiter. Parallel eskaliert die Situation auch in der FöS-ESE völlig.*
*Schließlich nimmt die Mutter ihn kurzfristig wieder bei sich auf. In der Schule wird er für drei Monate suspendiert. Da ‚Florian' nun nur noch seine eigenen Wege geht, wird eine so genannte Milieuverschiebung bald zum Thema. Unter dem Vorwand, in Urlaub zu fahren (Originalzitat ‚Florian': „Die hätten mich sonst nie ins Auto gekriegt"), bringen Mutter und Stiefvater ‚Florian' schließlich in eine 200 km entfernte Einrichtung in einer sehr ländlichen Region. In einem Vier-Augen-Gespräch verspricht die Mutter ‚Florian' schließlich, er müsse nur ein halbes Jahr in der Einrichtung bleiben. Wenn er dies gut mache, es keine Schwierigkeiten gebe und er wieder zur Schule gehe, dürfe er zurückkommen. Wenn es dann nicht im Zusammenleben zwischen ihm und dem Stiefvater klappe, würde sie sich trennen und irgendwo anders völlig neu anfangen. Unter dieser Voransage bleibt ‚Florian' in der Einrichtung und „benimmt" sich zunächst tadellos.*
*Ein Jahr vergeht, ohne dass ‚Florians' Rückkehr in die Familie ernsthaft diskutiert wird. Nach anderthalb Jahren realisiert ‚Florian', dass das immer wieder versprochene „bald" niemals eintreffen wird. Nun beginnt er, gegen die Einrichtung zu rebellieren. Er wird übergriffig gegen andere, zunächst im Rahmen von Rangkämpfen mit Gleichaltrigen, später bei Erpressungs- und Unterdrückungsversuchen gegen jüngere Mitbewohner. Er verweigert in der Schule jede Mitarbeit und droht in Konflikten sogar den Mitarbeitern in Gruppe und Schule Gewalt an. Schließlich dreht er mit einem Handy ein Video, das er selbst als „‚Florians' Rache" untertitelt und auf dem zu sehen ist, wie er mit einem Baseballschläger und einer Axt, die er zuvor im Dorf entwendet hat, die Gartenlaube der Wohngruppe in ihre Einzelteile zerlegt.*
*Daraufhin wird er mit gerade mal fünfzehn Jahren in eine Verselbständigungsgruppe desselben Trägers in einer nahegelegenen Kleinstadt verlegt. Hier beginnt er, Alkohol und Drogen zu konsumieren, unterdrückt und erpresst andere Gruppenmitglieder und verweigert jedes Angebot, dass ihm im Rahmen der beruflichen Orientierung gemacht wird. Auch die Wochenenden in der Heimatstadt eskalieren zunehmend und sind geprägt von Alkoholexzessen, Schlägereien und einer Aneinanderreihung von Straftaten, alle im Zusammenhang mit einer polizeibekannten Stadtteilclique.*
*Auch in der Verselbständigungsgruppe kommt es schließlich zur finalen Eskalation. Bei einem Streit ums Taschengeld bewirft er die Gruppenleiterin mit Blumentöpfen und versucht, auf sie einzuschlagen. Diese ruft die Polizei, und die*

*bringt ihn in die Heimatstadt, zunächst zur Mutter zurück. ‚Florian' verlässt aber die mütterliche Wohnung und zieht offiziell zu seiner Tante, pendelt aber de facto zwischen verschiedenen Wohngemeinschaften Gleichgesinnter (so genanntes Couch-Surfing) hin und her oder übernachtet in leerstehenden Wohnungen der umliegenden Wohnblocks. Immer wieder wird er in der Kinder- und Jugendpsychiatrie vorstellig, meist unter Drogeneinfluss, verweigert aber eine Therapie und wird somit schnell wieder entlassen. Nach dem er bereits ab seinem vierzehnten Lebensjahr einige Arreststrafen abgesessen hat, wird er mit sechzehn Jahren das erste Mal zu einer Gefängnisstrafe in der Jugend-Justizvollzugsanstalt verurteilt. Es folgen immer weitere Gerichtsverhandlungen und ein fortwährender Wechsel der Aufenthaltsorte zwischen dem „Absitzen". Im Alter von siebzehn Jahren hat ‚Florian' schließlich in seiner Heimatstadt so viele Feinde, dass er zwischen seinen Aufenthalten im Jugendstrafvollzug und in der Psychiatrie (die meist die Aufnahme verweigert, da ‚Florian' nicht therapiewillig ist, und außerdem „erzieherisch-pädagogische Probleme" unterstellt werden) andere Städte aufsuchen muss. Einmal taucht er noch in seiner ehemaligen Einrichtung auf, wo durch einen Zufall das der Fallanalyse zugrundeliegende Interview entsteht. Er beteuert hier, sein Leben in den Griff kriegen zu wollen, welchen Weg ‚Florian' weitergegangen ist, ist dem Autor aber nicht bekannt.*

An diesem Werdegang lässt sich die vielleicht kompliziert klingende Definition von ‚Systemsprenger' fast prototypisch verdeutlichen: ‚Florians' Entwicklung ist einerseits biographisch mit einem großen Risikopotential ausgestattet. Gleichzeitig stellt er ein Risiko für andere Menschen da und letztlich auch durch seine extremen Verhaltensweisen für sich selbst. Von einem „Hoch-Risiko-Klienten" zu sprechen ist also mehr als gerechtfertigt. Je nach dem, wohin man den Beobachtungsfokus legt, erscheint ‚Florian' als Täter oder als Opfer – als „Systemsprenger" oder als „vom System gesprengter".

Er ist Opfer gesellschaftlicher Ausgrenzungsprozesse, wie sie prototypisch mit Armut einhergehen: Leben in einem sozial randständigen Wohnquartier, damit verbunden früh Kontakte zu älteren Jugendlichen, die der Schule fernbleiben, früh einsetzende Konflikte zwischen bildungsfernem Elternhaus und mittelschichtsorientierter Grundschule und letztlich eine mangelnde Verfügbarkeit materieller Ressourcen, die für ‚Florian' aber eine hohe Bedeutung bekommen.

Gleichzeitig ist ‚Florian' aber auch Opfer seiner familiären Verhältnisse. Auf der einen Seite steht die emotional extrem abgekühlte Mutter, der Aktenlage zur Folge an einer Depression erkrankt. Die sozial-emotionale Entwicklung ‚Florians' wird hierdurch empfindlich beeinträchtigt. Hinzu kommen frühe Trennungserfahrungen (seinen Vater hat er nie bewusst kennen gelernt) und schließlich der extrem gewaltbereite Stiefvater, der einen Platz in der Familie beansprucht, den ‚Florian' ihm einfach nicht zugestehen will und kann. In seinem Kampf um Zuwendung durch seine Mutter bleibt ihm nichts anderes übrig als immer wieder die gewaltsamen Übergriffe des Vaters auf sich zu nehmen, zum Teil sogar aktiv auf sich zu ziehen, was wiederum deutliche Auswirkungen auf seine Entwicklung gehabt haben dürfte.

Und letztlich wird ‚Florian' auch zum Opfer eines Hilfesystems, welches so strukturiert ist, dass Maßnahmen dann „erfolgreich" beendet werden, wenn er sich gerade positiv einzulassen beginnt (z.B. erste Förderschule ESE), und welches sogar zulässt, dass er unter Vorspiegelung eines anstehenden Familienurlaubs völlig unvorbereitet in eine Maßnahme gesteckt wird, auf die er sich nur deshalb überhaupt kurzweilig einlassen kann, weil er wiederum angelogen wird und ihm suggeriert wird, er könne seinen Platz bei seiner Mutter durch positives Verhalten zurückgewinnen. Die Risikofaktoren in ‚Florians' Biographie stellen sich also als multiple Belastung dar, wie es für Jugendliche mit schwierigsten Hilfeverläufen typisch ist (vgl. Witte & Sander 2006; Enser 2007), und auch die grundlegende Wahrscheinlichkeit eines Abbruches in der Jugendhilfe erhöht (vgl. Tornow & Ziegler 2012, 59 f). Zusammen mit seinem eigenen Risiko-Verhalten zeigt sich also, dass es sich bei ‚Florian' um einen „Hoch-Risiko-Klienten" in jeglicher Hinsicht der möglichen Wortbedeutung handelt.

Der zweite Teil der obigen Definition, die durch „Brüche geprägte, negative Interaktionsspirale mit dem Hilfesystem", ist ebenfalls klar in ‚Florians' Werdegang nachzuzeichnen. Problematisch an diesem Baustein der Definition ist allerdings, dass kaum klar zu definieren ist, was ein Abbruch in der Jugendhilfe eigentlich ist (vgl. Sewing 2010). Im jeweiligen Einzelfall (wie ‚Florian') zeigt sich dann aber doch recht deutlich, was als „durch Brüche geprägt" bezeichnet werden kann.

Schaut man auf die Stationen der „Jugendhilfe-Karriere" von ‚Florian', so zeichnet sich ein klassischer Weg einer ‚Systemsprenger-Laufbahn' ab. Schon vor Beginn der Hilfen durch eine brüchige Lebenssituation geprägt durchschreitet er im Sinne eines Trial-and-Error-Prinzips den Weg von offenen, niedrigschwelligen Maßnahmen hin zu zunehmend rigideren und weniger freiwilligen Maßnahmen. So beginnt die Karriere mit Schulproblemen, einer der häufigsten Gründe zum Einstieg ins Hilfesystem überhaupt (vgl. Kalter 2004, Tornow & Ziegler 2012, 60). Es kommt zu ersten Beratungen und Kontakten mit dem Jugendamt. Mit dem Wechsel an die Förderschule ESE wird eine erste ambulante Jugendhilfemaßnahme, schnell dann auch eine teilstationäre Hilfe installiert. Es kommt, auch das scheint in eskalierenden Fallverläufen recht häufig der Fall zu sein, zu einer kurzfristigen Beruhigung. Schließlich aber scheitern die ambulanten Bemühungen (weil sie die dem Verhalten zu Grunde liegenden Dynamiken des Familiensystems nicht auflösen können) und es kommt zu einer ersten, wohnortnahen und möglichst niedrigschwelligen Unterbringung. Hier zeigt sich schnell, dass ‚Florian' die Bemühungen unterwandert und ein Scheitern der Maßnahme herbeiführt. Zunächst geht er wieder zurück in den mütterlichen Haushalt, allerdings ohne flankierende ambulante Maßnahme, was in anderen Fällen häufig der Fall ist. Schließlich dreht sich die Schraube weiter, die Entfernung zwischen Einrichtung und Heimatort wird immer größer, die Maßnahme von Mal zu Mal intensiver. Zwischenzeitlich gibt es auch bessere Phasen, in denen sich ‚Florian' unter der Annahme vermeintlich erreichbarer Ziele einzulassen scheint. Diese Anpassung ist aber nur eine Oberflächenanpassung, die ausschließlich dem Ziel folgt, die Hilfen wieder loszuwerden und sich seiner Mutter wieder zu nähern. Nachdem mehrere Stationen der Jugendhilfe durchlaufen werden, kommt es schließlich zum Aufgeben oder auch zur Ausstoßung aus dem System (vgl. Schwabe 1996, 113). Was nun folgt ist der Übergang von einer sich immer enger ziehenden Aufwärtsspirale (oder Abwärtsspirale?) der Hilfen in Richtung Rigidität hin zu einer Pendelbewegung zwischen Jugendhilfe, Straße, Kinder- und Jugendpsychiatrie und Justiz-Vollzugsanstalt. De-Facto schwankt der „Pendel" zwischen Versuchen, den Jugendlichen in gesellschaftliche Strukturen hineinzuführen oder zu zwingen, und Phasen des Fallenlassens (vgl. Abbildung 1). Die Mechanismen, welche diesen Hilfeprozess auf einer systemimmanenten Ebene steuern, habe ich im ersten Band von „Kinder, die Systeme sprengen" ausführlich beschrieben (vgl. Baumann 2010, 48 ff).

Fast parallel verlaufen ‚Florians' Erfahrungen mit dem Schul- und Bildungssystem. Früh in der Grundschule wird er auffällig, wobei er selbst im Interview die gefühlte Chancenlosigkeit seiner doch vorhandenen Anpassungsversuche formulieren kann: *„Die Lehrerin, ich meine (Äh) die hatte sowieso einen Hass auf alle [nennt seinen Familienname] – und auf uns aus [nennt Stadtteil] sowieso doppelt"*. ‚Florian' schätzt also im Nachhinein seine Chancen, im Schulsystem klarzukommen, auf Grund einer familiären sowie quartiersbestimmten Belastung im Vorurteil der Lehrerin als gering ein. Unabhängig von der Frage, ob dies tatsächlich so war, zeigt sich hier eine gewisse Kontinuität in dem Gefühl, nicht gewollt zu sein. Jedenfalls tritt die Schule in der Hilfekarriere ‚Florians' als „Problemdefinierer" auf und betont zum ersten Mal laut, dass die Familie Unterstützung braucht – ebenfalls klassisch für den Bereich Jugendhilfe insgesamt (vgl. Kalter 2004), insbesondere aber auch für den Phänomenbereich der ‚Systemsprenger'. Es folgt der erste Wechsel ins Förderschulsystem. Nach anfänglicher Beruhigung ein erneuter Schulwechsel, verbunden mit einem veränderten sonderpädagogischen Förderbedarf. Und von da an ging es, so Originalton ‚Florian', *„nur noch bergab"*. Schnell ist er zurück in der Förderschule ESE, eine Phase des Schulabsentismus, erneuter Wechsel nach dem Umzug in die entfernte Wohngruppe, kurze Beruhigung (Schule im Gelände des Wohngruppe), dann Abbruch, Wechsel in verschiedene Maßnahmen der Berufsorientierung und in ein Werkstattprojekt und schließlich der völlige Drop Out mit der Rückkehr in die Heimatstadt und dem endgültigen Eintauchen in die Straßenszene und einem Leben als ‚Couch-Surfer'. Die Arrestphasen bleiben viel zu kurz, um noch mal einen Anlauf für eine Integration ins Bildungssystem zu geben. Also auch im Bezug auf die Bildungskarriere lässt sich die „durch Brüche geprägte, negative Interaktionsspirale" nachzeichnen.

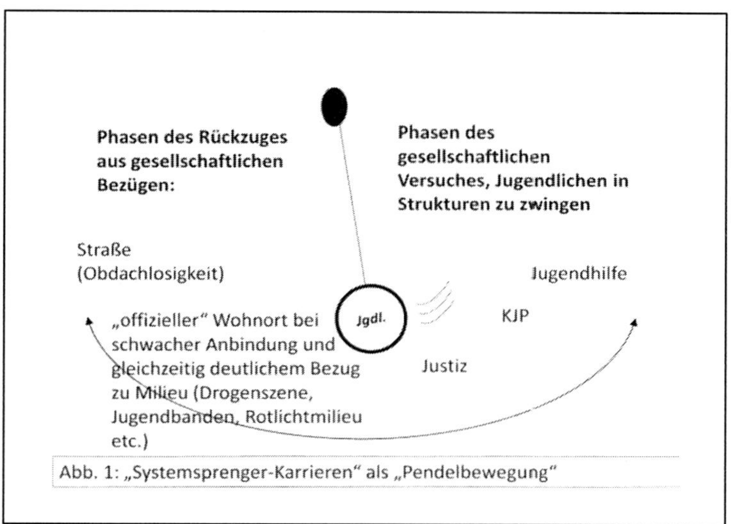


Abb. 1: „Systemsprenger-Karrieren" als „Pendelbewegung"

Ebenfalls parallel zur Konfliktspirale innerhalb des Hilfesystems beginnt ‚Florian' auch, sich mit gesellschaftlichen Strukturen anzulegen und immer wieder Kontakte mit Polizei und Justiz zu haben. Er beschreibt im Interview ausführlich seinen Weg in eine straßenorientierte Stadtteilclique. Er lernt die anderen, zunächst deutlich älteren Jugendlichen durch seinen Cousin kennen. Und er lernt früh den Reiz des Schutzes, den die Gruppe ihm bietet: Wenn er seine Zeiten, die er abends draußen bleiben darf, überschreitet, braucht er sich nur im Rahmen der „Gang" (vgl. hierzu Baumann 2012b) zu bewegen, und sein ihn suchender Stiefvater traut sich nicht, ihn anzusprechen und nach Hause zu bringen. Das er später umso mehr Schläge bekommt, wiegt nicht im Geringsten den Machtgewinn auf, den er erlebt, wenn sein Stiefvater aus Angst vor ihm und seinen Freunden unverrichteter Dinge abzieht. Somit lädt sich die Gruppe aus ‚Florians' Sicht emotional auf und wird zu einem Pulverfass, welches er nur noch auszulösen lernen muss (vgl. Baumann 2011; 2012b). Damit ist die Grundlage dafür geschaffen, dass er sich zunehmend kriminalisiert, seine Aktivitäten in der Gruppe als machtvoll erlebt und Gewalt für ihn zu einem effektiven Mittel des Lustgewinns wird (vgl. Baumann 2012a; Sutterlütty 2003).

Der letzte Teil der Definition bezieht sich auf die „als schwierig wahrgenommene Verhaltensweisen", durch die der junge Mensch seine Karriere des Scheiterns aktiv mitgestaltet. Auch hier zeigt sich ‚Florian' quasi als ein „Prototyp" des ‚Systemsprengers'. Wie ich in Band 1 beschrieben habe, sind es vor allem drei Cluster von Verhaltensweisen, die dazu führen, dass eine Eskalationsdynamik in Gang gesetzt wird: Ein aktiver Drogenkonsum oder –handel, der auch in der Einrichtung gelebt wird, eine anhaltende Gewaltbereitschaft den Erwachsenen der Einrichtung oder jüngeren deutlich unterlegenen Mitbewohnern gegenüber sowie ständige Entweichungen in Kombination mit Risikoverhalten wie kriminellen Handlungen oder Prostitution (vgl. Baumann2010, 33). Bei ‚Florian' treffen alle drei Verhaltensweisen mit unterschiedlichen Nuancierungen in unterschiedlichen Phasen seiner Hilfekarriere zu. Zunächst läuft er weg, flieht aus den Einrichtungen entweder nach Hause oder in die Straßenszene. Als die Entfernung der Einrichtung diesen Weg erschwert, äußert er sich zunehmend gewalttätig. Anfangs in Hierarchiekämpfen gegen Gleichaltrige, was von der Einrichtung nicht großartig problematisiert wird. Viel von der Gewalt spielt sich auch auf den Straßen der Heimatstadt ab. Mit der endgültigen Enttäuschung durch die Mutter und der offenen Ausgestaltung seines Machtkampfes mit dem Hilfesystem beginnt er, andere Jugendliche zu unterdrücken und geht auch körperliche Konflikte mit Betreuern ein. Parallel dazu beginnt er mit dem Konsum übermäßiger Mengen an Alkohol sowie so genannten „leichten" Drogen.

Der Kern ist, dass es kaum einen Zweifel gibt, dass ‚Florian' alle drei Verhaltensweisen gegen die Hilfen stellt und somit aktiv dazu beiträgt, immer wieder aus den Einrichtungen „rausgeworfen" zu werden. Insofern stellen seine extremen „Verhaltensstörungen" den Entlassungsgrund dar, was ihn laut erster Definition (Baumann 2010, 13) zum ‚Systemsprenger' macht und seine Reihung von Abbrüchen von den meisten anderen Abbrüchen in der Jugendhilfe, wie sie Tornow und

Ziegler (2012) im Rahmen ihrer Studie zu Abbrüchen in der Erziehungshilfe beschreiben, unterscheidet.

Diese zweite, am Verlauf von ‚Florian' erläuterte Definition der ‚Systemsprenger' als Hoch-Risiko-Klientel in einer Pendelbewegung zwischen den Systemen soll im Gegensatz zur ersten, forschungsorientierten Definition eine Handlungsleitung darstellen und für diesen zweiten Band der „Kinder, die Systeme sprengen" Optionen einer Öffnung ermöglichen, in der jenseits der Grenzen von Erziehung doch wieder Erziehung stehen muss (vgl. Göppel 2008).

## 2. ‚Kinder, die Systeme sprengen' im aktuellen Entwicklungsprozess der pädagogischen (Erziehungs-) Hilfen

Junge Menschen, die nach dieser Definition als Zielgruppe dieses Buches zu betrachten sind, beschäftigen den wissenschaftlichen Diskurs innerhalb des Feldes der sozialen Arbeit erstaunlicher Weise weniger, als es ihrem wahrgenommenen Stellenwert in der pädagogischen Praxis entspricht. Im Rahmen der erzieherischen Hilfen werden diese Kinder und Jugendlichen als enormer Belastungsfaktor empfunden, sowohl im schulischen Feld (vgl. Stein 2011, Baumann, Bolz & Albers 2017) als auch im Feld der erzieherischen Hilfen (vgl. Baumann 2010, 64 ff).
Ich möchte an dieser Stelle drei aktuelle Entwicklungslinien des pädagogischen Diskurses nachzeichnen und ihre Bedeutung für die Arbeit mit dem hier umschriebenen Klientel beschreiben, um eine kurze Einsortierung der im weiteren Verlauf entwickelten Handlungsimpulse in die Linien des Umgangs mit schwierigen Verhaltensweisen der aktuellen Diskussion zu ermöglichen.

### 2.1 Das „Zauberwort Inklusion" und seine Grenzen in Bezug auf „unser" Klientel

Die derzeitige pädagogische Diskussion ist wesentlich geprägt durch das Paradigma der Inklusion. Am stärksten betroffen ist hiervon das System Schule, wo unter Inklusion vor allem ein Abbau von Segregation verstanden wird. Inklusion meint in diesem Sinne also wesentlich den Rückbau des Förderschulsystems und die gemeinsame Unterrichtung von Kindern und Jugendlichen mit einer Behinderung oder einem Förderbedarf. Auch wenn diese Reduktion des Inklusionsbegriffs auf Formen des gemeinsamen Unterrichts eine Verkürzung der Salamanca-Erklärung der Unesco von 1994 sowie der UN-Behindertenrechtskonvention von 2006 darstellt, dominiert die Frage, ob ein solcher gemeinsamer Unterricht tatsächlich für alle Schüler realisierbar ist, die Diskussion um die Umsetzung der Inklusion maßgeblich (vgl. Baumann 2015).
Konsequenterweise muss das Ziel eines „inclusive education systems" (UN-Behindertenrechtskonvention 2006; vgl. Baumann 2015) aber als gesellschaftlicher Auftrag für das gesamte pädagogische System gesehen werden und darf sich nicht auf den Ausschnitt des Unterrichts beschränken. Inklusion ist nicht dann erreicht, wenn Kinder mit und ohne Förderbedarf in einem Klassenraum unterrichtet werden.

Eigentümlicherweise spielt die Diskussion um Inklusion im sozialpädagogischen Feld eine wesentlich geringere Rolle, obwohl die Integration von Menschen, die von gesellschaftlichem Ausschluss und Ausgrenzung betroffen sind, traditionell das Selbstverständnis der Sozialen Arbeit ausgemacht hat (vgl. Moser 2005).

Ungeachtet von der Frage, welcher Zielzustand sich hinter dem Konstrukt der Inklusion eigentlich verbirgt (da hilft es auch nichts, stereotyp herunterzubeten, dass es sich bei der Inklusion immer um einen Prozess, nicht um einen erreichbaren Zustand handelt), erweist sich die pädagogische Diskussion um dieses Thema herum aktuell als widersprüchlich. Während im Schulsystem der Widerstand gegen die Inklusion besonders von Kindern mit so genannten Verhaltensstörungen zu wachsen scheint, nehmen auch im gesellschaftlichen Diskurs Tendenzen der Ausgrenzung, des „Wegsperrens“ und der Racheimpulse gegenüber jungen Menschen vor allem mit devianten und gewaltförmigen Verhaltensweisen seit vielen Jahren wieder zu (vgl. Brumlik 2008) – und dass obwohl die Phänomene der Jugendkriminalität wie auch der Gewaltbereitschaft junger Menschen ebenfalls seit Jahrzehnten stetig rückläufig sind (vgl. Pinker 2013, Baier, Pfeiffer, Simonson & Rabold 2009, Niproschke, Oertel, Schubarth, Ulbricht & Bilz 2016 ).

Als Kernproblem der Inklusionsdebatte im Bezug auf junge Menschen mit störenden Verhaltensweisen erscheint mir, dass der Begriff der Inklusion nicht ohne weiteres auf die in diesem Buch genannten Kinder und Jugendlichen anzuwenden ist.
Inklusion in seiner eigentlichen Bedeutung meint ja nichts anderes als das Grundrecht, dass jeder Mensch ein vollberechtigtes Mitglied der Gemeinschaft ist, so wie er ist – unabhängig von der Frage, welche Eigenschaften oder Beeinträchtigungen er hat. In der Ursprungsdiskussion um die Frage der gleichen Rechte von Bürgern der Vereinigten Staaten unabhängig von ihrer Hautfarbe stand nicht die Forderung, jeder Mensch solle das Recht auf eine Hauttransplantation haben, damit er zur Mehrheitsgesellschaft gehöre. Der afro-amerikanische Teil der Bevölkerung forderte die gleichen Rechte unabhängig von ihrer ethnischen Abstammung und ihrer Hautfarbe. Und auch in der Diskussion um Menschen mit Behinderungen gilt die Forderung nach Inklusion als Recht auf uneingeschränkte Teilhabe trotz und mit Behinderung. Alles andere wäre die Forderung nach Akkomodation im Sinne einer Anpassung des Subjektes an die Erfordernisse der Umwelt. Für junge Menschen mit Verhaltensweisen, die gesellschaftlich nicht anschlussfähig sind, ist dieser Begriff nur bedingt anwendbar. Zwar haben in den letzten Jahrzehnten immer wieder Wertmaßstäbe Entwicklungen durchlaufen, so dass

heute Eigenschaften nicht mehr mit sozialem Ausschluss bedroht werden, die dies vor einigen Jahren noch selbstverständlich taten. Man denke nur an die Veränderungen in der Bewertung außerehelicher Sexualität oder auch der radikal veränderte Umgang mit Homosexualität, welche im Laufe der Geschichte zwischen Sünde, Straftat und psychischer Störung so ziemlich jeden Status inne hatte, heute aber zu einer akzeptierten Lebensform geworden ist.
Auch den umgekehrten Weg haben einige Verhaltensweisen durchlaufen, so z.B. die Bewertung des Phänomens der Gewalt. Sowohl im Bereich der häuslichen Gewalt z.B. der Ehepartner untereinander aber auch bezogen auf die Kindererziehung, wie auch im Bereich der körperlichen Auseinandersetzungen Jugendlicher, vor allem Jungen, untereinander zeigen sich völlig neue Bewertungsmaßstäbe im Vergleich zu noch vor wenigen Jahrzehnten. Einige Verhaltensweisen, vor allem gewaltförmige Handlungsmuster, Selbstverletzungen und sexuell übergriffiges Verhalten, erscheinen in gesellschaftlichen Kontexten zu Friedenszeiten nicht integrierbar – geschweige denn inkludierbar. Für den Gewalttäter gilt nicht, dass er trotz seiner mit Übergriffigkeit einhergehenden mangelnden Impulskontrolle vollberechtigtes Mitglied der Gesellschaft sein darf. Das Recht der Gesellschaft auf Schutz wird hier höher gewertet als das Recht des Betroffenen auf Inklusion – verstehen Sie mich bitte nicht falsch: und dies völlig zu recht. In der Konsequenz bedeutet dies aber, dass die Kinder und Jugendlichen, die hier als ‚Systemsprenger' oder als ‚Hoch-Risiko-Klientel' bezeichnet werden, von dem Inklusionsbegriff der Pädagogik nicht so ohne weiteres erfasst werden. Dennoch, daran bleibt kein Zweifel, darf die Diskussion um Teilhabe für diese Zielgruppe keineswegs mit dem Hinweis beendet werden, dass „das" eben nicht geht...
Problematisch daran ist, dass es bei einer bedingungslosen Orientierung der Erziehung und Pädagogik am Paradigma der Inklusion (bei gleichzeitiger Verkürzung des gesellschaftlichen Auftrages der Inklusion auf nur dieses System) zu einer Dynamik kommt, in der junge Menschen, die nicht in das Paradigma der Inklusion zu passen scheinen, aus dem Erziehungssystem heraus-delegiert werden und somit „außer-pädagogische" Legitimationen für Selektions- und Ausgrenzungsprozesse widerentdeckt werden.

## 2.2 Widersprüche pädagogischen Handelns an den Grenzen der Erziehung

Denn der Kernwiderspruch pädagogischen Handelns zeigt sich an dieser Stelle besonders: Im Umgang mit Kindern und Jugendlichen, die störende Verhaltensweisen zeigen, steht die Pädagogik vor der Forderung, Veränderung im Verhalten der Zielgruppe zu bewirken. Dieser Veränderungsdruck steigt, je weniger Möglichkeiten bestehen, die betreffenden Kinder und Jugendlichen zu segregieren, da diese dann ihr Potential mitten in der Gesellschaft, also auf den Schulhöfen, in den Fußgängerzonen, in den öffentlichen Verkehrsmitteln etc. entfalten können und werden. Es ist schon bemerkenswert, dass gerade die inklusive (Sonder-) Pädagogik eine klare Orientierung hin zu evidenzbasierten Trainingsverfahren vollzieht, deren „Effektstärke" das einzig wichtige Kriterium zu sein scheint.

Die Widersprüchlichkeit in dieser Situation besteht nun aber darin, dass Pädagogik als „nicht-triviale Wissenschaft" diesem Anspruch kaum gerecht werden kann, da es keinen linear-kausalen Zusammenhang zwischen pädagogischem Handeln und erzielter Wirkung gibt.

Das Problem an der Sache lässt sich mit dem beschreiben, was Luhmann schon vor vielen Jahren als das „Technologiendefizit" der Pädagogik beschrieben hat (vgl. Luhmann & Schorr 1982): Pädagogik kann nicht, was sie will (und soll)!

Jede noch so ausgeklügelte Intervention entfaltet sich erst in der Interaktion mit eben jenem unbekannten Dritten, dessen Reaktion auf unsere Intervention stets unberechenbar bleibt. Ob wir z.B. durch unser Eingreifen in einen Konflikt zur Beruhigung oder Klärung beitragen, oder aber die Eskalation erst recht vorantreiben, wissen wir vorher niemals mit Sicherheit. Zwar können wir uns im Bereich der Deeskalation schulen, und auch unsere Erfahrung mag dazu führen, dass die Wahrscheinlichkeit, dass wir die Situation entschärfen, steigt. Auch wenn wir unseren „Kontrahenten" kennen, oder im besten Falle eine vertrauensvolle Beziehung zu ihm haben, verbessert das unseren Vorhersagewert der Interventionen. Und dennoch bleibt die Situation in letzter Konsequenz nicht vollständig vorhersehbar und vor allem nicht in andere Kontexte mit anderen jungen Menschen transferierbar.

Somit ist pädagogisches Handeln immer ein Handeln in der Widersprüchlichkeit der Situation, dass wir letztlich handeln müssen, ohne genau zu wissen, was wir eigentlich im engeren Sinne gerade tun. Und dies gilt für die im ersten Kapitel definierte Zielgruppe in besonderem Maße.

In diesem Kontext, der in der pädagogischen Professionalisierungsdebatte längst formuliert ist (vgl. Reiser 1998), irritiert mich die derzeitige Fixierung der akademischen Pädagogik auf das Qualitätskriterium der Evidenzbasierung. Es ist zwar legitim und notwendig, die Wirksamkeit erzieherischer Bemühungen zu reflektieren. Was aber im Kontext der evidenzbasierten Pädagogik entsteht, ist die Phantasie, man könne „wissenschaftlich geprüfte" Methoden entwickeln und dadurch pädagogisches Handeln professionalisieren. Eine solche Methodenverliebtheit bedeutet für die in diesem Buch im Mittelpunkt stehende Zielgruppe aber eben nicht eine zunehmende Professionalisierung, da wir gerade im Umgang mit diesen jungen Menschen nicht aus der Situation herauskommen, dass professionelles Handeln eben bedeutet, handlungsfähig zu bleiben, trotz der Widersprüchlichkeit der Situation. Es ist das Markenzeichen dieser Zielgruppe, eben die bewährten, sonst gut funktionierenden Erziehungsmethoden ad absurdum zu führen.

Denn bei jeder Bemühung, eine evidenzgeprüfte pädagogische oder therapeutische Methode oder Technik zu etablieren, gibt es doch immer jenen Prozentwert, der eben nicht auf die entsprechende Methode in der gewünschten Art und Weise reagiert hat. Eine evidenzgeprüfte Methode bedeutet doch lediglich, dass statistisch gesehen diese Methode eine bestimmte Wirkung erzielt. Statistik erklärt aber – so sehen es die Statistiker außerhalb der Pädagogik übrigens auch selbst – niemals den Einzelfall (vgl. Jackson 1999). Selbst wenn eine Methode eine Erfolgsquote von über 80 % haben sollte, was im Übrigen ein hervorragender Wert wäre, so bleiben doch knappe 20 % übrig, bei denen die Methode nicht einschlägig war. Und wir wissen im konkreten Falle nicht, ob wir es mit einem jungen Menschen der großen Mehrheit oder der verbleibenden Minderheit zu tun haben. Gerade die Evidenzstudien der Jugendhilfe haben belegt, dass ihre Instrumente als durchaus erfolgreich einzuschätzen sind (vgl. die Diskussion im ersten Band, Baumann 2010) – im Einzelfall des konkreten ‚Systemsprengers' jedoch haben ihre Instrumente und Methoden eben bisher nicht „gegriffen".
Eine Fixierung ausschließlich auf wissenschaftlich geprüfte, evidenzbasierte Methoden verschärft also den Hang zu Ausgrenzung derjenigen, die eben nicht im erwünschten Sinne reagieren – und trägt dabei bei allem wissenschaftlichen Wert, den diese Untersuchungen haben und den ich auch nicht anzweifle – zu einer De-Professionalisierung der pädagogischen Akteure bei. Konstrukte wie „Therapie- oder Erziehungsresistenz", „Unbeschulbarkeit" oder auch nur die Phantasie „da geht nichts" sind die logische Folge. Nehmen wir das Kriterium der im ersten Kapitel formulierten Definition ernst, dass sich diese jungen Menschen

*in einer durch Brüche geprägten, negativen Interaktionsspirale mit dem Hilfesystem, dem Bildungssystem und der Gesellschaft befinden*, so würde eine Fixierung auf evidenzbasierte Methoden eine ewige Spirale eines „mehr Desselben" bedeutet: Die jungen Menschen springen nicht auf die bewährten pädagogische-therapeutischen Mittel an, und würden in der weiteren Hilfe aber lediglich wieder auf eben diese treffen. Und genau dies wäre eben nicht professionelles Handeln im oben genannten Sinne sondern eine Reproduktion und damit auch eine Verfestigung von Mustern, die der junge Mensch zweifelsfrei besser beherrscht als wir.

Pädagogik in diesem Sinne kann nur bedeutet, dass es ein Handeln ist, dass trotz der Widersprüchlichkeit der Situation und des gesellschaftlichen Auftrages jenseits der Grenzen der Erziehung doch wieder Erziehung kommen lässt. Ich möchte diesen Gedanken abschließend mit einer kleinen Anekdote von Adrian Plass aus seinem in weiten Teilen autobiographischen Roman aus der Zeit seiner Arbeit als Erzieher verdeutlichen:

> *„Eine Serie von Grunzlauten, krachenden Geräuschen und Flüchen ließ darauf schließen, dass Mike Merry und Howard vor dem Haupteingang des Bürotraktes eingetroffen waren. Ich zog mich beunruhigt in Richtung Wand zurück. Mr. Rowley* [Leiter der Einrichtung; M.B.] *fuhr, offenbar völlig unbesorgt, fort zu schreiben. Wenige Sekunden später erreichte der mobile Nahkampf den Eingang zum Büro und kam zum ersten Mal in Sicht. Ich hatte immer geglaubt, jene Zeichentrick-Kämpfe nach Tom-und-Jerry-Art, wo man nichts sieht außer einer Staubwolke, aus der Arme und Beine herausragen, seien amüsante, aber krasse Übertreibungen, doch genauso sah die Szene aus, die sich vor mir abspielte (...)*
> *Ich sah den Direktor an. Er schrieb immer noch still vor sich hin. Allem Anschein nach bemerkte er überhaupt nichts von dem Mini-Krieg, der vor ihm auf dem Teppich ausgefochten wurde. Nach einigen Sekunden stand er auf, immer noch das Blatt Papier in der Hand, und ging um den Schreibtisch herum auf das kämpfende Paar zu. Als er sie erreichte, beugte er sich hinab, bis sein Gesicht auf einer Höhe mit dem purpurroten, tränenüberströmten Gesicht des kämpfenden Jungen war.*
> *>Howard, alter Junge<, sagte er entschuldigend, >tut mir schrecklich leid, dich zu unterbrechen. Ich sehe, dass du sehr beschäftigt bist, aber...< Er tippte mit einem Finger auf das Blatt. >Ich weiß nicht mehr genau, wie du deinen Nachnamen schreibst. Könntest Du vielleicht...?<*

*In der Auseinandersetzung trat eine Flaute ein, als Howards Aufmerksamkeit durch die schiere Deplatziertheit von Mr. Rowleys Verhalten und seiner Frage von Mike Merry abgelenkt wurde. Er schniefte und sprach mit zittriger Stimme.*
*>Es wird... äh ... geschrieben wie B-b-bridge mit einem ‚r' am Ende, Sir. B-r-i-d-g-e-r.<*
*>Danke, Howard. Vielen herzlichen Dank."*
*Er erhob sich und kehrte an seinen Schreibtisch zurück.*
*>Äh... mach nur weiter, Howard", fügte er hinzu, ließ sich wieder an seinem Schreibtisch nieder und beugte sich über seine Arbeit.*
*Howard, der schlaff an einem Knöchel und einer Hand hing, merkte plötzlich, dass er nicht mehr kämpfte. Er fing wieder an, sich zu winden, aber nicht mehr so wild wie zuvor, wenn auch immer noch mit beträchtlicher Heftigkeit. Bis er von Mr. Rowley ihn von seinem Schreibtisch aus anrief.*
*>Howard! Hör mal, es tut mir schrecklich leid, aber ich muss auch deine Adresse überprüfen. Könntest du einen Moment hier herüber kommen – bitte. Wenn Sie Howard vielleicht absetzen könnten, Mr. Merry? Danke.<*
*Nachdem er sich auf dem Fußboden abgesetzt wiederfand, stand Howard auf und trat ganz lammfromm zu dem Direktor hinter den Schreibtisch.*
*(...)*
*An der Tür blieb ich stehen. >Mr. Rowley – gerade eben, bevor Howard ...äh... hereinkam, wussten Sie da schon, was Sie tun würden?<*
*>Lieber Himmel, nein!< rief der Direktor. >Bis zu dem Moment, wo ich hinüber zu dem Jungen ging, hatte ich nicht die leiseste Ahnung, was ich tun sollte.* ***Aber – und darauf kommt es an – ich wusste, dass ich irgendetwas tun würde!<"***
*(Plass 1998, 108-112; Hervorhebung M.B.)*

## 2.3 Erziehungshilfe im Spannungsfeld von Partizipation und Kontrolle?

Diese Frage, inwieweit Erziehung in Grenzsituationen immer ein erzieherisches Handeln trotz der Widersprüchlichkeit der Situation ist, in der Uneindeutigkeiten eingearbeitet werden müssen als wären sie integraler Bestandteil der pädagogischen Strategie, führt unmittelbar in den aktuellen Diskurs um Partizipation in der Pädagogik. Auf der einen Seite steht die im Blickpunkt dieses Buches stehende Zielgruppe der vermeintlichen ‚Systemsprenger' der Forderung nach mehr Kontrolle gegenüber. Auf der anderen Seite zeigte schon in den neunziger Jahren das Projekt: „Sich am Jugendlichen orientieren", dass eine ernstzunehmende Ausrichtung an den Zielen und Perspektiven der jungen Menschen in vielen Fällen eine Eskalation des Hilfeverlaufes unterbrechen konnte (vgl. Hekele 2014). Ähnliche Erfahrungen haben wir in der Durchführung unserer Einzelmaßnahmen von jungen Menschen, bei denen bereits geschlossene Maßnahmen sowohl im Jugendhilfekontext als auch im Kontext der Kinder- und Jugendpsychiatrie abgebrochen wurden, gesammelt (siehe unten).

Dem entsprechend entstehen auf dem Markt der Jugendhilfe aktuell zwei Linie im Umgang mit diesen Kindern und Jugendlichen. Auf der einen Seite entwickeln sich niedrigschwellige Maßnahmen, die eher auf eine konfliktvermeidende Strategie setzen, innerhalb derer der junge Mensch möglichst wenig Grenzen bekommt und möglichst viel selbst entscheiden kann. Auf der anderen Seite entstehen immer mehr so genannte Intensivangebote, die über einen möglichst hohen Personalschlüssel, klar strukturierte Tagesabläufe und einer konsequenten Durchsetzung von Regeln eine Betreuung der „Unbetreubaren" versuchen.

Fakt ist: Innerhalb beider Kontexte scheitern ebenfalls diverse Hilfen. Und auf der Grundlage der von mir im ersten Band von „Kinder, die Systeme sprengen" (Baumann 2010) erarbeiteten subjektlogischen Motivlagen der jungen Menschen ist dies auch die logische Konsequenz aus den Untersuchungsergebnissen. Es ist unvorstellbar, dass ein junger Mensch der im Band 1 benannten „Kategorie C" durch das (überspitzt ausgedrückte) Signal: „Mach, was du willst" zu einer Stabilisierung gelangt. Ebenso wird es kaum möglich sein, junge Menschen der „Kategorie B" mit Strenge und Zwang zu begegnen (vgl. zu den Konsequenzen der einzelnen Kategorien Kapitel 6).

Aber was bedeutet es, in der Begegnung mit jungen Menschen, die sich als vermeintliche ‚Systemsprenger' etabliert haben, oder drohen, diesen Weg einzuschlagen, Partizipation (als Grundhaltung einer modernen Erziehung) umzusetzen und gleichzeitig der Forderung zu genügen, eine Verhaltensänderung des jungen Menschen notfalls auch gegen dessen persönlichen Ziele durchzusetzen, obwohl uns hierzu gesicherte Methoden fehlen?

Hier ergibt sich im aktuellen Diskurs ein Widerspruch der Paradigmen. Auf der einen Seite steht eine Orientierung an einer wirkungsorientierten (evidenzbasierten) Jugendhilfe, in der zu Beginn der Hilfe Ziele festgelegt werden und die Qualität der Hilfe daran abgelesen wird, wie viele dieser Hilfeplanziele am Ende erreicht wurden. Hier wird suggeriert, Erziehung (-shilfe) sei ein zu planender und zu kontrollierender Prozess. Auf der anderen Seite steht die Frage, wie die Ziele des jungen Menschen, die zu unterschiedlichen Zeiten der Hilfe durchaus auch sehr unterschiedlich sein können, sich rasch wandeln und z.T. sogar radikal gegen die Idealvorstellungen der Helfer gerichtet sind (z.B.: „Ich brech' die Ausbildung zum Einzelhandelskaufmann ab und werde Türsteher"; „Wozu Schule, ich kann auch mit dealen Geld verdienen!"), im Rahmen ernst gemeinter Partizipation Einfluss auf die Hilfe nehmen, gerade wenn diese Ziele Teil des offiziellen Problems (z.B. Schulabsentismus) sind.

Alle drei in diesem Kapitel reflektierten Aspekte: Inklusion und Ausgrenzung schwierigster Jugendlicher, Handlungsfähigkeit trotz Technologiendefizit gerade in pädagogischen Grenzsituationen und Partizipation vs. Kontrolle unter besonderer Berücksichtigung der Frage, wie viel Zwang in der Struktursetzung legitim und notwendig ist, führen zu der methodischen Konsequenz, dass es nicht möglich sein wird, *einen* Hilfekontext oder *ein* Konzept zu schaffen, das auch *alle* Kinder und Jugendlichen als haltender Ort und als echte Hilfe dienen kann. Auch wird es wenig hilfreich sein, ein (wenn auch verschachteltes) System paralleler Hilfeangebote zu entwickeln, und es nur noch die Frage ist, jeweils die richtige Hilfeform auszuwählen. Dies würde (und tut es derzeit massiv) genau diejenigen Dynamiken verstärken, die ich im ersten Band (Baumann 2010) als Prinzipien des Durchreichens, der Zuständigkeitsverweigerung und des institutionellen Aufmerksamkeits-Defizit-Syndroms beschrieben habe.
Die Konsequenz der Forschungsergebnisse zum Themenfeld ‚Hoch-Risiko-Klientel' und ‚Systemsprenger' führen im Kontext der aktuellen Diskussion in erzieherischen wie auch therapeutischen Feldern zu der Frage, *wie eine Matrix entwickelt und inhaltlich gefüllt werden kann, mittels derer Hilfen individuell geprüft, strategisch ausgerichtet und flexibel umgesetzt werden können, und dies unter der Frage einer größtmöglichen Kontinuität, um die Erfahrung der ewigen Brüche frühzeitig einzudämmen.* Diesen Brückenschlag werde ich im Folgenden versuchen zu schlagen, ohne mir einzubilden, dass dies der Weisheit letzter Schluss und die letzte Antwort auf das Problem scheiternder Hilfen darstellt. Es geht mir dabei weniger um Antworten als vielmehr darum, die notwendigen Fragen so zu präzisieren, dass Handlungsfähigkeit entsteht. Dadurch haben sich auf der Grundlage von einigen Jahren Erfahrung im Bereich der Forschung wie auch im Bereich der Erziehungshilfe speziell mit dieser Klientel eine Reihe von Impulsen und Lösungswegen gesammelt, die Perspektiven eröffnen können.

# 3. Impulse für die Arbeit mit Hoch-Risiko-Klientel

Im ersten Band von „Kinder, die Systeme sprengen" habe ich zu drei zentralen Fragestellungen Forschungsergebnisse vorgestellt. Erstens habe ich versucht, die Größenordnung des Phänomens „Systemsprenger in der Jugendhilfe" einzuordnen. Kontrastiere ich die in meiner Studie ermittelten Zahlen mit den Abbruchquoten vollstationärer Hilfen bei Tornow und Ziegler (2012) bleibt festzuhalten, dass schwerwiegende Verhaltensstörungen nur einen (relativ seltenen) Aspekt unter vielen für Abbrüche in der Erziehungshilfe ausmachen, gleichzeitig aber doch einen der schwersten Belastungsfaktoren für Pädagog(inn)en in diesem Feld darstellen (vgl. Arnold & Macsenaere 2012).

Aus diesen statistischen Daten lassen sich aber kaum Handlungsanweisungen für die pädagogische Praxis ableiten. Interessanter sind die beiden weiteren Forschungsfragen, die im ersten Band behandelt wurden: Die Frage nach der Interaktionsdynamik zwischen Helfern und jungen Menschen und die Frage nach der Subjektlogik der individuellen Verhaltensweisen, die vom Hilfesystem als störend, überfordernd und allzu oft als unberechenbar erlebt werden.

In diesem zweiten Band stehen also Fragen im Mittelpunkt, wie sich das Helfersystem aufstellen kann, um effektive Hilfen anzubieten, damit Kinder und Jugendliche mit besonders schwierigen Ausgangsbedingungen nicht zu ‚Systemsprengern' werden müssen. Dabei steht eine genaue Analyse der Ergebnisse des ersten Bandes gepaart mit einer mittlerweile breiten Erfahrung in der direkten pädagogischen Arbeit mit Hoch-Risiko-Klientel im Fokus, um die zentralen Fragen der Hilfeplanung und Förderung in den Blick nehmen zu können:

1. Wie muss eine Hilfe gestaltet sein, damit der junge Mensch diese annehmen oder zumindest aushalten kann und nicht gegen sie kämpfen muss?

2. Wie muss ein Hilfesetting gestaltet sein, damit die Pädagog(inn)en die Arbeit mit dem jungen Menschen aushalten können?

Diese beiden Fragen sind bei der Betrachtung und Bewertung aller Impulse in diesem Band als absolut gleichberechtigt zu sehen. Diesen Gedanken gilt es in einem ersten Schritt zu vertiefen:

### 3.1 Hilfe zwischen Halt geben (wollen) und Nicht-Aushalten (können)

Ein zentrales Ergebnis unserer Studie „Kinder, die Systeme sprengen", ist die Erkenntnis, dass es *ein wesentlicher Aspekt des Scheiterns von Hilfeversuchen ist, dass die Hilfe in einen Machtkampf gegen die vermeintlichen Symptome des jungen Menschen eintritt*, den sie nicht gewinnen kann, weil genau diese vermeintlichen Symptome, die mit der Hilfe nicht vereinbar erscheinen und den Rahmen „sprengen", zentrale Resilienzfaktoren der jungen Menschen in ihrem bisherigen Leben dargestellt haben (vgl. Baumann 2010, 88 ff). Die Geschichte eines jungen Mannes, nennen wir ihn ‚Hendrik', den ich im Alter von fünfzehn Jahren kennen gelernt habe, hat mich in dieser Hinsicht auch nach meiner theoretischen Analyse dieses Phänomens in ihrer Deutlichkeit sehr stark beeindruckt:

> *‚Hendrik' lebte mit seiner alleinerziehenden Mutter und seiner jüngeren Schwester zusammen. Als ‚Hendrik' sieben Jahre alt war, erkrankte seine Mutter an einer schweren Atemwegserkrankung. Zur Symptomatik der Krankheit gehörte es, dass die Mutter immer wieder Atemaussetzer hatte, besonders in den Morgenstunden und beim Aufwachen, so dass sie an manchen Tagen in der Aufwachphase einfach aufhörte zu atmen. ‚Hendriks' Aufgabe war es nun, sie jeden Morgen zu wecken, zu überprüfen, ob die Atmung regelmäßig blieb, und, wenn nicht, erste Hilfe zu leisten und einen Rettungswagen zu rufen, wenn dies nicht der Fall war. An den Tagen (ca. ein bis zwei Mal im Monat), an denen die Mutter ins Krankenhaus musste, hatte sich ‚Hendrik' dann um seine Schwester zu kümmern, diese für den Kindergarten oder später die Grundschule fertig zu machen und dann entsprechend zu bringen. Das Taxi, welches ihn zur in einem Nachbarort gelegenen Förderschule gebracht hätte, verpasste er dann regelmäßig.*
>
> *Mit Einsetzen des Hilfesystems begann der Kampf der Pädagog(inn)en gegen diese Situation und gegen die Verantwortung des Jungen, die ihn sichtlich überforderte. Da die Mutter auf Grund einer depressiven Grunderkrankung keine externe Hilfe annehmen konnte, wurde jeder Hilfeversuch zu einem aussichtslosen Kampf gegen den zentralen Lebenssinn des Jungen, auf den dieser sich nicht einlassen konnte. Jede „Hilfe", die versuchte, Hendrik von der Kontrolle zu befreien, wurde von ihm radikal boykottiert.*

Was das Beispiel von ‚Hendrik' zeigt, ist eine lange Historie von Hilfeversuchen, die für ihn keine akzeptable Alternative zu seinem (von außen als hochgradig pathologisch bewerteten) Lebensentwurf darstellen konnte. Je mehr Energie ‚Hendrik' aufwandte, um seinen Lebensentwurf gegen die als übergriffig erlebte Hilfe zu verteidigen, desto rigider reagierte das Hilfesystem. Am Ende der Spirale stand ein junger Mensch, der überhaupt kein Vertrauen mehr zu Pädagog(inn)en aufzubauen bereit war und keine Beziehungen mehr zu Erwachsenen einging. Parallel begann er seinen eigenen Kampf um Abgrenzung gegen Mutter und Schwester, so dass die „Karriere“ quasi zwangsweise auf der Straße endete…

Ein zweites Ergebnis unserer Studie ist aber ebenso wichtig wie das eben genannte. Ein Setting kann noch so intelligent und ausgefeilt aufgestellt sein, wenn es die Pädagog(inn)en in permanente Überforderung treibt, wird es nicht greifen können. In der Analyse prototypischer Verläufe des Scheiterns habe ich drei Verlaufstypen herausgearbeitet (Baumann 2010, 81 ff), von denen zwei am Ende an der Belastungsgrenze des Helfersystems scheitern:
Ein klassischer Verlaufstyp beginnt mit einer guten Kontakt- und Beziehungsanbahnung von Seiten des jungen Menschen, die aber darin endet, dass die emotionale Bedürftigkeit des Kindes so groß ist, dass die Helfenden sich nach einer Zeit benutzt und/ oder ausgesaugt fühlen. Verletzungen und Enttäuschungen durch Krisensituationen kommen auf diesen Prozess oben drauf, so dass die Beziehung von Seiten der Pädagog(inn)en am Ende nicht aufrecht erhalten werden kann. Die Beziehungsdichte des Settings ist also so groß, dass sie für einzelne Mitarbeiter(innen) nicht auszuhalten ist.
Dieser Prozess hat nichts damit zu tun, dass es den Professionellen nicht gelingt, den jungen Menschen anzunehmen. Es geht wirklich um einen Prozess des Nicht-Aushaltens, der völlig wertneutral anerkannt werden muss und keine Schwäche von Mitarbeiter(inne)n darstellt, sondern eine nicht gut genug durchdachte Rahmung des Hilfesettings.
Der andere klassische Verlaufstyp, der auf die Wichtigkeit der Beachtung des „Aushalten-Könnens“ verweist, zeigt ebenso eine zunächst gelingende Beziehungsgestaltung zwischen den Pädagogen und dem jungen Menschen. Im Rahmen einer guten pädagogischen Beziehung scheint der vermeintliche ‚Systemsprenger‘ zunächst sogar gute Fortschritte zu machen. Schlussendlich scheitert die Maßnahme aber dann doch daran, dass die einzelnen Eskalationen, die sich trotz der guten Beziehung zwischen Helfern und Jugendlichem immer wieder ereignen, innerhalb des Settings nicht ausgehalten werden können. Hier geht es nicht um die Belastungsgrenze einzelner Mitarbeiter(innen), sondern um die Tolerierbarkeit von selbst- und fremdgefährdenden Vorfällen im Rahmen der einrichtungsinternen Strukturen. Es geht um die oben benannten typischen Verhaltensweisen, die in pädagogischen Institutionen nicht integrierbar erscheinen (vgl. Baumann 2010, 33; Kapitel 1 in diesem Band). So kann eine Einrichtung Übergriffe

auf andere, z.B. jüngere Kinder nicht dulden. Auch ständige Entweichungen oder ein offener Drogenkonsum sind kaum in den Alltag eines Schul- oder Gruppenlebens zu integrieren.
Hier zeigt sich wieder, wie wichtig die Frage ist, ob die zu erwartenden Eskalationen des jungen Menschen im geplanten Hilfesetting zu ertragen sind oder nicht. Auch hier geht es nicht darum, den jungen Menschen anzunehmen – Vorfälle der Gewalt, sexuelle Übergriffe, Kinderprostitution usw. sind nicht annehmbar, und gerade in diesen Verläufen zeigt sich ja, dass der junge Mensch als solcher angenommen wurde. Aber ein Hilfesetting, dass Kinder und Jugendliche mit einer solchen Problematik erreichen möchte, muss mindestens temporär in der Lage sein, diese Symptome auszuhalten, bis der junge Mensch eine Alternative entwickeln konnte. Hierfür bedarf es einer entsprechenden Haltung, aber auch bestimmter Strukturelemente und Settingbedingungen, die ein Halten ermöglichen.

## 3.2 Eine Matrix zur Entwicklung und Ausgestaltung belastbarer und passgenauer Hilfen

Aus diesen Überlegungen kann die Frage präzisiert werden: *Was brauche ich für die Ausgestaltung von Hilfen für ‚Systemsprenger'?*
Mathias Schwabe, der sich in den letzten Jahren ähnlich wie ich in einer Pendelbewegung zwischen akademischer Forschung und pädagogischer Praxis bewegt hat, stellte bei einem Vortrag auf der Fachtagung „Systemsprenger" in Wolfenbüttel am 07.06.2013 „*sieben Ingredienzien* aus Sicht der Jugendlichen" auf, die allen von ihm untersuchten Spezialsettings für „besonders schwierige Jugendliche" inne wohnten:

1. Lohnende Rahmenangebote: „Ich hab' was davon, da hin zu gehen/ da zu bleiben!"
2. „Die halten was aus!"
3. Strukturen, die mit klaren und glaubhaften Begrenzungen arbeiten (Beendigungen, evtl. auch mit der Androhung existenzieller Konsequenzen = Zwang).
4. Fair geführten Auseinandersetzungen mit Peers und/ oder Erwachsenen (Betreuer/ Pädagogen).
5. Wahlmöglichkeiten.
6. Erfahrungen von Anerkennung bzw. Gelingen (Selbstwirksamkeitserfahrungen).
7. Eröffnung von glaubhaften Zukunftsperspektiven.

(Schwabe 2013)

Im Grunde benennt Schwabe mit dieser Auflistung zwei große Cluster, die für die Gestaltung von Hilfen unabdingbar sind:
Erstens muss die Grundhaltung des Settings darauf liegen, dem jungen Menschen gute Gründe anzubieten, sich auf die Hilfe einzulassen (Ingredienzen 1, 5, 6 und 7). Dies erscheint sehr viel sinnvoller als ständig darüber nachzudenken, wie man ein Dropout verhindern kann. Die Einrichtung muss eine echte Alternative darstellen zu einem Leben jenseits der gesellschaftlichen Bezüge.
Dies liegt natürlich zunächst in der Alltagsstruktur der Einrichtung verhaftet. Der wohl wichtigste präventive Aspekt in der Arbeit mit potentiellen ‚Systemsprengern' ist die Vermeidung von Langeweile. Wenn die jungen Menschen über große Teile der Zeit auf sich allein gestellt sind, ist viel Raum für ungünstige Prozesse im Vergleich zu gut ausgefüllter Zeit. Dieser Aspekt hat etwas mit Planung und Vorbereitung zu tun, aber natürlich auch mit einer konstanten Personaldecke, in der nicht ein(e) Mitarbeiter(in) den ganzen Tag oder das ganze Wochenende mit einer größeren Gruppe von bis zu acht jungen Menschen allein im Dienst ist.
Genauso wichtig, wenn nicht wichtiger, ist die Schaffung von echten Zukunftsperspektiven, die mit Unterstützung der Maßnahme erreichbar erscheinen. Wie z.B. meine eigenen Untersuchungen über den Zusammenhang von Quartierseffekten und gewalttätigen Handlungsmustern gezeigt haben, ist der Effekt von Schulformzugehörigkeit auf die Gewaltbereitschaft junger Menschen einer der wenigen „echten" Indikatoren für solche Verhaltensweisen, welcher sich sogar stärker ausprägt als das Geschlecht (Baumann 2012b, 98 f). „Letztlich gibt es zwei Gründe, warum Jugendliche aus kriminellen Karrieren aussteigen: Sie haben eine feste Beziehung, die mit Gewaltverhalten nicht vereinbar ist, oder sie haben eine echte, sinnstiftende Perspektive im Bildungs- und Ausbildungssystem" (Baumann 2012b, 103f).
Auch die Forschungen zur Effektivität des Jugendstrafvollzugs zeichnen hier ein eindeutiges Bild: Programme, die auf Zwang, Geschlossenheit und Abschreckung setzen, erweisen sich bezogen auf die Rückfallquote krimineller Handlungen oftmals sogar als kontraproduktiv, während eine erfolgreiche Integration in Bildungsperspektiven, bestenfalls durch Vermittlung einer Berufsausbildung, den wirksamsten Faktor bezogen auf die Vermeidung weiterer Straftaten darstellt (vgl. Walter 2008). Insofern können Überlegungen der Vermittlung von Bildungsperspektiven und Integration ins Schulsystem nicht hoch genug gewertet werden.

Das zweiter Cluster, auf das sich die Ingredienzien von Schwabe beziehen (hier: Nummer 2, 3 und 4), beschreibt die Möglichkeiten des Konfliktmanagements. Dabei sind drei Unteraspekte zu benennen: Erstens eine gewisse Portion Symptomtoleranz (Baumann 2010, 179 ff), zweitens klare Begrenzungen und Strukturen, die als solche erkennbar und verstehbar sind, und drittens die Möglichkeiten, deeskalierend und fair in Konflikte einzusteigen (vgl. Schwabe 1996). Junge Menschen, gerade im Kontext der Jugendhilfe, wollen keine nachgiebigen Pädagogen, die anbiedernd versuchen, es ihnen Recht zu machen. Sie wollen gerechte und verstehbar handelnde und damit Sicherheit vermittelnde Erzieher und Erzieherinnen, die ihren institutionellen Machtvorsprung aber nicht ausnutzen.
Ich habe im ersten Band in Anlehnung an Helmut Reiser das Strukturkreuz aus Struktur, Prozess und Vertrauen beschrieben. Gerade bei niedrigem Vertrauen, also einer gewissen Unberechenbarkeit der jungen Menschen, ist es wichtig, die Strukturen eng und eindeutig zu halten, da eine zu große Offenheit in einem solchen Fall keine Orientierung bieten würde (vgl. Baumann 2010, 189 f).
Ich habe ich in den letzten Jahren unabhängig von der Analyse Schwabes eine Art *Grob-Matrix* entwickelt, welche ebenfalls versucht, diese beiden Cluster zu integrieren und an der sich so genannte intensivpädagogische Hilfesettings messen lassen müssen (vgl. Baumann 2013).

Ein erster Bereich, der eine Grundbedingung gelingender Hilfe für Hoch-Risiko-Klientel darstellt, beinhaltet *Möglichkeiten der Deeskalation, des Aushaltens und des aktiven Gestaltens von Konflikten*.
Der zweite Bereich betrifft eine Kultur sowie methodische Ansätze des *gemeinsam getragenen pädagogischen Fallverstehens und der verstehenden Diagnostik*.
Der dritte Bereich schließlich umfasst die Möglichkeit zur Gestaltung *flexibler Settingbedingungen, die für Mitarbeiter(innen) Räume des Luftholens, emotionaler Sicherheit, der Verteilung von Belastungen auf mehrere Schultern sowie des Rückzugs* in extremen Belastungsphasen bei gleichzeitiger Gewährleistung von maßnahmeübergreifender Kontinuität und eindeutiger Fallverantwortung gewährleistet.
Diese drei Bereiche überdauernd bedarf es einer konsequenten Haltung des „Halten-Wollens“, eines klar entwickelten *Professionsverständnisses* und der unentwegten Bereitschaft des Kompetenzerwerbs.

Diese Grobmatrix, bestehend aus drei Bereichen und einer quer dazu liegenden pädagogischen Haltung, werde ich im Folgenden entwickeln und differenzieren, um deutlich zu machen, wie pädagogische Arbeit im so genannten intensivpädagogischem Bereich gelingen kann.

# 4. Stereotype Konfliktmuster analysieren, verstehen, verändern

Unausweichlich in der Auseinandersetzung mit dem Thema Hilfe für das Klientel vermeintlicher ‚Systemsprenger' ist die Frage, wie Konflikte und Eskalationen so gestaltet werden können, dass es nicht permanent zu Machtkämpfen oder selbst- und fremdgefährdenden Verhaltensweisen kommt. Diese Aspekte sind schließlich der Grund dafür, dass Einrichtungen, die an und für sich auf die Arbeit mit Menschen in schwierigen Lebenslagen ausgerichtet sind, zu dem Schluss kommen, dass die Maßnahme nicht fortgesetzt werden kann, weil die Verhaltensprobleme des jungen Menschen zu ausgeprägt sind. Aus der wissenschaftlichen Untersuchung des Themenfeldes wissen wir, dass gewaltförmige Verhaltensweisen (vor allem physischer Art) gegen Schwächere oder gegen die Erwachsenen gerichtet, Drogenkonsum und -Handel auch in der Einrichtung sowie ständige Entweichungen in Kombination mit Selbstgefährdung (Prostitution, kriminellen Aktivitäten) die Hauptgründe für Abbrüche von Seiten der Einrichtungen darstellen (vgl. Baumann 2010, 32 ff). Alle drei Aspekte, besonders aber der erste, sind unmittelbar mit der Frage verknüpft, wie Konflikte geführt werden, und wie ein junger Mensch mit seinem Verhalten so konfrontiert werden kann, dass eben kein Machtkampf entsteht, sondern Orientierung bietenden Rahmungen. Diesen Aspekt möchte ich an dieser Stelle vertiefen und an Beispielen verdeutlichen, wohl wissend, dass man sich Konfliktmanagement nicht „erlesen" kann.

## 4.1 Die Eröffnungsphase

Viele Konflikte lassen sich verstehen als eine Art Rollenspiel. Sie spielen sich auf mehreren Ebenen ab und werden „durchlaufen". Gewisse Muster zu kennen, und diese dann im Einzelfall näher zu betrachten, um selbst in die Rolle des Gestalters zu kommen, muss zentrales Ziel des Konfliktmanagements sein. Kenntnis der „Spielregeln" und der prototypischen Fallen im Laufe von eskalierenden Konflikten können uns dabei handlungsfähiger machen.

*Blicken wir nur einmal auf einen zeitgemäßen Konflikt zwischen Jugendlichen. Wenn ein Jugendlicher zu einem anderen sagt: „Ey, deine Mutter ist eine Hure", meint er ja nicht: „Ich kenne deine Mutter und weiß, dass sie ihr Geld im Rotlichtmilieu verdient". Vielmehr meint er sinngemäß so etwas wie: „Ich verachte dich", oder noch konkreter, da er ja um die Reaktion weiß, die zwangsweise folgt: „Hey, hast du den Mut und Lust, ein Kräftemessen zu veranstalten?"*

*Die Reaktion, die hierauf erfolgt, ist in der Regel in einem hohen Passungsverhältnis zur Eröffnung zu sehen, da der so Angesprochenen unter Zugzwang steht, will er nicht als völliges „Opfer" aus der Situation gehen. Es wäre höchst befremdlich, wenn er antworten würde: „Stimmt nicht, meine Mutter ist Sekretärin!". Dies wäre ein sicheres Zeichen dafür, dass der Provozierte die Situation nicht richtig gelesen hat (außer es besteht eine eindeutige Überlegenheit des Provozierten, so könnte er hier sein Desinteresse an der mangelnden Herausforderung inszenieren). Weitaus häufiger ist es der Fall, dass der Provozierte eine situationsadäquate Antwort wählt, z.B.: „Und deine Mutter ist so fett, dass selbst ein Sumo-Ringer Angst hätte, zerquetscht zu werden!" Eine solche Antwort meint natürlich ebenfalls nicht eine Aussage über die Körperfülle der jeweils anderen Mutter, sondern enthält einen Aussagewert, der sich in etwa übersetzen ließe mit: „Ich verachte dich ebenfalls und wenn du dich schlagen willst, komm her!".*
*Diese „Spiele" sind jungen Menschen hoch vertraut, und alle Generationen hatten ihre Rituale, mit denen sie Machtkämpfe verbal eingeläutet haben (als ich jung war, galt der ausgestreckte Mittelfinger als absoluter Fauxpas, bis er von einem Fußballspieler quasi entwertet wurde – und auch mit der Aussage „Vollidiot" gaben wir in der Regel kein Urteil über den geschätzten IQ-Wert des Gegenübers ab, sondern eine Herausforderung). Der „pädagogische Rat", eine solche Eröffnung einfach zu ignorieren oder abzuwehren, in dem man den Inhalt der Provokation ignoriert, kann für den jungen Menschen kein ernsthafter Rat sein, da in einem solchen Vorschlag deutlich wird, dass der Pädagoge die Spielregeln der jugendlichen Hierarchisierung nicht verstanden hat.*

Wichtig ist an dieser Stelle zu verdeutlichen, dass Eskalationen – gerade wenn sie verbal eröffnet werden – einer hohen Kausalität folgen, die im bestimmten Maße berechenbar ist (vgl. Kersten 2008) und somit kontrolliert werden kann. Nur das die Eskalation zwischen jungem Menschen und Pädagogen in der Regel auf Grund eines institutionellen Machtgefälles und der Doppeldeutigkeit von Rolle und Authentizität (vgl. Baumann 2010, 71 ff) etwas komplexer ablaufen.
Mathias Schwabe hat vor mittlerweile gut zwanzig Jahren ein Modell für Eskalationsprozesse zwischen jungen Menschen und Pädagogen im Kontext der Arbeit mit „schwierigen" Kindern und Jugendlichen vorgelegt (vgl. Schwabe 1996). Dabei unterscheidet er zwischen Ad-hoc-Eskalationen, also akuten Konflikten aus einer Situation heraus, verzögerten Eskalationen und institutionellen Eskalationen. In diesem Abschnitt wird es um den konstruktiv-gestaltenden Umgang mit Ad-hoc-Eskalationen gehen. Die Dynamik der verzögerten Eskalationen, in der

der Konflikt als „quasi heimatlos gewordene, normadisierende“ (Schwabe 1996, 104) Dauer-Spirale im Raume steht, die sich nicht an akuten Situationen festmachen lässt, weil sie die symbolische Bearbeitung eines unlösbaren Grundkonfliktes darstellt, ist ein wichtiger Bestandteil dessen, was ich als verstehende Diagnostik beschreibe. Ebenso ist die Ebene der institutionellen Eskalation im Rahmen der von mir vorgelegten Dynamik ein Bestandteil des Fallverstehens und wird dort entsprechend behandelt werden (vgl. die Abschnitte 5.4).
Zunächst soll es aber um die Gestaltung der situativen Eskalationen gehen, da ohne ein angemessenes situatives Konfliktmanagement die besten Verstehensmodelle nicht greifen können, weil die überfordernden Konfliktsituationen ein Aushalten nicht zulassen. Wichtig ist: alle hier getroffenen Aussagen zur De-Eskalation beziehen sich auf pädagogische Situationen – probieren sie die vorgeschlagenen Handlungsmöglichkeiten nicht ohne weiteres nachts in der U-Bahn!

Für viele Konflikte gilt, dass die ersten Augenblicke entscheidend sind. Diese Phase benennt Schwabe als: *„Das Konfliktfeld abstecken“* (Schwabe 1996, 47). Diese Phase ist tendenziell durch verbale Kommunikation geprägt. Die Konfliktparteien machen ihren jeweiligen Standpunkt deutlich, führen Argumente und Gegenargumente ins Feld und versuchen, durch eine bessere Begründung ihres Standpunktes die Oberhand im Konflikt zu gewinnen.
Diese Phase kann sehr kurz sein (es gibt auch Jugendliche, die diese Phase tendenziell überspringen), kann aber auch sehr langatmig und ausgeprägt inszeniert werden, ohne dadurch produktiver zu enden. Einige Facetten dieser Phase sind für die Frage einer de-eskalierenden Haltung von entscheidender Bedeutung, und da viele Entscheidungen für den situativen Verlauf am Anfang des Konfliktes fallen, soll dieser Schritt etwas ausführlicher betrachtet werden:

Zunächst muss der Pädagoge sich in dieser Phase die Frage stellen, ob das Thema, welches für den Konflikt genutzt wird, überhaupt das eigentliche Konfliktthema darstellt. Am obigen Beispiel ist bereits deutlich geworden, dass gerade Jugendliche häufig verbale Codes benutzen, um andere Themen abzuarbeiten, die schwer in Worte zu fassen sind. Reiser nennt dies „unbewusste Interaktionsthemen“, welche in Oberflächenthemen maskiert werden (vgl. Reiser 2006). So kann die Antwort eines jungen Menschen auf eine Aufforderung oder Bitte des Pädagogen durchaus mehrdeutig sein und somit keine Grundlage für eine verbale Klärung bieten. Ein Beispiel:

Eine Kollegin fordert ein siebzehnjähriges Mädchen dazu auf, das von ihr selbst veranstaltete Chaos in ihrem Zimmer aufzuräumen. Eine mögliche Antwort zur Formulierung eines Konfliktstoffes könnte hier lauten:

*„Geht dich gar nichts an, ich muss ja drin schlafen und ich fühle mich so wohl!"*

Natürlich ist das Argument, *ihr* Zimmer solle *so* aussehen, dass *sie* sich wohl fühlt, erst einmal schlüssig und pädagogisch, wenn wir ehrlich sind, schwer zu widerlegen. Mag sein, dass das Mädchen diese Argumentation als schlüssig für sich denkt und somit die Grundlage dafür schafft, auszudiskutieren, welche Gründe es aus Sicht der Pädagogin geben könnte, dennoch für Ordnung zu sorgen. Auf der anderen Seite kann aber eine Reihe von Botschaften das eigentliche Konfliktthema verschlüsseln, welches nicht diskutiert wird. In diesem Falle wird jeder Versuch, sie sachlich von der Richtigkeit der Argumentation der Pädagogin zu überzeugen, die Eskalation eher anheizen. Steht hinter der verbalisierten Antwort z.B. die Aussage:

*„Behandle mich nicht immer wie ein Kind, ich werde bald achtzehn und kann für mich selbst sorgen. Ich brauche keine Aufpasserin!",*

so wird deutlich, dass jedes vorgebrachte inhaltsbezogene Argument sie in der unausgesprochenen Haltung, wie ein bevormundetes Kind behandelt zu werden, bestärken wird. Ein de-eskalierendes Konfliktmanagement muss sich also zuerst die Frage stellen, ob der „offizielle" Anlass des Konfliktes, den die Konfliktpartner gerade verbal auszuhandeln versuchen, tatsächlich der Grund für den Aufruhr ist, oder ob unterschwellige und verdeckte Konfliktstoffe enthalten sind. Eines der in pädagogischen Kontexten häufigsten unterschwelligen Konfliktthemen ist z.B. die Frage, *wer eigentlich wem etwas zu sagen hat*. Gerade Pädagogen neigen dazu, Konflikte auf diese Frage hin zu reduzieren und aus Prinzip nicht nachzugeben, selbst wenn der junge Mensch gute Argumente für seine Position vorbringt. Der Hinweis, man würde damit Schwäche zeigen oder „sein Gesicht verlieren" ist bei näherer Betrachtung natürlich völlig inakzeptabel und nicht haltbar, sondern schürt Eskalationen, da gegen die oben genannte Grundforderung „fair geführter Konflikte" verstoßen wird.

Die erste Strategie de-eskalierender Konfliktführung muss also lauten: Achte darauf, dass das Konfliktthema, welches verbal verhandelt wird, ein „echtes" Konfliktthema darstellt, und nicht zu einer Projektionsfläche tieferliegender Konfliktthemen wird. Sobald dies geschieht, kann der Konflikt nicht mehr verbal gelöst werden, sondern nur noch durch Symbolhandlungen. Ein Übergang in die zweite und dritte Phase ist dann unausweichlich.

Sollte ich das Gefühl haben, dass es ein anderes als das verbalisierte Konfliktthema gibt, habe ich nur die Möglichkeit, dieses zu thematisieren. Dies muss nicht in dieser Situation sein, es kann Sinn machen, die Diskussion erst einmal zu beenden und später noch einmal in einem passenden Rahmen auf das eigentliche Thema zu sprechen zu kommen.

Wenn sichergestellt ist, dass das Konfliktthema, welches in dieser ersten Phase formuliert und verhandelt wird, tatsächlich das Konfliktthema darstellt, gibt es einige Möglichkeiten, de-eskalierend zu handeln. Eine erste Möglichkeit ist das Äußern von Verständnis für die Position des Anderen. Wenn die beiden Positionen als gleichberechtigt anerkannt werden (ernsthaft, keinesfalls im Sinne eines „nun sieh' doch mal" oder „ja aber"...), kann durch eine sanfte Konfrontation mit der Realität oft eine Bereitschaft zur Kooperation hergestellt werden. So könnte die Konfrontation mit der Realität im Beispiel des Disputes ums aufgeräumte Zimmer zum Beispiel folgendermaßen aussehen:

*„Stimmt, du musst dich wohlfühlen, und ob dein Zimmer aufgeräumt ist oder nicht, ist mir ehrlich gesagt auch egal. Aber wir sind verpflichtet, eure Zimmer reinigen zu lassen. Und wir können unsere Reinigungskraft nicht fürs Aufräumen bezahlen und du willst ja sicherlich auch nicht, dass die in deinen Sachen rumwühlt, oder?"*

Eine solche Verbalisierung von Verständnis, verbunden mit einer sachlichen Portion von Realität bietet dem jungen Menschen eine Ausstiegstür – vorausgesetzt, sein Ziel ist es nicht, den Konflikt sowieso anzuheizen. Wenn die Jugendliche weiter diskutieren möchte, muss sie die Tatsache diskutieren, dass bestimmte Hygienestandards in pädagogischen Einrichtungen gelten – ein Sachbestand, auf den keiner der Beteiligten Einfluss hat.
Natürlich kann sie antworten mit:

*„Mir doch egal!"*

In diesem Falle kann eine zweite, vielleicht die wichtigste De-Eskalationsstrategie zum Tragen kommen: *Den Konflikt vertagen*. Nicht jeder Konflikt kann in diesem Augenblick gelöst und bearbeitet werden. Zeit zu gewinnen kann ein wichtiger Aspekt des Konfliktmanagements sein. Es ermöglicht, Luft zu holen, die Argumente zu sammeln und sich ggf. im Team abzustimmen. Vor allem aber ermöglicht es, für die „Neuauflage" des Konfliktes einen Rahmen zu wählen, in dem es möglich ist, den Konflikt wirklich auszutragen.

Eine Chance, die in dieser ersten Phase des Konfliktes ebenfalls (noch) besteht, ist das *Anbieten von Kompromissen*. Solange der Konflikt noch auf einer verbalen Ebene ausgefochten wird, kann auch ein Mittelweg eingeschlagen werden, der beiden Seiten „ein Opfer" abverlangt. Dies kann ein wichtiges Signal sein. Denken wir an diejenigen jungen Menschen, für welche die Hilfe keine Hilfe sondern einen Übergriff darstellt (vgl. „Kategorie B" im ersten Band, Baumann 2010), so ist ein einfaches Nachgeben für diese jungen Menschen keine Option. Erst wenn sie sehen, dass auch die Vertreter des Helfersystems bereit sind, Schritte auf den jungen Menschen zuzugehen, ist ein Einlenken möglich.

Ein letzter Aspekt, der an dieser Stelle genannt sein soll, ist die *Überprüfung der räumlichen Position* und der *ausgestrahlten Körperlichkeit*. Gerade in der Arbeit mit jungen Menschen, die in ihrem Leben traumatisierende Erfahrungen gemacht haben, ist die Frage des ausgestrahlten Bedrohungspotentials für die Frage, in wie weit der Konflikt verbal geführt werden kann, elementar. Kernfragen sind dabei: Strahle ich Aggressivität oder Kampfbereitschaft aus? Verstelle ich dem jungen Menschen potentielle Fluchtwege, oder mache ich beispielsweise den Weg zur Tür bewusst frei? Hat der junge Mensch selbst in der Hand, die Nähe-Distanz-Regulation körperlich zu bestimmen?
Wichtig ist zu bedenken, dass manche Konflikte auch in einen Eskalationssog (Schwabe 1996) einsteigen, ohne dass dies von Seiten des Pädagogen beabsichtigt oder bemerkt wird. Gerade die oft in Alarmbereitschaft befindliche Wahrnehmung des jungen Menschen kann dazu führen, dass er die Situation so interpretiert, als hätte der Pädagoge gerade eine Drohung ausgesprochen. Es mag dann für den Pädagogen um die Frage gehen, ob der junge Mensch sein Zimmer aufräumt. Wenn es aber für den jungen Menschen um die Frage geht: „Werde ich schon wieder überwältigt?", dann bekommt die Situation plötzlich eine emotionale Aufladung, die in keinem Verhältnis zum Auslöser zu stehen scheint, sondern nur aus der biographischen Lebenserfahrung heraus verstehbar wird.

Natürlich kann schon diese erste Phase von Seiten des jungen Menschen durch eine Provokation eröffnet werden, die das Konfliktthema auf Seiten des Pädagogen definiert als „Ich möchte nicht von Dir beleidigt werden". In diesem Falle muss darauf geachtet werden, dass dieses neue Thema nicht mit dem ursprünglichen Thema (z.B. dem Chaos im Zimmer) vermischt wird.
Häufig entstehen Konflikte dadurch, dass in einer relativ alltäglichen Situation plötzlich von Seiten des jungen Menschen ein Ton angeschlagen wird, den der Erwachsene nicht „auf sich sitzen lassen" will oder kann. In diesem Falle liegt aber

gerade eine Chance darin, dass der Erwachsene nicht an die oben genannten „Spielregeln" jugendlicher Eskalationen gebunden ist. So gibt es vielfältige Möglichkeiten, kreativ auf solche Provokationen zu reagieren, ohne eine Eskalation voranzutreiben.

Eine erste Strategie zur Reaktion auf Provokation kann die Eröffnung eines Machtkampfes im Sinne von: „Das lasse ich mir nicht gefallen!" sein, was zwangsweise in die Eskalation und in Durchsetzungsrituale führt, die oft über die für den Umgang mit vermeintlichen ‚Systemsprengern' so unfruchtbaren und fatalen Wege institutionalisierter Durchsetzungsmechanismen führt. Dieses Szenario ist im Umgang mit Hoch-Risiko-Klientel hoch gefährlich, weil sich beide Seiten dann in eine Position manövrieren, aus der sie nicht mehr herauskommen. Ein „Ich erwarte eine Entschuldigung" kann selbst bei – ernsthaft betrachtet – Bagatell-Anlässen plötzlich ganze Maßnahmen gefährden. Hier ist es unendlich wichtig, auf Provokationen und Beleidigungen von Seiten der jungen Menschen kreativer zu reagieren.

Mögliche Antwortmechanismen könnten sein:

*Humor äußern.* Gerade ein flotter, nicht erniedrigender aber schlagfertiger Spruch kann die Provokation entschärfen, die Aggression aus der Szene verbannen und dem jungen Menschen eine Hintertür zum Ausstieg aus der Szene öffnen, ohne sein Gesicht verlieren oder einknicken zu müssen. Ein kleines Beispiel:

> *In meiner Zeit als Förderschullehrer hatte ich eine neunte Abschlussklasse an einer Förderschule für emotionale und soziale Entwicklung. In dieser Klasse war ein Jugendlicher – nennen wir ihn ‚Dennis' –, der einen guten Kopf größer war als ich und durch seine Nebenbeschäftigung bei einem Landwirt auch über deutlich mehr Kraftreserven verfügte als ich. Eigentlich ein angenehmer Zeitgenosse, so verfiel ‚Dennis' kurz vor den Abschlussarbeiten zurück in die früheste Kindheit und beschäftigte mich andauernd mit Kindereien, die ich schon bei Erstklässlern nicht geduldet hätte. An einem Tag, an dem ich selber leichte Kopfschmerzen hatte und somit tendenziell ungeduldiger war, als die Klasse es gewohnt war, begann er nun, seinem deutlich schwächeren Sitznachbarn andauernd mit einem Bleistift in die Seite zu pieken. Dieser beschwerte sich hierüber jedes Mal lautstark und forderte meine Unterstützung ein. Auf Ermahnungen reagierte ‚Dennis' natürlich gar nicht.*
>
> *Nach einer Zeit nervte mich dieses Szenario so sehr, dass ich zu einem institutionellen Machtmittel griff und drohte: „Wenn du jetzt nicht aufhörst, denke ich mir eine saftige Hausaufgabe aus!". ‚Dennis' sprang augenblicklich auf, schmiss mit einer eleganten Handbewegung seinen Tisch mit allen darauf liegenden Utensilien um, baute sich vor mir auf und brüllte mich an: „Das können Sie sich*

*sowas von in den Arsch schieben!". Aus irgendeinem mir bis heute nicht begreiflichen Impuls heraus antwortete ich spontan: „Dann musst du die Hausaufgabe auf Klopapier schreiben!".*
*Diese Antwort setzte ‚Dennis' so in Erstaunen, und den Rest der Klasse in lautes Lachen, dass er die Aufgabe annahm und fragte, was er denn schreiben sollte. Der Streifen Klopapier mit dem fünfzehn Mal geschriebenen Satz „Stifte sind zum Schreiben da" hing noch lange Zeit in meinem Büro, die Idee, dass ‚Dennis' eigentlich das Chaos auf dem Fußboden noch hätte aufräumen müssen, verwarf ich allerdings, froh über den umgelenkten Konflikt...*

Was war passiert? ‚Dennis', in der Situation des drohenden Haltverlustes am Schuljahresende stark verunsichert, stellte unsere gewachsene Beziehung täglich auf die Probe. Er lud mich mit seinen Albernheiten täglich zu Machtkämpfen ein. Durch seinen „Ausraster" auf meine Drohung hin (die mehr als ungeschickt war!) hat er sich und mich natürlich in eine unlösbare Situation manövriert. Durch meine spontane humorvolle Einlassung war es aber möglich, aus dieser Situation wieder auszusteigen, ohne die Eskalation bis zum Ende durchziehen zu müssen. Natürlich hätte ich meinerseits reagieren können mit: „Wie redest du denn mit mir? Setz dich sofort hin und mach gefälligst, was ich dir sage!" – Vielleicht hätte ‚Dennis' zurückgezogen und ich den Machtkampf für den Moment gewonnen, das Thema selbst wäre aber nicht gelöst gewesen. Wahrscheinlicher ist aber, dass ‚Dennis' nicht zurückgesteckt hätte. In diesem Falle wäre der Konflikt entweder eskaliert, was ‚Dennis' einen Schulausschluss mindestens für einige Tage gebracht und somit in seiner brüchigen Karriere das Gegenteil von Halt bedeutet hätte, oder er wäre laut schimpfend und Türen knallend aus der Klasse gelaufen. In diesem Falle hätte ich ebenfalls unter Zugzwang gestanden und hätte nachsetzen müssen, wodurch die Wahrscheinlichkeit einer Dauer-Eskalation zwischen uns beiden anstelle der so wichtigen Beziehungssicherung deutlich gestiegen wäre.

Weiter Möglichkeiten, auf ausgesprochene Unflätigkeiten zu reagieren, bestehen in der Irritation. Dies kann dadurch geschehen, dass die Äußerung kurz als: „Kenn' ich schon, fällt dir noch was Besseres ein?", zurückgewiesen wird. Dies kann natürlich zur Folge haben, dass weitere Beleidigungen folgen, aber dann erfolgt dies im Sinne einer paradoxen Intervention auf die Anweisung des Pädagogen hin.
Eine andere Möglichkeit besteht darin, inhaltliche Fragen zur ausgesprochen Beleidigung zu stellen. Rückfragen („Was ist denn ein Wichser?"; „Hurensohn – meinst du mütterlicherseits oder gibt es auch Väter, die Huren sind?") oder zu

der Frage, ob die Beleidigung überhaupt eine Beleidigung ist („Wäre ich ein schlechterer Mensch, wenn ich der Sohn einer Hure wäre/ ein Schwuchtel wäre etc.?"), können dazu führen, dass das Gegenüber erstens abgelenkt wird und zweitens den Spaß an der Beleidigung verliert, weil sie nicht die gewünschte Wirkung erzielt.

Klar ist aber, lassen wir uns auf die Provokation ein, zieht uns der junge Mensch automatisch in die zweite Phase hinüber, ohne dass wir steuernd an dem Konflikt beteiligt wären.

*Exkurs: Eine Übung zum Umgang mit verbaler Gewalt in Gruppenkontexten*

*Als ich in einer Gruppensituation massiv mit dem Thema „verbaler Gewalt" und ständiger Provokation konfrontiert war, brachten mich die immer wieder in Folge von Beleidigungen aufbrechenden Konflikte an den Rand meiner Handlungsfähigkeit. Gefühlt war ich nur noch damit befasst, „Feuerwehr" zu spielen, um ständig aufflammende Gewalt zu unterbinden.*

*In dieser Zeit nahm ich Privat an einem Workshop Improvisationstheater teil. Dort lernte ich das Spiel „Publikumsbeschimpfung" kennen, welches mir die zündende Idee für die folgende Übung gab:*

*Ich führte in meiner Gruppe das Spiel „Mottotage für Beschimpfungen" ein. Das heißt, anstatt zu maßregeln, erlaubte ich den jungen Menschen, sich gegenseitig zu beleidigen. Allerdings mit einer Regel: Wer immer einen anderen Menschen beleidigen wollte, durfte dies nur unter dem „Motto des Tages". „Motto des Tages" waren jeweils Oberbegriffe wie z.B. „Werkzeugkasten", „Obst", „Pflanzen und Bäume" oder „Gemüse". Gut überlegen muss sich die Fachkraft, ob sie Adjektive zulassen möchte (z.B.: „Du blöde Paprika"). Eine Variation kann auch sein, nur positive Adjektive zu erlauben („Du süße Tomate"). Letzteres setzt aber eine hohe Vertrautheit der Gruppe voraus – was das Spiel in der Regel überflüssig macht.*

*Dieses Spiel hatte zwei Effekte: Erstens, wenn es tatsächlich einem jungen Menschen gelang, einen anderen entsprechend des „Motto des Tages" zu beleidigen, fügte dies der Konflikteröffnung eine Irritation hinzu, die meist dazu führte, dass keine Aggression entstand. Dies war aber zweifelsfrei die Ausnahme.*

*Viel öfter kam es vor, dass der junge Mensch in einer krisensensiblen Situation doch ein echtes Schimpfwort wie „Wichser" oder „Hurensohn" durch den Raum rief. Aber unter den Bedingungen dieses Spieles stand mir nun eine völlig neue und de-eskalierende Handlungsoption zur Verfügung: Ich konnte intervenieren mit dem Satz: „Moment – Hurensohn ist kein Gemüse... Probiere es bitte noch einmal!" Diese Intervention nahm sofort jede Aggression aus der Szene. In der*

*Regel lachten Aggressor, Adressat der Beleidigung und ich gemeinsam und die Situation war, nach dem sich beide ein Regelgerechtes „Gemüse" um die Ohren gehauen haben, entschärft (vgl. Baumann, Bolz & Albers 2017).*

## 4.2 Ein Modell zur Einschätzung meines Handlungsraumes in eskalierenden Momenten

In meiner Arbeit am Thema De-Eskalation und Krisenmanagement habe ich im Rahmen mehrerer Workshops ein Modell entwickelt, welches Fachkräften helfen soll, Situation schnell einzuschätzen und auf den eigenen Handlungsspielraum zu überprüfen. Dieses Modell hat sich in der Praxis als hilfreich erwiesen, um schnelle Entscheidungen zu treffen und sich in der Situation Sicherheit zu verschaffen.

Im Grunde geht es bei diesem Modell um zwei Fragen:

Frage Nummer eins: *Wie sehr kann der junge Mensch sein Verhalten noch bewusst steuern, oder ist er gerade von seinen Affekten überflutet und könnte die Eskalation auch dann nicht mehr aufhalten, wenn er es wollte?*

Hier gibt es eine weite Spannweite, von völlig kontrolliert (also hoher Handlungskotrolle) und dem totalen Wutausbruch (also keine bewusste Handlungskontrolle sondern Affektdurchbruch). In dem vorgestellten Modell bezeichne ich diese Achse als „Grad der Verhaltenssteuerung" (vgl. Abbildung 2).

Die zweite Frage, die zu beantworten ist: *Wie stark ist der Konflikt durch ein tatsächliches Ziel gelenkt, welches erreicht werden soll und kann?* Es gibt Eskalationen, die sich an einem konkreten Thema entfachen, und die sofort beendet werden, wenn diesbezüglich Einigkeit erreicht würde. Oder ist, wie oben beschrieben, das Konfliktthema recht beliebig und die Zuspitzung ließe sich auch dann nicht mehr stoppen, wenn der junge Mensch sein Ziel erreichen oder seinen Willen bekommen würde? Es gibt auch zahlreiche Situationen im pädagogischen Alltag, in denen gar kein zu erreichendes Ziel zu benennen ist. Dies ist eine extrem wichtige Frage in der Einschätzung des De-Eskalationsspielraumes, die ich als „Grad der Zielgerichtetheit" bezeichne.

Schauen wir uns zunächst die beiden Extrem-Pole an:

Wenn der junge Mensch im Moment der drohenden oder bereits vollzogenen Eskalation über eine hohe Handlungs- und Verhaltenssteuerung verfügt, und gleichzeitig die Zieldimension klar zu sein scheint (*Typ „instrumentalisierte Eskalation"*), bieten sich dem Pädagogen vollkommen andere Handlungsspielräume als wenn die Handlungskontrolle eher gering ausgeprägt ist und die Ziel-gerichtetheit der Eskalation eher diffus erscheint (Typ „Pitbull"). Ein junger Mensch, der z.B. mit einem klaren Ziel („Ich will mein Zimmer nicht aufräumen!") eine schwere Gewaltandrohung ausspricht („Wenn Du mich zwingst, nehme ich hier alles auseinander!"), dann kann der Pädagoge verschiedene Strategien wählen, um dies zu beantworten. Eine Möglichkeit ist in dieser Konstellation z.B. die klassische Verhandlung mit dem Ziel eines Kompromisses. Wenn dieser akzeptiert wird, kann der junge Mensch sich und sein Verhalten ja wieder aktiv zurücknehmen und die Eskalation ist abgewendet bzw. beendet. Auch das Aufzeigen von Konsequenzen im Falle einer gewaltsamen Entladung kann in dieser Konstellation durchaus hilfreich sein, da der junge Mensch auf Grund der vorhandenen Verhaltenskontrolle durchaus abwägen kann, ob die Verhältnismäßigkeit stimmig erscheint. Auch das Thematisieren des Machtkampfes und die Formulierung von Themen, die über die aktuelle Situation hinausgehen, können den Konflikt zumindest zeitlich auf der verbalen Ebene halten und den jungen Menschen aus der Konfliktspirale herausholen.

Wichtig erscheint auch, dem jungen Menschen einen Ausweg anzubieten, den er ohne Gesichtsverlust annehmen kann – denn zurückstecken ist oft nicht mit dem eigenen Selbstbild vereinbar. Eine „Hintertür" dagegen kann dem jungen Menschen den Weg aus der Situation anbieten, und der junge Mensch kann sich aktiv dafür entscheiden.

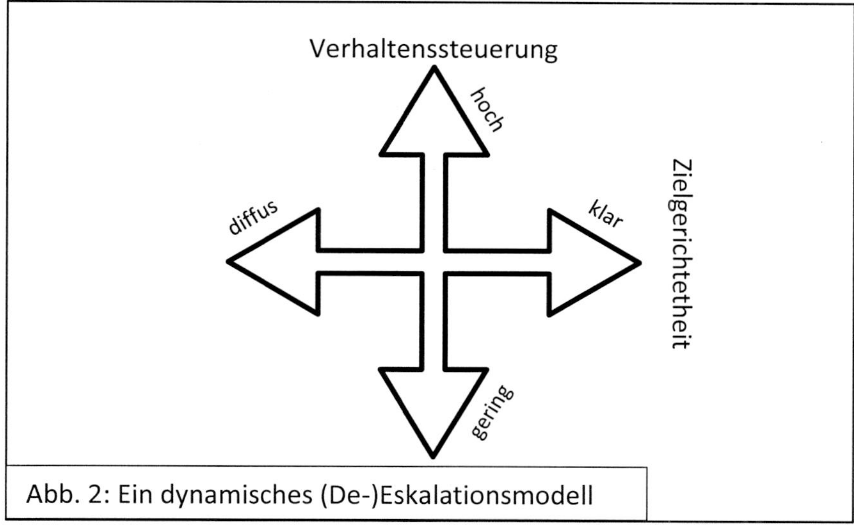


Abb. 2: Ein dynamisches (De-)Eskalationsmodell

Die gegenteilige Konstellation ist eine extrem geringe Verhaltenssteuerung bei gleichzeitig diffuser (oder nicht vorhandener) Zielgerichtetheit. Ich werde in Abschnitt 3.4. durchgehend argumentieren, dass es kein „sinnloses" Verhalten gibt, dennoch stehen hinter zahlreichen Konflikten keine konkreten Ziele, deren Erreichung die Eskalation verhindern würde. Häufig scheint eher das Erleben des jungen Menschen in einem intrapsychischen Prozess gefangen, welcher relativ beliebig vom konkreten Anlass Wut auslöst. Der Ausbruch selbst scheint Ziel und gleichzeitig Lösung des Konfliktes zu sein. Insofern ist diese Konstellation dadurch gekennzeichnet, dass weder der junge Mensch noch der Pädagoge eine einfache und bewusste Möglichkeit hat, den Konflikt zu beenden, selbst wenn dies das primäre Ziel wäre (*Typ „Pitbull"*).
In einer solchen Situation sind die Handlungsmöglichkeiten des Pädagogen deutlich eingeschränkter. Wenn der junge Mensch sein Verhalten kaum noch steuern kann und vielmehr von Affekten getrieben scheint, ist eine sprachfixierte Verhandlung mit dem Ziel der Überzeugung oder der Kompromissfindung nicht mehr möglich, und der Konflikte lässt sich auch nicht mehr durch Zurückstecken oder Nachgeben beenden. Im Grunde gibt es nur zwei Aspekte, die in diesem Moment noch wirksam sein können: In manchen Situationen ist es noch möglich, den jungen Menschen abzulenken und somit aus seinem Eskalationssog (vgl. Schwabe 1996) herauszuholen. Hierin liegt vor alle die Chance einer Krisenunterstützung durch das Hinzukommen einer zweiten (erwachsenen) Person, wie es Kernstück des in Abschnitt 4.5. dargestellten Krisenverfahrensplanes ist. Durch eine möglichst überraschende und ablenkende Handlung kann der junge Mensch vielleicht aus seinem „Film" herausgeholt und wieder zur Handlungskontrolle zurückgeführt werden. Scheitert diese Ablenkung oder ist sie in dieser Situation nicht möglich, dann ist die einzige sinnvolle pädagogische Intervention darin zu suchen, *Sicherheit zu vermitteln*. Nur die Herstellung von Sicherheit kann den jungen Menschen über kurz oder lang zurück zur Handlungskontrolle bringen. Der Versuch, durch Konfrontation oder durch Machtdemonstrationen einen „Sieg" davonzutragen, ist zum Scheitern verurteilt, weil diese Strategien häufig beängstigend wahrgenommen werden und somit die Affektivität der Situation steigern und somit die Impulskontrolle noch weiter senken. Hilfreich ist es, als Pädagoge möglichst ruhig und souverän entgegenzutreten, alle ängstigenden oder weiter in den Affekt treibenden Reize aus dem Feld zu schaffen. Hierzu gehört z.B. auch das Publikum (andere Kinder, unnötig viele Erwachsene im Raum). Auch von Drohungen sollte dringend Abstand genommen werden. Der Versuch, durch zeitverzögerte Sanktionen zu beeinflussen, ist wenig effektiv, wenn die Szene ausschließ-

lich im „Hier und Jetzt“ abläuft, und der fiktive Einbezug der Zukunft eine Handlungssteuerung voraussetzt. Sicherheit herstellen, Unterstützung zusichern, und eine kommunikative Haltung, die vermittelt: „Ich sehe, dass du gerade sehr wütend bist – aber ich bleibe bei Dir, bis Du Dich wieder besser fühlst!“ sind die wichtigsten Komponenten der eigenen Handlungsmöglichkeiten. In diesem Bereich kann es auch zu Situationen kommen, wo die Pädagogen eine Selbst- und Fremdgefährdung durch eine körperliche Intervention abwenden müssen. Auch in einem solchen Falle ist Sicherheit herzustellen das oberste Prinzip. Es ist nicht unsere Aufgabe, den jungen Menschen zu besiegen, sondern ihn zu schützen. Und das braucht vor allem auch Sicherheit auf Seiten der Pädagogen. Der Rechtsrahmen sowie der institutionsinterne Kommunikationsrahmen sollten transparent sein, und die Pädagogen sollten über Handlungsmöglichkeiten verfügen, die im Falle einer notwendigen Verteidigungssituation mit möglichst wenig Kraft arbeiten und dem Gegenüber so wenig Schmerz wie möglich und vor allem nicht das Gefühl des „überwältigt Werdens“ vermitteln. Je unaufgeregter und sicherer der Pädagoge die Situation gestalten kann, desto schneller kann der junge Mensch sich wieder regulieren.

Neben diesen beiden Zuständen (Typ „instrumentelle Eskalation“ und „Pitbull“) gibt es aber an den Endpunkten dieses idealtypischen Modells auch noch die beiden jeweils anderen Kombinationen. So gibt es junge Menschen, bei denen zwar die Zielgerichtetheit der Situation als hoch einzuschätzen ist, die Handlungssteuerung aber dennoch zusammenbricht. Ich bezeichnen diese Konstellation als *Typ „sich Reinsteigern“*. Der junge Mensch will ein klares Ziel erreichen, einer unangenehmen Situation ausweichen oder einer Aufforderung keinesfalls folgen, und verliert in diesem Prozess zunehmend die Handlungskontrolle. Diese Konstellation ist pädagogisch recht schwierig zu beantworten, weil einerseits bei fehlender Handlungssteuerung des jungen Menschen wenig Handlungsspielraum für den Pädagogen bleibt, andererseits aber auch der junge Mensch nicht lernen darf, dass „ausrasten“ eine Durchsetzungsstrategie darstellt. Insofern ist Sicherheit bieten schon auch die Basis der Intervention, wie bei allen Zuständen niedriger Verhaltenssteuerung. Aber gleichzeitig muss der Fokus auch darauf gerichtet sein, dem jungen Menschen standzuhalten. Zeitlicher Aufschub ist für diesen Moment anzuraten. Für den Moment, in dem sich der junge Mensch hineinsteigert, gibt es nichts zu gewinnen. Da ist Sicherheit anbieten, Ablenkung, ggf. sogar ein Zurückstecken das maximale Handlungsspektrum des Pädagogen. Wichtig ist aber – und dies gilt unbedingt zu beachten: Die Situation darf niemals, froh über den vielleicht entschärften Höhepunkt, stehen gelassen werden. Das oberste

Prinzip bei diesem Eskalationstyp ist: Nach der Ad-Hoc-Eskalation muss mit einem gewissen Zeitaufschub das Thema wieder aufgegriffen werden und die Grenzen markiert werden. Dabei sollte der Pädagoge darauf achten, dass in der somit zweiten Phase des Konfliktes das Setting gut darauf vorbereitet ist, dass der junge Mensch wieder in die Eskalation flüchtet – Zeitpunkt, Ort und personaler Rückhalt sollten gut gewählt werden. Die Möglichkeit einer erneuten Eskalation kann sogar im Vorfeld schon gespiegelt werden: „Ich weiß, Du wirst gleich wieder ausflippen, aber wir beide haben noch was offen...“. Insgesamt scheinen mir Feedback-Methoden für diese Konstellation besonders geeignet. Wenn mit dem jungen Menschen nach mehreren Durchläufen einer solchen Eskalation zum Thema gemacht wird, dass diese Form der Eskalation nicht geduldet werden kann (siehe nächster Abschnitt), dann können Wege erarbeitet werden, wie dem jungen Menschen sein Weg in den Kontrollverlust hinein so frühzeitig gespiegelt werden kann, dass er die Kontrolle zurückgewinnen kann. So genannte „Code-Wörter“, die dem jungen Menschen warnen, dass er schon wieder auf dem Weg in die Krise ist. Auch körperorientierte Verfahren wie das Biofeedback (vgl. Pirker-Binder 2006) können hilfreich sein, um dem jungen Menschen neue Strategien der Zielerreichung aufzuzeigen.

Die vierte Position in diesem dynamischen Eskalationsmodell ist die Kombination von Verhalten mit hoher Verhaltenskontrolle bei gleichzeitig niedriger Zielgerichtetheit. Dieses Verhalten wirkt oft wie eine starke Provokation. Offensichtlich ohne irgendein weiteres Ziel außer dem Konflikt selbst inszeniert der junge Mensch völlig bewusst eine schwierige Situation. Problematisch an dieser Art der Konflikte ist häufig, dass der Pädagoge sich selbst in ein stark affektives Verhalten hineinziehen lässt.

So provozierend und inszeniert dieses Verhalten oft auch scheint – häufig wird es mit „Grenzen testen“ beschrieben, ich bevorzuge die Bezeichnung: *Typ „Tanz auf dem Vulkan“* – muss in jedem Fall festgehalten, dass es in extremen Ausprägungsformen meist eine Anpassungsvariante an zunächst als unberechenbar erlebte Umwelten zu werten ist. Es handelt sich um eine Kontrollstrategie, die mit dem Ziel der Manipulation der Situation oder des Gegenübers den Charakter einer Selbstsicherungstaktik hat. Wichtig ist, sich in diesen Machtkampf nicht hineinziehen zu lassen. Sich durchsetzen zu wollen kann in einem solchen Eskalationsmuster nicht hilfreich sein, weil dies die erwartete und vertraute Reaktion ist, die der junge Mensch provoziert. Insofern scheinen die beiden wichtigsten Interventionsstrategien: Machkampf thematisieren und positives Beziehungsangebot machen. Wichtig ist, dass der Pädagogen deutlich macht, dass er versteht, was gerade passiert und dass die Provokation offensichtlich Ziel der Situation ist. Dieses Machtangebot ist verbal deutlich abzulehnen. Positive Beziehungsangebote können etwas Neues in die Situation einfügen, was den jungen Menschen unerwartet überrascht und gleichzeitig spiegelt. Ebenfalls scheint wichtig, dass der junge Mensch nach einer solchen Eskalation die Folgen und Konsequenzen seines Verhaltens deutlich und spürbar gespiegelt bekommt – z.B. Schäden wieder regulieren muss. Dadurch wird „der Preis erhöht", was hilfreich ist, wenn zukünftig andere Strategien erlernt werden sollen. Die Frage: „Ist es das wert?", kann sowohl in der Situation als auch in der späteren Reflexion eine Rolle spielen.

Wichtig für dieses Modell des Eskalationskreuzes ist, dass es sich bei den vier beschriebenen Eskalationstypen nicht zwangsweise um unterschiedliche Menschen handelt. Es ist durchaus denkbar, dass ein Kind oder Jugendlicher mehrere, vielleicht sogar das volle Spektrum der Varianten der eskalierenden Muster zeigt. Von daher kann es sein, dass derselbe junge Mensch, mit dem ich gestern noch gut verhandeln konnte, heute völlig von seiner Wut überflutet wird und sich nicht mehr steuern kann. Die Einschätzung ist stets eine situative, es mag im Einzelfall Vorlieben für einen Eskalationstypus geben, aber grundlegend hat der einzelne Mensch in der Regel mehrere verschiedene Varianten in seinem Repertoire, die ich aber auseinanderhalten muss, will ich einen förderlichen Dialog mit der Gewaltbereitschaft des jungen Menschen aufnehmen.

## 4.3 Der Balanceakt zwischen pädagogischem Machtverzicht und jugendlicher Ermächtigung

Ein wichtiger, an dieser Stelle zu diskutierender Punkt, ist die Frage der Balance zwischen eigenem Machtverzicht und dem Problem jugendlicher Ermächtigung. Wenn ich als Pädagoge darauf verzichte, mich M´machtvoll durchzusetzen, riskiere ich, dass der junge Mensch gleichsam Macht ausüben kann. Dieser Punkt ist nach Veröffentlichung des ersten Bandes von „Kinder, die Systeme sprengen" vielfach diskutiert worden. Ich hatte dort eine Haltung auf Seiten der Pädagogen gefordert, die auf Machtdurchsetzung und auf Machtkämpfe verzichtet (vgl. Baumann 2010, 180). Damit ist gemeint, dass die Frage, wer sich über wen und mit welchen Mitteln durchsetzen kann, kein dauerhaftes Kommunikationsthema zwischen Mitarbeitenden und jungen Menschen in einer Einrichtung sein kann und sollte. Ein Nachgeben der Pädagogen habe ich an der Stelle nicht injizieren wollen.

Denn diese Aussage steht im Kontrast dazu, dass es nicht wenige junge Menschen gibt, die eben damit kokettieren: „Dann raste ich eben aus!“. Egal ob dies ausgesprochen wird, oder auf nonverbaler Ebene kommuniziert wird, auf diese Weise übt eine Reihe von jungen Menschen innerhalb pädagogischer Kontexte eine große Macht aus. Verkürzt könnte man sagen: Je größer und stärker ein Jugendlicher ist und je unberechenbarer er auftritt, desto mehr Regelverstöße werden ihm tendenziell zugebilligt aus der Hoffnung heraus, Eskalationen so vermeiden zu können. Gepaart mit meiner Forderung nach Symptomtoleranz könnte man daraus schließen, dass genau diese Strategie richtig wäre.

Wenn ich eine Haltung der radikalen Vermeidung von Machtkämpfen fordere, meine ich aber eben genau nicht, schwierigen Situationen auszuweichen und eine Ermächtigung des jungen Menschen über den Pädagogen zuzulassen. Wenn es einem jungen Menschen gelingt, durch eskalierendes (oder weglaufendes, oder sich stur zurückziehendes) Verhalten Macht über die Pädagogen zu gewinnen, dann werden seine Eskalationen ja gerade zu einem reinen Machtkampf. Denn letztlich gilt: Auch ein verlorener Machtkampf ist und bleibt ein Machtkampf. Mit dem oft unausgesprochenen: „Dann raste ich eben aus!“ („Dann laufe ich eben weg“; „Dann mache ich eben gar nichts mehr!“) lädt der junge Mensch zum Duell ein, und wenn dies dazu führt, dass die Pädagogen immer zurückstecken und gewähren lassen, heißt das eben nicht, dass sie Machtkämpfe vermeiden, sondern lediglich, dass sie Machtkämpfe permanent verlieren. Dies bietet mindestens genauso wenig Entwicklungsspielräume wie die machtvolle Durchsetzung von Anforderungen und erteilten Ansagen.

Worum es meines Erachtens nach im Konfliktmanagement geht: Die Frage, wer sich wie durchsetzen kann – also die Frage nach der Macht – darf nicht in das Zentrum des Konfliktes rücken. Und dies erfordert eine *geschickte Kombination von de-eskalierenden Interventionen und der Schaffung von Rahmen, um Eskalationen auszuhalten und gesteuert zuzulassen*. Mittelpunkt des Konfliktmanagements muss es sein, die Frage der Macht nicht zum Konfliktthema selbst zu machen. Was heißt das Konkret?

Wenn ein junger Mensch verbalisiert oder nonverbal, bewusst oder unbewusst die Drohung in den Konflikt einbringt, sich auch gewaltsam oder durch weglaufen oder was auch immer durchzusetzen, habe ich als Pädagoge zwei Möglichkeiten: Durchziehen oder Konflikt vertagen (nicht beenden!). Wann immer möglich würde ich versuchen, den Konflikt erst einmal zu de-eskalieren, aber mit dem klaren Wissen (vielleicht sogar ausgesprochen): „Ich komme darauf zurück.“ Worum es in letzter Konsequenz geht, ist die Frage der erzieherischen Präsenz. In letzter Konsequenz geht es darum, „sich dem machtvollen Zugriff des anderen entgegenzustellen (...), ohne selbst dem Mythos der Macht zu verfallen" (von Schlippe 2010, 22)

Wenn wir uns im pädagogischen Alltag einmal umsehen, könnte man – überspitzt ausgedrückt – gelegentlich den Eindruck bekommen, es gäbe im Alltag zwei Hauptinterventionen der Erziehung: Erpressung und Bestechung. Entweder, wir suggerieren dem jungen Menschen etwas Angenehmes, positiv besetztes, wenn er die gewünschte Reaktion zeigt (z.B. einer Bitte nachkommt), oder wir drohen mit negativen Konsequenzen, wenn bestimmte Dinge nicht erfüllt werden. Wer ehrlich mit sich selbst ist, merkt, dass wir im pädagogischen Alltag schnell auf dieser Schiene unterwegs sind. Die Lerntheorie hat hierfür sogar mit dem Begriff des operanten Konditionierens einen Fachtermini geschaffen, der diese viele Jahrtausende alten Erziehungsmethoden zu einer wissenschaftlichen Praxis erhebt, die gerade im Kontext der Jugendhilfe nachweislich die Gefahr des Machtmissbrauchs birgt (vgl. Kessl, Lorenz & Wittfeld 2018) .
Denn beide „Methoden" sind äußerst machtbesetzte Methoden, denn der Pädagoge definiert damit, wer über die wertvollen Ressourcen, die erstrebenswert sind, verfügt, und wer das Recht hat, Strafen zu verhängen und somit in der Hierarchie oben steht. „Wer belohnt, steht über dem Anderen" (Ollefs & Schlippe 2010, 75). Eine Haltung, die auf Machtkämpfe verzichten will, suggeriert dagegen, dass sich der Pädagoge nicht durch den jungen Menschen kontrollieren lassen will, denn letztlich bedeutet jedes Anbieten einer „Wenn-Dann-Kausalität", dass sich das Gegenüber auch für das „Dann" entscheiden kann, und „dann" stehe ich als Pädagoge unter Zugzwang. Und wieder werde ich vom jungen Menschen hilflos in die Eskalation hineingezogen, ohne selbst das Tempo vorzugeben. Ein Beispiel:

*Auf Grund einer äußerst schwierigen Kombination in einem Angebot der sozialen Gruppenarbeit biete ich einer Kollegin an, sie in der Mittagssituation zu unterstützen. Die Kollegin kündigt den Kindern im Alter von 10-13 Jahren an: „Wenn das mit dem Essen und den Hausaufgaben gut klappt, gehen wir danach schwimmen." ‚Torsten', ein zu der Zeit äußerst aggressiver Junge, dreht sich um und sagt zu den anderen Gruppenmitgliedern: „Cool, ich kann euch allen das Schwimmen versauen!". Diesem Plan folgte er dann auch eindrücklich.*

Das Beispiel zeigt, wie es dem jungen Menschen gelingt, den Versuch der Kollegin, in eine machtvolle Position zu gelangen (subjektiv wollte sie natürlich motivieren!), in dem sie klarstellt, dass sie über das Programm des Nachmittags bestimmen darf, zu boykottieren und ihr die Steuerung wieder aus der Hand zu nehmen.
Die Haltung der erzieherischen Präsenz, die in diesem Kontext viel angebrachter zu sein scheint, bedeutet nun, eben nicht auf solche „Spielchen“ von Manipulation und Gegenmanipulation zu verfallen. Wenn die Kinder und Jugendlichen, die hier als ‚Systemsprenger‘ benannt werden, auf eine solche Weise erziehbar wären, würden sie sich in den Angeboten der schulischen wie auch außerschulischen Erziehungshilfe hervorragend orientieren können. Worum es eben geht ist, bei eigenem Machtverzicht den jungen Menschen immer wieder mit einer Haltung zu konfrontieren, von der ich nicht abweiche, also Präsenz und Entschlossenheit für die Sache, nicht für den Prozess des Durchsetzens.
Ich gerate oft in die Situation, dass junge Menschen mich fragen: *„Und was passiert, wenn ich das nicht mache?“, oder: „Und was passiert, wenn ich das doch mache?“* Meine Antwort: *„Da denke ich gar nicht drüber nach, ich gehe fest davon aus, dass du es machen (bzw. nicht machen) wirst. Die Frage ist nur, wie oft ich es vorher einfordern muss!“* hat meist eine irritierende Wirkung, wenn die spontane Antwort auch sein mag: *„Kannst'e lange warten...“*

Letztlich ist auch dies eine Frage der Haltung und meines eigenen Bildes von Regeln und Grenzen. In vielen Kontexten der Beratung hatte ich in den letzten Jahren das Gefühl, pädagogische Fachkräfte haben ein Bild von Grenzen, welches am ehesten mit einer „Berliner Mauer“ (oder „mexikanischen Mauer“?) beschrieben werden kann und sich in Sätzen wie: „Wir brauchen klare und einheitliche Regeln, die für alle gleichermaßen gelten“, niederschlägt. Es gibt eine unverrückbare Grenze, der zu nähern streng verboten ist. Wer die Grenze überschreitet, erntet – zur Verteidigung der Grenze, weil sonst die Angst besteht, dass alles zusammenbricht – eine (ultimative) Sanktion, notfalls machtvolle Unterwerfung, oder wenn das nicht funktioniert, den Rauswurf. Grund: Die Grenzen werden nicht eingehalten. Mit einem solchen Bild von pädagogischer Grenzsetzung lässt sich mit dem Klientel der vermeintlichen ‚Systemsprenger‘ nicht arbeiten, da diese naturgemäß trotz oder gerade wegen der Versuche, die Grenze zu verteidigen, diese permanent überschreiten.
Sinnvoller für pädagogische Kontexte scheint ein Bild der Grenze als eine Art biologischer *„Membran“*. Eine Membran dient vor allem dem Schutz der Prozesse innerhalb der Zelle oder des Organismus. Unter diesem Blickwinkel stellt sich die

erste Frage: Wovor schützt uns diese Grenzen? Warum ist es so wichtig, diese Grenze zu schützen?
Wird die Grenze verletzt, geht es nicht primär um die Frage, welche Sanktion jetzt erfolgen muss. Wird eine Membran verletzt, richtet der nun verletzte Organismus seine Ressourcen auf die verwundete Stelle mit dem Ziel der Heilung. Dies setzt eine Reihe von (pädagogischen) Entscheidungen voraus: Erstens, wie viel Energie muss auf die Verletzung gerichtet werden, damit die Wunde wieder heilen kann? Ziel ist die Wiederherstellung der Integrität der innerorganismischen Prozesse, und die hierzu verwandte Energie muss ausreichend, aber auch nicht übertrieben sein. Etwas provozierend könnte man formulieren: Viele Prozesse der institutionellen Eskalation (vgl. Abschnitt 5.4) lassen sich mit einer Auto-Immunerkrankung vergleichen: Die Reaktionen auf auftretende Grenzverletzungen sind derart überzogen, dass sie letztlich das System schwächen, anstatt es zu stärken.
Neben der Frage, welche Reaktion auf die Verletzung der Grenze mit dem Ziel der Heilung und Wiederherstellung von Integrität erfolgen muss, gibt es noch eine zweite Dimension: Die Frage der Gewichtung der Grenzverletzung im Kontext der anderen aktuell laufenden Prozesse. Wenn wir beim Beispiel der biologischen Membran, also einer schützenden Haut bleiben: Wenn der Steinzeitmensch gerade auf der Flucht vor einem gefährlichen Raubtier ist, ins Stolpern gerät und sich das Knie aufschlägt – ist es dann sinnvoll, sich auf den Rücken zu werfen, das Knie zu halten und laute Schmerzschreie von sich zu geben? Sicherlich nicht. Vielmehr ist es angemessen, den Schmerz des Knies zu ignorieren und sich zunächst weiter dem Plan der Flucht zu widmen. Um das verletzte Knie können wir uns immer noch kümmern, wenn das Problem mit dem Raubtier gelöst ist. Übertragen auf pädagogische Kontexte: Wenn gerade eine schwere Krise das Leben eines jungen Menschen bedroht, steht es dann im Verhältnis dazu, einen nicht geschafften Schulbesuch so hochkochen zu lassen, dass die gesamte Betreuungssituation zu eskalieren droht?

Die wichtigste Voraussetzung für eine solche Haltung ist neben einer mangelnden Bereitschaft, mich in den Konflikt hineinziehen zu lassen, das Prinzip des Aufschubs und des langen Atems, mit dem ich meinen inhaltlich begründeten Standpunkt vertrete.

## 4.4 Das Prinzip des zeitlichen Aufschubs und des langen Atems

Ein wichtiges Prinzip des Konfliktmanagements ist es, nicht immer gleich auf alles, was der junge Mensch uns an Konfliktpotential zuträgt, zu reagieren. Viel effektiver ist es, sich die Zeit zu nehmen, um sich auf Konflikte vorzubereiten. Hilfreich können hierbei Formulierungen wie „Das gefällt mir nicht, ich werde darüber nachdenken, wie ich darauf reagiere!", oder „So kann ich gerade nicht mit dir reden, aber ich komme drauf zurück!" sein, um dem jungen Menschen zu verdeutlichen, dass, sprichwörtlich gesagt, aufgeschoben nicht aufgehoben bedeutet (vgl. Ollefs & Schlippe 2010, 67 f).

Auch ein *aktives Schweigen* kann eine Haltung sein, in der man dem Gegenüber verdeutlicht, dass man sich nicht in den Konflikt hineinziehen lassen will (vgl. Schwabe 1996, Ollefs & Schlippe 2010). In der Zeit des Schweigens kann der junge Mensch seine Argumente vorbringen, so dass ich als Pädagoge weiß, wie er seine Position begründet. Er kann aber auch seine aggressiven Impulse rauslassen, so dass der Pädagoge schon einmal abschätzen kann, wie viel Schwung und Gegenwehr ihm entgegenkommen wird, wenn er den Konflikt wiederaufnehmen wird. Wichtig ist aber, dass neben dem zeitlichen Aufschub das *Prinzip des langen Atems* wirksam wird. Dies bedeutet, bezüglich einer nicht bewältigten Anforderung, auf die auch kein Kompromiss gefunden werden kann, über pädagogische Präsenz meine Forderung im Raume präsent zu halten. Ein wichtiges Prinzip, dass ich in den letzten Jahren hierbei erprobt habe, ist die *„Ersetzung von Sanktionen durch Feedback"*.

Gerade im Umgang mit so genannten Token-Systemen, also Systemen, in denen die jungen Menschen für „richtiges Verhalten" Sterne, Smileys, Sonnen o.ä. sammeln können, und bei „falschem Verhalten" Abzug oder negative Symbole wie traurige Smileys oder Blitze vergeben werden, habe ich die Erfahrung gemacht, dass gerade bei schwierigsten Konstellationen diese Systeme kaum noch wirksam sind. Zwei Erfahrungen während meiner Zeit als Förderschullehrer waren hier prägend:

> *Ich war gerade neu Klassenlehrer einer achten Klasse an einer Förderschule für emotionale und soziale Entwicklung, und parallel als Fachlehrer in einer dritten Klasse für Englisch eingesetzt. „Meine" Klasse, die aus der Vergangenheit von anderen Kollegen sehr auf diese Token-Systeme trainiert waren, wünschte sich ausdrücklich ein solches „Belohnungssystem". Ich führte ein System ein, in dem jeder Schüler am Anfang des Tages fünf Sterne „Vorschuss" bekam, die im Laufe des Tages abgezogen werden konnten. In der letzten Stunde gab es dann immer die Möglichkeit, maximal einen Stern zurückzugewinnen. Das System war mit*

*einem abgestuften Modus von Belohnung und Bestrafung unterlegt. Die dritte Klasse, die ich als Fachlehrer hatte, verwendete ein „Sonnensystem". Jede Stunde wurde ausgewertet und dann gab es entweder eine große Sonne, eine kleine (halbe), einen Strich oder einen Blitz.*
*Nahezu zeitgleich kam es dann zu folgenden Situationen:*
*In der dritten Klasse gab es einen Schüler, der an keinem Tag mehr als anderthalb Sonnen bekam (fünf waren möglich), so dass er nie in den Genuss einer Belohnung kam. Eines Tages kam dieser Junge sichtbar erkrankt in die Schule. Er legte in der ersten Stunde seinen Kopf auf den Tisch und blieb regungslos sitzen – bis zu der fünften Stunde, die ich hatte. An diesem Tag hatte er fünf Sonnen gesammelt, und mir drängte sich die Frage auf, ob ich ihm wirklich den Eindruck vermitteln wollte, dass er dann unseren Erwartungen entspricht, wenn er eigentlich völlig fertig ist...*
*Parallel wurde in meiner Klasse ein Schüler zunehmend oppositionell und damit auch schwierig. Er war von einem Hilfeplangespräch schwer enttäuscht und drehte seitdem mächtig auf, war aggressiv und tat alles, um den Unterricht zu stören. Dies wirkte sich natürlich auf das Token-System aus, in dem er kaum noch Erfolge erzielte. Eines Morgens kam er in die Klasse und sagte: „Ey' Baumann, sparen wir uns das Vorspiel; hau' die fünf Sterne da weg und dann können wir richtig loslegen". Die Probleme mit dem Schüler begannen sich zu entspannen, als ich ihn aus dem System herausnahm, auf jedes Maß schulischer Sanktionen verzichtete und stattdessen in einem Beobachtungsbogen alles aufschrieb, was mir am Tag auffiel. Am Ende des Tages führte ich dann täglich ein Feedbackgespräch über die Punkte, die mir im Laufe des Tages gut gefallen haben, und die Dinge, die nicht geklappt haben. Außer der Tatsache, dass er sich jeden Tag aufs Neue dieser Situation und damit auch seinen Verfehlungen und Regelbrüchen stellen musste, geschah aber nichts im Sinne einer Konsequenz (außer ich musste für andere Schüler schützend eingreifen). Nach ca. vier Wochen begann das Verhalten des Jungen sich deutlich zu verbessern und wir konnten die Gespräche auf zweimal in der Woche reduzieren...*

Dieses Prinzip des immerwährenden Feedbacks – natürlich eingebettet in eine pädagogische Beziehung, die positive Aspekte sucht und nicht nur „runtermachen" will – halte ich für einen zentralen Ansatzpunkt in der Arbeit mit dem Prinzip des „langen Atems".
Daneben können einige der Methoden des so genannten „gewaltlosen Widerstandes" nach Hain Omer an dieser Stelle zum Tragen kommen. Eine dieser Methoden ist *„die Ankündigung"* (Ollefs & Schlippe 2010, 69 ff). Eine Ankündigung

kann schriftlich oder auch mündlich erfolgen, wird in einem ruhigen Moment außerhalb eines Konfliktes ausgesprochen bzw. überreicht und signalisiert dem jungen Menschen, dass man sein Verhalten nicht weiter dulden will und alles in seiner Macht stehende tun wird, um es zu unterbinden. Eine Ankündigung bedient dabei mehrere Aspekte, die im oben genannten Sinne die Eskalationsspiralen durchbrechen:

- Eine gute Ankündigung präzisiert die Aspekte, um die es wirklich geht, die aber im Laufe sich entwickelnder Dauerspannungen oft durch unterschwellige oder parallele Themen verschleiert worden sind. Insofern trägt sie zur Versachlichung bei und führt die Eskalationsspirale auf die eigentlichen Themen zurück.
- Eine Ankündigung präzisiert die Ziele für das gemeinsame Zusammenleben.
- Die Ankündigung sollte nicht ihren Fokus auf das falsche Verhalten legen, sondern vielmehr den Zielzustand für den jungen Menschen verstehbar benennen.
- Konfrontiert den jungen Menschen mit meinen Erwartungen in einer Situation (vgl. Ollefs & Schippe 2010).

Eine Ankündigung in diesem Sinne hat den Vorteil, dass sie dem jungen Menschen signalisiert, dass sein Verhalten nicht geduldet wird, ohne dass sie Drohungen oder Machtdemonstrationen enthält. Es ist von Vorteil, wenn eine solche Ankündigung nicht durch eine einzelne Person ausgesprochen wird, sondern sich viele von dem Problem betroffene Akteure an dem „Ritual“ der Ankündigung beteiligen, so dass dem jungen Menschen die Ernsthaftigkeit der Lage deutlich wird.

Eine weitere Methode des Widerstandes ist das *Knüpfen von Unterstützernetzwerken* (vgl. Körner & Uschold-Meier 2010, 183 ff). Die von einem massiv eskalierenden Verhalten betroffenen Pädagogen suchen sich „Verbündete“ in und außerhalb der Institution, die in und nach Krisensituationen unterstützend eingreifen können. Dies können andere Pädagogen derselben oder auch anderen Institutionen sein (z.B. Lehrkräfte und Sozialarbeiter unterstützen sich gegenseitig), aber auch die Eltern des jungen Menschen, Eltern anderer Gruppen- und Klassenmitglieder, Freunde, Nachbarn oder weitere Personen.
Das Unterstützer-Netzwerk erfüllt dabei zwei Funktionen: Erstens kann es unmittelbar in und nach schwierigen Situationen die Präsenz erhöhen. Wenn ein Konflikt de-eskalierend abgebrochen wird, da keine gewaltfreie Lösung zu erwarten ist, kann die Hinzuziehung des Unterstützerkreises die Wideraufnahme des Konfliktes für den Mitarbeiter mit Sicherheit unterlegen. Allerdings ist in diesem Falle

umso wichtiger, dass auf Machtdemonstrationen verzichtet wird, da sonst dem jungen Menschen gegenüber das Bild entstehen kann: „Wenn fünf Leute im Raum sind, traut er sich plötzlich".
Der zweite Effekt des Unterstützungsnetzwerkes ist, dass eine Öffentlichkeit hergestellt wird. „Täter" sind darauf angewiesen, dass ihre Taten unter dem Deckmantel von Scham im Verborgenen bleiben. Durch die Herstellung von Öffentlichkeit merkt der junge Mensch, dass seine Taten tatsächlich Folgen für ihn haben und er wird zwangsweise in die Außenperspektive gebracht („Was denken die anderen wohl über mich, wenn sie wissen, dass ich solche Dinge mache?"). Die Scham-Perspektive wird somit umgekehrt und der junge Mensch weiß nun, dass die Konfrontation mit seinen Eskalationen ihn nun in vielen Kontexten verfolgt. Somit werden die Erwartungen, die der junge Mensch nicht erfüllen kann oder will, allgegenwärtig präsent und kann von vielen Seiten an ihn herangetragen werden.

Durch diese Möglichkeiten, aus den pädagogischen Stereotypen von Machtkämpfen, Erpressungs- und Bestechungsversuchen auszusteigen (dies bedeutet für die doch sehr lerntheoretisch ausgerichtete Jugendhilfe natürlich eine Reihe von Zumutungen) und an die Stelle Prinzipien der Präsenz, des Feedbacks und des Widerstandes zu setzen, müssen Eskalationen nicht mehr ad-hoc gelöst werden, sondern können über den langen Atem zu einer neuen Arbeitshaltung jenseits der Frage des Gewinnens und Verlierens führen.

## 4.5 Krisenverfahrenspläne

Mit dem Stichwort „Konfliktsicherheit" verbinden sich aber auch Verfahrensabläufe und festgelegte Kommunikationsregeln für Krisensituationen. Einen zentralen Aspekt sehe ich darin, sicher zu stellen, dass kein Kollege und keine Kollegin in einer Krisensituation allein dasteht. Die Etablierung eines Rufbereitschaftssystems, welches innerhalb eines überschaubaren Zeitraumes sichert, dass eine zweite Person Unterstützung leisten kann, ist ein rudimentärer Baustein effektiver Konfliktsicherheit. In vielen pädagogischen Einrichtungen existiert eine Praxis, in der derjenige gerufen wird, der gerade erreichbar erscheint – in Wohngruppen wird häufig die Teamleitung angerufen, in der Schule schickt man einen Schüler in die Nachbarklasse, zum Schulleiter oder zum Hausmeister. Solche etablierten Notfallpläne, die nirgends schriftlich fixiert sind, aber in der Realität der Not gehorchen, funktionieren dann gut, wenn sie nur sehr selten benötigt werden.

Kommt es in einem längeren Zeitraum zu sich wiederholenden und gehäuften Vorfällen, werden diese Systeme zunehmend brüchiger und stellen eine hohe Anforderung an die Gerufenen, da diese ja sofort alles stehen und liegen lassen sollen. Effektiver erscheint es in schwierigen Fallverläufen, dort eine Struktur drauf zu legen. Ein festgelegter Kreis von pädagogischen Fachkräften teilt sich die Zeiten, in denen vor Ort Kollegen allein im Dienst sind, untereinander auf und agiert im Rahmen einer Rufbereitschaft für Krisenintervention. Dies kann im Rahmen des Arbeitsrechtes leicht abgebildet werden: In den meisten Tarifverträgen gelten acht Stunden Rufbereitschaft als eine Stunde Arbeitszeit (außer, es kommt zum Einsatz). Somit ist eine solche Intervention im Rahmen von Leistungsangebot, individueller Hilfeplanung und Entgeltkalkulation darstellbar. Im Kontext Schule oder soziale Gruppenarbeit können Pläne entwickelt werden, auf welche Weise Kollegen informiert werden können, und wie dann die Betreuung z.B. der Schüler, die zusätzlich zu beaufsichtigen sind, gewährleistet werden kann. Beispiele für solche Krisenverfahrenspläne, wie wir sie in den letzten Jahren etabliert haben, finden sich bei Baumann, Bolz & Albers (2017) und bei Weihrauch (2015). Entscheidend für die Effektivität der Krisenintervention ist neben der Struktur, welche Kommunikationsregeln in diesen Situationen gelten. Ich habe in den letzten Jahren mit vielen verschiedenen Ideen experimentiert, und die besten Erfahrungen mit einer eindeutigen Festlegung gesammelt: Wer als Unterstützer in die Situation kommt, trifft die Entscheidungen. Das heißt, die Frage, ob die Fachkraft den Konflikt selbst zu Ende führt und der Erstunterstützer nur im Hintergrund bleibt, oder aber ob der hinzugekommene Kollege die schwierige Situation übernimmt und der Pädagoge vielleicht sogar den Raum verlässt, oder ob der Kollege den jungen Menschen komplett aus der Situation nimmt und vielleicht sogar erst einmal ablenkt – diese Entscheidungen trifft der Erstunterstützer gemäß seiner Wahrnehmung der Situation. Eine solche Eindeutigkeit hilft in der Abstimmung. Und vor allem: Der neu hinzugekommene Kollege ist emotional noch nicht im Konflikt hochgeschaukelt und kann die Situation anders abschätzen. Dies kann aber nur gelingen, wenn diese Kommunikationsregel im Vorfeld eindeutig festgelegt wurde. Es ist zwar möglich, anschließend darüber zu sprechen, ob der betroffene Kollege die Einschätzung teilt – aber in der Situation ist die Entscheidung erst einmal zu nehmen, unabhängig von offiziellen oder informellen Hierarchien, Berufserfahrung oder persönlicher Beziehung der Beteiligten.

## 5. Wege des gemeinsam getragenen Fallverstehens

Der zweite Baustein der von mir in Kapitel 3.2 entwickelten „Matrix zur Entwicklung und Ausgestaltung belastbarer und passgenauer Hilfen" ist eine Kultur des gemeinsam getragenen Fallverstehens sowie deren methodische Untermauerung. Verstehen, so habe ich bereits in meinem 2009 erschienen Buch zur Verstehenden Subjektlogischen Diagnostik argumentiert, stellt dabei als solche schon eine erste Interventionsform dar, da eine Idee davon, warum unser Gegenüber sich so verhält, wie es das eben tut, unsere Toleranz gegenüber „innovativen" Lösungs- und Bewältigungsmechanismen deutlich erhöht. Auf der anderen Seite ist ein Verstehen des Falles (nicht nur des Kindes, ein Fall ist immer ein komplexes Gebilde, welches sich oft um die vermeintlichen Indexperson herum konstruiert – ist aber nicht mit dieser gleichzusetzen!) eine Grundvoraussetzung für die Idee, ein Angebot zu entwickeln, gegen das der junge Mensch nicht kämpfen muss. Hierzu müssen wir als ersten Schritt natürlich die „Motive des Kampfes" entschlüsselt haben, um aus stereotypen Konfliktmustern aussteigen zu können. Zwei Beispiele mögen eine Annäherung an diese Gedankengänge erleichtern:

*Stellen Sie sich vor, Sie sind mit Ihrem Auto auf einer nicht viel befahrenen Autobahn unterwegs. Während Sie gerade mit Tempo 140 km/h einen LKW überholen, rauscht von hinten ein anderes Fahrzeug bis auf ihre Stoßstange heran und signalisiert Ihnen deutlich durch Lichthupe, akustische Signale sowie einer konsequenten Missachtung jeder Abstandregelung, dass es unbedingt überholen möchte.*

*Ihre Bewertung dieser Szene wird nun wesentlich davon abhängen, wie sie die Motivlage Ihres Hintermannes interpretieren bzw. deuten können: Fährt hinter Ihnen ein eher sportliches Fahrzeug, tiefer gelegt und mit getönten Scheiben oder so ähnlich... werden sie vermutlich etwas ähnliches wie Wut verspüren und den Fahrer als in bestimmten Bereichen des Erlebens und Verhaltens nicht ganz so kompetent einstufen. Völlig anders wird Ihre Reaktion ausfallen, wenn das Fahrzeug hinter Ihnen ein rot-weißer Kastenwagen mit blauen Lampen auf dem Dach ist... In diesem Falle ist die Interpretation der Szene völlig anders und Sie werden vermutlich ohne jeden bösen Hintergedanken alles tun, um möglichst schnell einen Überholvorgang zu ermöglichen. Das Verstehen eines „guten Grundes" für das Verhalten des Hintermannes nimmt der Szene sofort jede Aggression.*

*Stellen Sie sich weiter vor, sie fahren als in Deutschland auf dem Lande sozialisierter Autofahrer in einer eher südlich gelegenen europäischen Metropole (z.B. Rom oder Madrid) an einen Kreisverkehr heran. Im selben Augenblick brechen*

*Ihre Handlungsmöglichkeiten radikal zusammen, da Sie sich spontan auf das Verhalten der anderen Verkehrsteilnehmer kaum einen Reim machen können. Es werden – höflich ausgesprochen – einfach andere Regeln befolgt, als diejenigen, die sie kennen und für allgemeingültig erachten. Sie stehen am Kreisel und haben keine Idee mehr, wie sie sich in dieser Situation verhalten sollen. Wenn jetzt ein findiger Therapeut ihnen ein Angebot machen möchte, um ihre (durch die situative Überforderung ausgelöste) „Verhaltensstörung" zu heilen, ist es unabdingbar, dass er versteht, welche innere Motivlage Ihrem Problem zugrunde liegt. Es hilft nichts, wenn er auf Grund seiner Beobachtung, dass sie hilflos an der Einfahrt stehen, ihr Problem dadurch zu lösen versucht, dass er ihnen beibringt, wie man Gas und Kupplung so balanciert, dass Ihr Auto losfährt – dies ist ja gar nicht Ihr Problem. Nur wenn der Kollege die Diskrepanz zwischen den Regeln, von denen Sie ausgehen (Vorfahrtsregeln, Prinzipien des Einsortierens etc.) und den Regeln, die in dieser Situation gelten (z.B. Bedeutung des Blickkontaktes und der Hupe) erkennt, kann er Ihnen die Brücken bauen, die Sie brauchen, um wieder handlungsfähig zu sein.*

Der entscheidende Punkt für die Frage pädagogischer Handlungsfähigkeit ist dabei nicht die Frage, ob ihre Hypothesen des Fallverstehens im engeren Sinne des Wortes „richtig" sind. „Richtig" und „Falsch" kann es in der Interpretation pädagogisch komplexer Erziehungssituationen und erst recht in Konfliktsituationen gar nicht geben. Bezogen auf ihr Antwortverhalten ist es im obigen Beispiel auch weniger entscheidend, ob der Krankenwagen tatsächlich auf dem Weg zu einem Notfall ist, oder es sich um eine Probe-Blaulichtfahrt ohne dringlichen Anlass handelt – für die Entwicklung von Hypothesen ist es entscheidend, ob sie die Handlungsfähigkeit der Pädagogen erhöhen. Hierfür können folgende Kriterien einer „guten Hypothese" angelegt werden. In einem ersten Schritt gelten als Forderung:

Eine gute Hypothese...

- ... *bietet Transparenz und* damit eine *Nachvollziehbarkeit* ihrer Entstehung an. Sie legt sowohl die fallbezogenen Informationen offen als auch die theoretischen Bezugssysteme, die dazu geführt haben, dass der Fall so und nicht anders betrachtet wird.
- ... *bezieht sich auf den Fall*, also den als Indexperson bezeichneten Menschen in seinem Kommunikationsprozess mit anderen Beteiligten (systemischer Blickwinkel der Beobachtung; vgl. Lindemann 2008), und nicht ausschließlich

auf die Person als solcher. Oft ist es eben ein Verständnis des fehlenden Passungsverhältnisses zwischen Menschen und Umfeld, welches den Fall viel besser erklärt als eine defizitorientierte Diagnose der „Störung" des Menschen.
- ... macht das als störend empfundene oder als Symptom beschriebene Verhalten für die handelnden Pädagogen *nachvollziehbar und verstehbar* und weckt somit auch Empathie für die Indexperson.
- ... stellt auch einen *Zielzustand* und eine *Perspektive* heraus, wie eine bessere Passung zwischen dem System und dem vermeintlichen ‚Systemsprenger' aussehen soll und auch herzustellen sein kann. Dies bezieht sowohl Lernprozesse der Index-Person ein, aber auch Anpassungen des Systems oder der Settingbedingungen.
- ... *eröffnet neue Handlungsmöglichkeiten*, die einen Ausbruch aus stereotypen und festgefahrenen Kreisläufen oder einer eingetretenen Handlungsunfähigkeit erleichtern.

(*Vgl. Baumann 2009, Lindemann 2008, Werning 2006)*

Wenn es gelingt, auf einen „schwierigen Fall" bezogen Hypothesen zu entwickeln, die diesen Kriterien entsprechen und von allen beteiligten Akteuren (mindestens allen beteiligten Fachkräften) getragen werden können, erhöht sich damit die Präzision der Perspektivplanung radikal.
Wichtig ist, im Rahmen eines vom Scheitern bedrohten oder bereits in der in Kapitel 2 beschriebenen Pendelbewegung befindlichen Fallverlaufes einmal inne zu halten und sich bewusst die Zeit zu nehmen, vor einem weiteren Aktionismus tatsächlich erst einmal mit der Entwicklung fundierter Hypothesen zu befassen, um eine passgenaue Hilfe planen zu können, anstatt immer nur im „try-and-error" Prinzip Maßnahme für Maßnahme auszuprobieren und es dem Zufall zu überlassen, ob eine passende Hilfe dabei ist. Die nachfolgenden Impulse können hierbei als Leitlinien für ein gemeinsam getragenes Fallverstehen betrachtet werden.

Wichtig ist an dieser Stelle die Unterscheidung zwischen dem Verstehen eines Menschen als Symptomträger und dem Begriff des Fallverstehens. Das Kind oder der Jugendliche ist nicht identisch mit dem Fall, sondern ein Akteur des Falles, um den herum sich der „Fall" konstruiert. Fallverstehen bedeutet, Hypothesen zu entwickeln, warum der vermeintliche Symptomträger (‚Systemsprenger') genau diese Rolle in dem Fallgeschehen einnimmt, worauf also sein Verhalten eine Antwort ist. Dies hängt, so zeigen es auch die oben beschriebenen Beispiele, nicht nur von den Entwicklungs- und Sozialisationsvoraussetzungen (z.B. Kenntnis der

Verkehrsgepflogenheiten im deutschen Straßenverkehr im obigen Beispiel) des jeweiligen Individuums ab, sondern auch von den Interaktionsmustern um diesen Menschen herum. Beides will verstanden sein, soll der Kreislauf der „negativen Interaktionsspirale zwischen jungem Menschen und Hilfesystem" (vgl. Definition am Anfang dieses Buches) dauerhaft unterbrochen werden.

## 5.1 Ein Entwicklungsverständnis als Basis interdisziplinären Fallverstehens

Grundlegend für den Prozess des Fallverstehens ist eine Grundannahme über die menschliche Entwicklung und der Bedeutung von „Störung" in diesem Prozess. Dabei soll in diesem Rahmen weniger eine entwicklungspsychologische Diskussion als vielmehr grundlegende Aspekte eines interaktionistischen Entwicklungsverständnisses und das Konstrukt der individuellen Bewältigungsstrategien aufgezeigt werden.
Grundlegend spielt sich Entwicklung in einem Spannungsfeld zwischen Risikofaktoren, also Bedingungen, die die Entwicklung gefährden, und Resilienzfaktoren, also Bedingungen, welche der Entwicklung dienlich sind und dazu beitragen, dass trotz hoher Risikobelastung eine positive Entwicklung genommen werden kann (vgl. Überblick bei Schmitz 2010), ab. Diese Faktoren lassen sich weiter unterteilen zwischen somatischen (also auf den Organismus bezogenen) Faktoren und sozialen Faktoren. Als somatische Risikofaktoren können z.B. eine schwere Erkrankung, eine Beeinträchtigung mit daraus resultierenden Behinderungen, ungünstige genetische Komponenten aber auch Mangelernährung oder ähnliches betrachtet werden. Somatische Resilienzfaktoren, also auf das Individuum bezogene Faktoren, die die Entwicklung begünstigen, sind z.B. eine grundlegende körperliche Fitness (macht ja bekanntlich Stress-Resistenter). Studien zufolge besteht auch eine ausgeprägte Resilienz bei einer guten kognitiven Leistungsfähigkeit/ Intelligenz sowie einer positiven Grundhaltung zum Leben (beides sicherlich auch zu starken Anteilen Umweltbezogen, aber in letzter Konsequenz doch als individueller Faktor zu beschreiben; vgl. Schmitz 2010). Aber auch ein Faktor wie „physische Attraktivität" scheint resiliente Wirkung entfalten zu können (bezogen auf Kinder mit störenden Verhaltensweisen: Wenn sie wenigstens noch niedlich sind...). Auch hormonelle Faktoren spielen hierbei eine Rolle. So macht es einen Unterschied, ob bestimmte Lebensereignisse und Krisensituationen unter bestimmten hormonellen Bedingungen eintreten. So beeinflusst beispielsweise der Stand des weiblichen Zyklus die Rehabilitationswahrscheinlichkeit nach Schädel-Hirn-Verletzungen in signifikanter Weise (vgl. Stein, Brailowsky & Will 2000).

Die sozialen Risikofaktoren, welche die menschliche Entwicklung beeinflussen, sind seit langem bekannt und üben eine diffuse und nicht-kausale Wirkung auf die Entwicklung des Individuums aus (vgl. Kapitel 6.1 im ersten Band von „Kinder, die Systeme sprengen“; Baumann 2010). Wir wissen recht gut, was Kindern nicht guttut: Vernachlässigung, familiäre Gewalt, viele Abbrüche in sozialen Beziehungen, Suchterkrankungen oder schwere psychische Probleme auf Seiten der unmittelbaren Bezugspersonen etc. In der sozialen Arbeit wie auch in der Sozialpsychiatrie hat sich hier seit vielen Jahren der Begriff der „Multi-Problem-Familien“ durchgesetzt. Aber auch außerfamiliäre Faktoren können diesem Feld zugerechnet werden, wie z.B. Probleme in der Schule, Ausgrenzungsprozesse in der Klasse/ Peergroup, Aufwachsen in einem anregungsarmen Umfeld, ein krimineller Freundeskreis, Zugehörigkeit zu einer sozialen Gruppe, die Bildungsbenachteiligung oder gesellschaftlichen Diskriminierungsprozessen ohne erkennbare individuelle Faktoren ausgesetzt ist etc. spielen hier eine gewichtige Rolle (vgl. Baumann 2012a, 2012b).
Dem gegenüber stehen sozialen Unterstützungsfaktoren, durch welche die Risikofaktoren wiederum aufgefangen werden können. Dabei scheinen einige der durch die Resilienzforschung formulierten Faktoren lediglich das Gegenteil von längst beschriebenen Risikofaktoren darzustellen (z.B. gute Integration ins Schulsystem, gute Vernetzung der Familie ins soziale Umfeld), andere Faktoren haben einen eigenständigen Erklärungswert. Der wichtigste Resilienzfaktor scheint aber doch deutlich zu beschreiben zu sein: Nahezu alle Menschen, die in Studien als mit einer hohen Resilienz ausgestattet erfasst wurden, gaben an, mindestens eine Bezugsperson gehabt zu haben, auf die sie sich im Laufe ihres Lebens verlassen konnten. Hierzu zählten neben Verwandten (Onkel/ Tante, Großeltern aber auch Geschwister) vor allem Pädagogen (Erzieher, Lehrer, Sozialarbeiter in sozialen Einrichtungen), aber auch erste Partnerschaften im jungen Erwachsenenalter (vgl. Fingerle, Freytag und Julius 1999; Schmitz 2010). Neben diesem Faktor scheint ein realistisches Bild der Selbstwirksamkeit und des eigenen Einflusses auf die Geschehnisse innerhalb des Umfeldes bedeutsam zu sein.

Diese vier Faktorencluster – somatische und soziale Risikofaktoren wie auch somatische und soziale Resilienzfaktoren – ergeben nun das Spannungsfeld, innerhalb dessen sich ein Mensch entwickelt und innerhalb dessen er seine individuelle Bewältigungsstrategie, spezifiziert auf seine persönliche Lebenssituation und wie er diese erlebt hat, ausbildet.

Entscheidend ist nun für den hiesigen Kontext, dass all diejenigen Dinge, die ein pädagogischer, psychologischer oder wie auch immer ausgerichteter therapeutischer Beobachter als Symptom, Störung, Verhaltensauffälligkeit, Delinquenz oder als was auch immer beschreibt, nichts Anderes sind als ein bestimmter Ausschnitt der individuellen Bewältigungsstrategie, welche das Individuum im Spannungsfeld seiner Entwicklung herausgebildet hat. Im Kontext der individuellen Wahrnehmungsregimes (Sutterlüty 2003) von Welt, der erlebten Biographie und der Erwartung an die Situation und die Zukunft erscheint jede Verhaltensstrategie, jedes vermeintliche Symptom, zunächst einmal als logisch und sinnvoll. Insofern muss Verhalten – hier verweise ich auch noch mal auf die ausführlichen Ausführungen im ersten Band von „Kinder, die Systeme sprengen" (Baumann 2010, Kapitel 4.7) – immer als ein sinnvolles und (wenn auch oft unbewusst) in der Überlebenslogik des Subjektes intentionales Handeln betrachtet werden (vgl. Abbildung 3), auch wenn es aus der Beobachterperspektive durchaus grotesk oder auf lange Sicht gesehen sogar als isolierend und selbstschädigend erscheint.

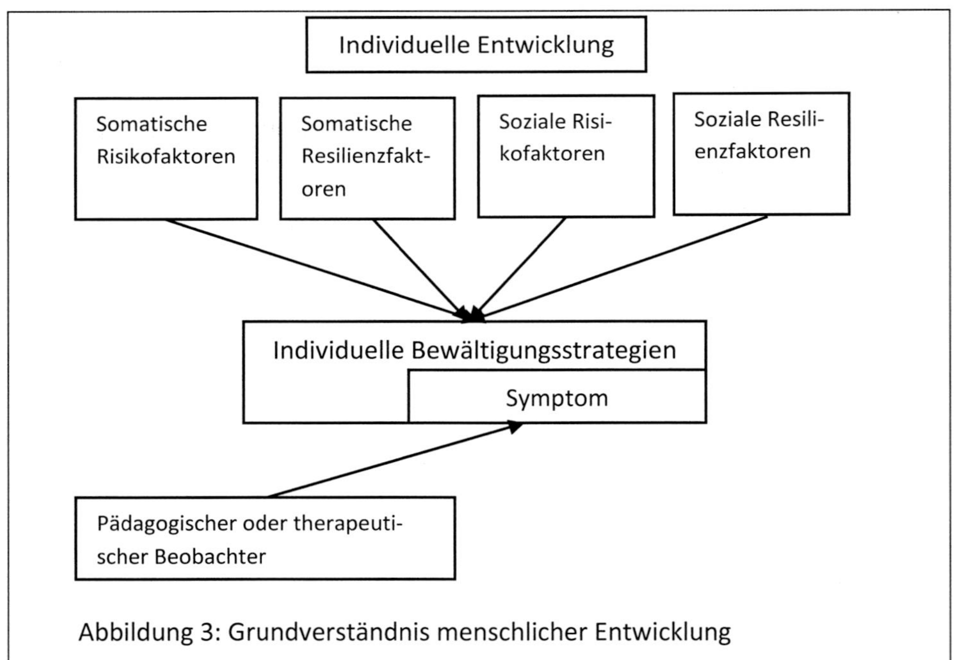


Abbildung 3: Grundverständnis menschlicher Entwicklung

Diese Sichtweise lässt sich aus den interdisziplinären Entwicklungswissenschaften recht gut präzisieren. Bei der grundlegenden Betrachtung, welche biologischen Voraussetzungen die Entwicklung prägen, kann festgehalten werden: Die

Grundeinheit, auf deren Prozessgestaltung alles Psychische als solches aufbaut, ist das Dreieck aus Wahrnehmung, Bewegung und (Gedächtnis-) Repräsentation. Bewegung und Wahrnehmung stellen dabei die Kontaktstellen des Organismus zur Außenwelt da. Über die Wahrnehmungsorgane enthält das innerer des Organismus Informationen aus der Außenwelt, welche in körperinterne bio-elektrische Signale übertragen werden. Gleichzeitig registriert das Gehirn den körperinternen Zustand (Damasio 2002). Bewegung dagegen ist die einzige Möglichkeit, mittels derer der Organismus Einfluss auf die Außenwelt nehmen kann. Wahrnehmung und Bewegung interagieren also mit der äußeren Umwelt, verändern diese, werden aber auch durch diese verändert. Diesen Kreislauf von Struktur und Handlung hat der Entwicklungspsychologe Jean Piaget bereits vor den differenzierten Entdeckungen der modernen Hirnforschung beschrieben (vgl. Piaget 1983). Entscheidend ist: Die Prozesse der durch Wahrnehmung und Bewegung innerhalb des Organismus erzeugten Veränderungen werden fortwährend von Gedächtnissystemen kartiert (repräsentiert), und der Kernprozess des Psychischen liegt darin, dass aus diesen Gedächtnisspuren Rückschlüsse für die Zukunft gezogen werden (Antizipation). Vereinfacht ausgedrückt: Alle höheren psychischen Funktionen wie Sprache, Denken, Planung usw. werden auf der Grundlage der Gedächtnissysteme generiert, die fortwährend aktuelle Wahrnehmungs- und Bewegungsmuster registrieren, miteinander abgleichen, und für die zukünftige Handlungsplanung nutzbar machen. Dies geschieht in einem Prozess, der in seinem Kern ein Gefühl darstellt (vgl. Damasio 2002, 2010, 2017).

Wenn dies der Kernprozess des Psychischen ist, dann ist es für pädagogische Kontexte wenig ergiebig, von psychischen Störungen oder Verhaltensstörungen zu sprechen, denn letztlich läuft die Planung der Handlungssteuerung immer auf der Grundlage bisher erworbener Repräsentationen und ihrer Interpretation, also auf der Grundlage normaler Prozesse. Das heißt nicht, dass es keine psychischen Krankheiten gibt, aber ihre Diagnose ist entwicklungs-pädagogisch weniger bedeutsam als die Annahme der „normalen" Entwicklungsmechanismen. Aus dieser Annahme heraus wird deutlich, dass Entwicklung nicht per se gestört verläuft – aber die Interpretationsregimes, die der Mensch im Laufe seiner Entwicklung erworben hat, können seine Möglichkeiten, flexibel, sicher und souverän in der Umwelt orientiert zu sein, gravierend beeinträchtigen.

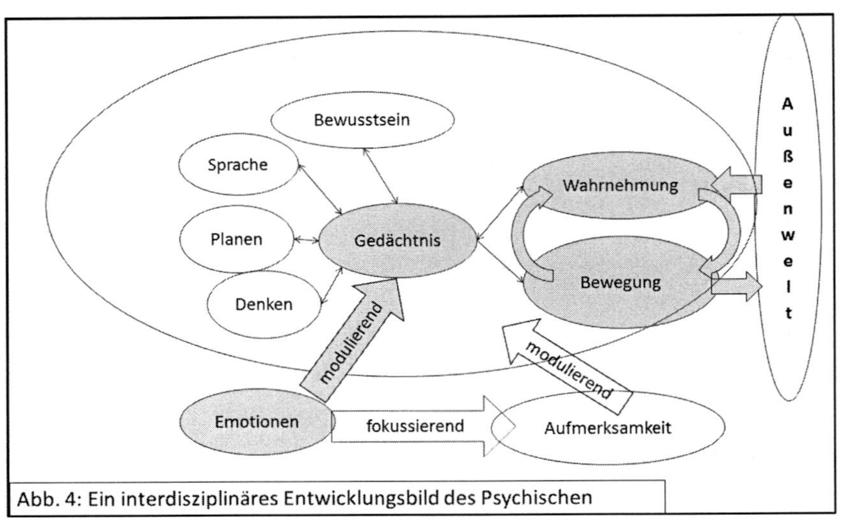


Abb. 4: Ein interdisziplinäres Entwicklungsbild des Psychischen

## 5.2 Trauma, Bindung und der Kampf um einen sicheren Ort

Gemäß der diesem Band zu Grunde liegenden Definition der Zielgruppe als „Hoch-Risiko-Klientel" ist der Zusammenhang zwischen den jungen Menschen, die in unserem Hilfesystem keinen guten Ort zu finden scheinen, und frühkindlichen Traumatisierungen, vor allem Gewalterfahrungen, offensichtlich. Vereinfacht könnte man sagen, junge Menschen, die Schwierigkeiten machen, sind junge Menschen in Schwierigkeiten. Diese Schwierigkeiten sind gar nicht unbedingt immer aktuell präsent, sondern oft scheint es gerade so zu sein, dass die Kinder und Jugendlichen es nicht zu ertragen scheinen, wenn es plötzlich „gut" zu werden scheint. Hierauf verweist z.B. die überproportional hohe Zahl von Kindern und Jugendlichen aus Pflege- oder Adoptivsettings, die ich in den letzten Jahren im Rahmen von Perspektivgutachten kennen lernen durfte. Hier war es – nach anfänglicher Beruhigung und einem anfänglich guten Ankommen in der Familie häufig der Beginn der Pubertät mit seiner besonderen Herausforderung der Identitätsentwicklung, der dazu führte, dass die vermeintlich „heile Welt" der Familie nicht mehr ertragen werden konnte und bekämpft werden musste. Ein Einlassen auf stationäre Hilfen im Jugendhilfekontext war dann aber auch nicht mehr möglich, weil diese keine Lösung auf die biographischen Fragestellungen anzubieten hatte. Der Kampf um einen sicheren Ort, wie es in der traumasensiblen Pädagogik benannt wird, scheint paradoxer Weise häufig ein Kampf gegen eben genau zu werden. Wieder soll ein Beispiel dies verdeutlichen:

*‚Jackie' kam im Alter von 2 ½ Jahren gemeinsam mit ihrer Zwillingsschwester in eine Pflegefamilie, nachdem sie in ihrer Herkunftsfamilie starke Vernachlässigung und Gewalt erlebt hatte. Beide Eltern konsumierten z.T. harte Drogen und die Familie war immer wieder von Obdachlosigkeit bedroht. Die Pflegefamilie wohnte ca. 200 km von der Großstadt des elterlichen Lebensmittelpunktes entfernt in sehr ländlicher Lage.*

*Zunächst schienen beide Kinder in der Pflegefamilie eine gute Entwicklung zu nehmen. ‚Jackie' schlüpfte in die Rolle des starken Zwillings, der eher in Konkurrenz zur älteren Pflegetochter stand, während ihre Zwillingsschwester mit einer starken Entwicklungsverzögerung sehr dicht bei den Pflegeeltern verortet war. Mit zwölf Jahren begann die Situation um ‚Jackie' erstmalig schwierig zu werden, als die ältere Pflegetochter nach schweren Konflikten die Familie verlassen musste. In dieser Situation realisierte ‚Jackie' völlig neu, was es bedeutet, Pflegekind zu sein. ‚Jackie' begann nun intensiv, sich mit ihrer Herkunft auseinanderzusetzen und gleichzeitig gegen ihre Pflegeeltern zu rebellieren. Die Pflegemutter reagierte erschüttert und verletzt über die fehlende Dankbarkeit. ‚Jackie' fand aber einige Details über ihre leiblichen Eltern heraus und es gelang ihr, über soziale Netzwerke Kontakt herzustellen. Eine plötzlich neu entfachende Diskussion um das Sorgerecht führte dann dazu, dass ‚Jackie' sich aus der Tatsache, dass ihr Vater gegen den endgültigen Entzug dessen Widerspruch einlegte, Hoffnungen machte, ihre leiblichen Eltern könnten sich doch noch um sie kümmern wollen. ‚Jackie' versuchte mehrfach, Treffen mit ihren Eltern zu organisieren, dies misslang aber auf Grund der Unzuverlässigkeit der Eltern und den nicht vorhandenen finanziellen Ressourcen dieser, um die Fahrt auf sich zu nehmen.*

*Mit der Realisierung der Lebensbedingungen der leiblichen Eltern konnte sich ‚Jackie' auf die Strukturen der Pflegefamilie nicht mehr einlassen und begann, offen gegen diese zu kämpfen. Schließlich musste sie die Familie verlassen und es begann eine Odyssee durch Bereitschaftspflegen und Wohngruppen. Am Ende zog ‚Jackie' in die Straßenszene und setzte sich dort mit den Themen Obdachlosigkeit und Drogenkonsum aktiv auseinander.*

*Unmittelbar nach ihrem sechszehnten Geburtstag nahmen wir ‚Jackie' in unseren Bereich „Innovative Hilfen" in ein sehr flexibles Setting auf. Sie bekam eine vom Träger angemietete Wohnung und eine direkte Bezugsbetreuung, die zwar rund um die Uhr erreichbar war, aber die „pädagogische Belagerung" der anderen Settings dramatisch reduzierte und auch akzeptierte, wenn ‚Jackie' mehrere Tage keinen Kontakt wünschte. Die Wohnung wurde durch eine Rufbereitschaft und regelmäßige Patrouillen durch eine Security Firma vor dem Zugriff der Stra-*

*ßenszene geschützt. Darüber hinaus bekam ‚Jackie' eine Mitarbeiterin zugeordnet, deren Auftrag darin bestand, ‚Jackie' bedingungslos und mit allen Mitteln darin zu unterstützen, ihre biographischen Fragestellungen in Richtung ihrer Kernfamilie und ihrer Heimatstadt zu bearbeiten.*

*‚Jackie' lebte noch eine Weile weiter in enger Verstrickung zur Straßenszene, allerdings schlief sie bereits nach wenigen Wochen jede Nacht in der bereitgestellten Wohnung. Sie nahm Kontakt zu ihrer leiblichen Mutter und zu einer sieben Jahre älteren Schwester und deren kleine Tochter auf, besuchte diese regelmäßig und lernte diese in ihren Stärken und Schwächen kennen (die Mutter nahm zwar keine Drogen mehr, dafür nahm sie aber Medikamente und verbrachte viel Zeit im Kasino). Nach einem dreiviertel Jahr äußerte sie dann plötzlich den Wunsch, doch wieder, familienanalog leben zu wollen.*

*Jetzt, wo ihre biographischen Baustellen weitgehend beantwortet waren und sie intensiv, aber durch die Maßnahme geschützt, ihre Erfahrungen in der Lebenswelt der Eltern (Straßen- und Drogenszene) sammeln konnte, war es ihr möglich, an ihre positiven Erfahrungen aus der Zeit in der Pflegefamilie anknüpfen zu können. Sie zog in eine Familie mit gleichaltrigen leiblichen Kindern, die Bezugsbetreuung blieb aber erhalten und klärte die pädagogischen Fragen mit ihr. Gleichzeitig blieb die Möglichkeit erhalten, sie in Krisensituationen spontan aufzunehmen (um ihrer Fluchttendenz vorzukommen) und die Konflikte dann am nächsten Tag zu klären.*

Was an der Biographie ‚Jackies' deutlich wird, ist die Verstrickung in frühkindliche Bindungsmuster, selbst wenn diese noch so desolat und desorganisiert erscheinen. Das Bild der „bindungskorrigierenden Erfahrung" (vgl. Schleiffer 2009), welches in der bindungsorientierten Pädagogik gerne genutzt wird, scheint gerade bei vielen jungen Menschen, die sich als ‚Systemsprenger' im Hilfesystem bewegen, nur schwer zu greifen. Es ist nicht so, dass Kinder wie ‚Jackie' nicht in die Bindung gehen würden – eine Analyse unterschiedlicher Beziehungsmuster habe ich im Rahmen des Kategoriensystems in „Band 1: Kinder, die Systeme sprengen" bereits vorgelegt (vgl. Kapitel 6, Baumann 2010). Wichtig ist aber: Loyalitäten und Verstrickungen mit dem Herkunftssystem lassen sich nicht ersetzen, sind nur bedingt durch „Nachreifung" korrigierbar und können vor allem nicht einfach durch bessere Bindungen ersetzt werden. Es gilt im Fallverstehen immer zunächst die Beziehungsmuster, Bindungen, auch Mythen und Idealisierungen und vor allem Loyalitätsverpflichtungen gegenüber den primären Bindungspersonen zu verstehen und dann zu überlegen, ob der junge Mensch sich überhaupt auf die ihm angebotenen Beziehungen einlassen kann. Aus diesem Blickwinkel heraus verstanden wäre der Kampf zwischen ‚Jackie' und dem Hilfesystem verzichtbar gewesen, da die Rebellion gegen die Pflegeeltern und alle folgenden Pädagogen als Teil der Auseinandersetzung mit der eigenen Biographie verstehbar gewesen wäre.

Dabei sind nicht nur die Bindungserfahrungen innerhalb des Herkunftssystems zu betrachten, sondern auch die Erfahrungen innerhalb der Jugendhilfesysteme. Die Erfahrung von Diskontinuität setzt sich vielfach innerhalb des Hilfesystems fort. Diesen Aspekt habe ich unter dem Stichwort „Delegationsmechanismen" im ersten Band beschrieben. Egal, ob der Verlauf der Hilfe von Beginn an krisenhaft ist oder nicht. Helfer und Institutionen wechseln, werden ausgetauscht und Pädagogik wird als System zu großen Teilen als unverbindlich erlebt (vgl. die Straßenkinderstudie von Münch 2010 oder die Interviewstudie Sewing 2012). Somit stellt sich auch die Frage, warum der junge Mensch den Bindungsangeboten der Mitarbeitenden der Jugendhilfe glauben sollte. Das Ausmaß an Enttäuschung und Unverbindlichkeit lässt neue Bindungserfahrungen kaum zu.

Insofern gilt es im Prozess des Fallverstehens sehr sorgfältig drei Fragen anzuschauen:

- Ist der junge Mensch in Erwartung einer sicheren Bindung und kann das Angebot einer solchen überhaupt erkennen?
- Bin ich mir als Helfer wirklich sicher, ein Beziehungsangebot, welches ich dem jungen Menschen mache, auch aufrechterhalten zu können?
- und vor allem: Steht das Einlassen auf Beziehung nicht gegen die Ziele des jungen Menschen oder stürzt es ihn in nicht zu überwindende Loyalitätskonflikte?

Ein „sicherer Ort" im traumapädagogischen Sinne (vgl. Schmid 2014) entsteht also nicht schlicht dadurch, dass man dem Kind einfach vermeintlich sichere Bindungen und neue Beziehungserfahrungen anbietet, sondern vielmehr dadurch, dass der junge Mensch das Gefühl hat, die Nähe-Distanz-Regulation mitgestalten zu dürfen, es ihm nicht zum Vorwurf gemacht wird, wenn er nicht in die Beziehung geht (deutlich werdend z.B. in den beliebten Formulierungen der „Beziehungsunfähigkeit" oder der „emotionalen Kälte", die sich häufig in Entlassungsberichten finden).

Bindung und Beziehungsgestaltung ist in der Zusammenarbeit mit Kindern und Jugendlichen, die offenbar gegen das System zu kämpfen scheinen und massiv störende Verhaltensweisen zeigen, der sensibelste aller Prozesse. In diesem Bereich gilt es sorgfältig zu analysieren, welchen Mustern ein Kind oder Jugendlicher

folgt, um sich als Pädagoge nicht in alte Bindungsfallen locken zu lassen. „Aufsaugende“ und „verstrickende“ Beziehungsmuster sind die häufigsten Kontextbedingungen für scheiternde Erziehungshilfeprozesse, die von Seiten der Jugendhilfe auf Grund schwieriger Verhaltensweisen vorgenommen werden (vgl. Baumann 2010).
In der Gestaltung der Settings kann das in der Konsequenz bedeuten, dass Bindung gar nicht zu vordererst und an erster Stelle steht, sondern dass Kontinuität zunächst über verlässliche Strukturen, Rituale und wiederkehrende Tagespunkte hergestellt werden kann und muss, Beziehungsanteile dagegen erst einmal im Hintergrund stehen. *Erst, wenn das Kind die neue Situation der Einrichtung als verlässlich erkannt hat, kann es vielleicht auch auf der Beziehungsebene neue Erfahrungen machen – vielleicht aber auch nicht.*

Um diese Dynamik zu verstehen, muss das Phänomen des Traumas aus seiner entwicklungspsychologischen Dynamik heraus verstanden werden.
Die Trauma-Forschung unterscheidet gemeinhin zwischen dem Typ-I Trauma als einmaliges, existenzielles Erlebnis, und dem Typ-II Trauma als über einen längeren Zeitraum bestehenden Zustand, in dem es immer wieder oder auch chronisch zu existenziellen Überforderungssituationen kommt (vgl. Schmid 2014). Diese Typ-II Traumatisierung bietet für Kinder in ihrer Entwicklung ein besonderes Risiko, da in diesem Falle häufig nahe Bezugspersonen am Prozess der Traumatisierung beteiligt sind, oder aber, wie es z.B. in der 2015 alles dominierenden Flüchtlingssituation vielfach der Fall war, Schutzpersonen ebenfalls in eine chronisch hilflose Situation gebracht werden bzw. eben durch das Trauma selbst nicht verfügbar sind. Diese Typ-II Traumatisierung ist die häufige Folge von innerfamiliärer Gewalt, sexuellem Missbrauch, Vernachlässigung oder immer wiederkehrenden Trennungs- und Diskontinuitätserfahrungen, wie sie in den Biographien der jungen Menschen, die mit dem Hilfesystem in massive Konflikte geraten, flächendeckend zu finden sind (vgl. Band 1, Baumann 2010).
Die besondere Situation, die es im Rahmen von Diagnostik und Fallverstehen bei diesen Kindern zu betrachten gibt, ist nur auf der Grundlage des frühkindlichen sozialen Lernens sinnvoll zu verstehen. Dies wird in der modernen Entwicklungspsychologie im Wesentlichen über Prozesse der „Face-to-Face-Interaction“, des „Affective Attunements“ oder der „Joint Attention“ beschrieben (vgl. Adolphs 2002; Dornes 2001; Tomasello 2002). Diese Konzepte der modernen Entwicklungspsychologie machen deutlich, dass Menschen sich von frühester Kindheit an in Interaktion entwickeln, indem sie Emotionen und Affekte als Kommunikations-

mittel nutzen, sich gegenseitig ihrer „Bewegtheit“ vergewissern und auch ihr Gegenüber und dessen Aufmerksamkeit verstehen und lenken lernen. Diese frühen Prozesse sozialen Lernens und der emotionalen Entwicklung sind wesentlich ausschlaggebend, sich später in sozialen Bezügen orientieren zu können, Empathie zu entwickeln und handlungsautonom den Alltag zu bewältigen.

In genau diesen Prozess greifen Traumatisierungen vom Typ II sowie desorganisierte Bindungsstrukturen unmittelbar hinein. Der zentrale menschliche Reflex auf Stress zu reagieren, ist Weinen und Schreien, um die engen Bezugspersonen herbeizurufen, damit diese schützen und unterstützen können. Genau dies zeigt sich aber in den Entwicklungskontexten schwer traumatisierter Kinder häufig als nicht zweckmäßig, da diese Bezugspersonen eben nicht schützend-unterstützend auftreten, sondern passiv (Verwahrlosung, Interaktionsstörungen, fehlender Schutz bei innerfamiliärer Gewalt), oder sogar als Täter/ Aggressor (Misshandlung, Missbrauch), welcher das Trauma aktiv verursacht. In diesen Fällen erlernt das Kind eben nicht, eine Passung zwischen den eigenen Affektzuständen und denen des Gegenübers in der Interaktion herzustellen (vgl. Baumann 2012a). Im Gegenteil, die Kommunikationserfahrungen des Kindes sind widersprüchlich, bedrohlich und eben nicht schützend.

In diesem Paradoxon entwickelt das Kind Anpassungsstrategien, welche später in einer Gruppensituation (z.B. Kindergarten oder Schule) oder in der Interaktion mit Menschen mit anderen Interaktionserfahrungen nicht passungsfähig sind – im Kontext der traumatisierten Entwicklung aber als „normal“ bezeichnet werden müssen.

Ferdinand Sutterlüty (2003) hat dies in seiner empirischen Studie „Gewaltkarrieren“ eindrücklich für Jugendliche, die als Kinder massiven Opfererfahrungen ausgesetzt waren, und später im Laufe der Jugend in die Täter-Rolle wechselten, beschrieben. Aus seinen Interviewanalysen wurde deutlich, dass weniger die Frage entscheidend war, welche Form, Häufigkeit und Massivität von Gewalt die jungen Menschen als Kinder erlebt haben. Vielmehr sind es die Erlebenskategorien, mittels derer sie die Erfahrungen wahrgenommen haben. Er arbeitet akribisch in seinen Fallbeispielen heraus, dass das verbindende Element der jungen Menschen ist, dass sie ihre Traumatisierung als Erfahrung von Missachtung und Ohnmacht erlebt haben. Nach Sutterlüty sind es diese beiden Erlebenskategorien, die dazu führen, dass der junge Mensch Bewältigungsmechanismen wählt, die in sich „gute Lösungen“ darstellen, um diese Erlebnisse in den Prozess der Identitätsentwicklung zu integrieren, die aber ihrerseits problematische Entwicklungsverläufe bedingen:

Der erste Faktor, den Sutterlüty benennt, ist die Entwicklung physischer Indolenz. Der junge Mensch lernt, Schmerzempfinden abzuschalten und den physischen Anteil von Gewalt nicht mehr zu spüren. Dies führt bei anhaltender Gewalt zu einer dissoziierten Körperlichkeit, innerhalb derer sich die Erfahrung der Gewalt nicht mehr als zum eigenen Körper gehörig anfühlt. Dieser Mechanismus schützt den Organismus und die Psyche einerseits, gibt dem Opfer aber auch ein Gefühl der Überlegenheit, da das vermeintliche Ziel des Täters, Schmerz zuzufügen, nicht mehr wirksam ist. Hier bekommt das Gewaltopfer ein Gefühl der Überlegenheit – welche sich später bei eigenem Gewalthandeln bis in einen rauschhaften Zustand, der intrinsischen Gewaltmotivation wie Sutterlüty sie nennt, steigern kann. Im Moment der Misshandlung ist dies aber eine hoch zweckdienliche Reaktion, und keine Störung im engeren Sinne.

Der zweite Mechanismus, den Sutterlüty benennt, ist die Entwicklung „gewaltaffiner Wahrnehmungsregimes". Die jungen Menschen sind ständig in Alarmbereitschaft und wittern überall im Verhalten anderer Menschen Hinweise darauf, dass neue Missachtungs- und Ohnmachtserfahrungen drohen. Physiologisch ist dieser Prozess lange als Übererregbarkeit der Stressachse beschrieben worden (vgl. Perry 2001). Das Opfer traumatisierender Erfahrungen ist also ständig auf der Hut, hat seine Alarmantennen immer ausgefahren – auch dies ist zunächst ein hervorragender Anpassungsmechanismus, der in einer bedrohlichen Welt hoch sinnvoll ist, führt aber in der Kommunikation mit anderen Menschen zu permanenten Spannungszuständen, Missverständnissen und Überreaktionen, die für das Gegenüber unberechenbar erscheinen (vgl. Sutterlüty 2003, Baumann 2012a).

Der dritte Anpassungsmechanismus betrifft die Interpretation des Verhältnisses von Täter und Opfer. In der Wahrnehmung als ohnmächtig beginnt das Opfer einerseits, den Täter als mächtig zu erleben, und andererseits auch der Gewalthandlung einen verstehbaren Sinn zuzuordnen. „Opfer sein" wird zu einer verstehbaren Erfahrung, die das Opfer verdient hat. Dies macht die Situation im Erleben des Kindes aushaltbar – wiederum also eine gelungene Anpassungsstrategie, wenn es auch von außen schwer nachzuvollziehen scheint, dass viele Gewaltopfer sich selbst die Schuld an den Vorfällen geben. Der Preis, den diese Strategie mit sich bringt, ist aber, dass die Menschen im Laufe ihrer Entwicklung häufig die Phantasie der Rollenumkehr entwickeln, die als befriedigend erlebt wird. Kommt es dann zu einem „epiphanen Erlebnis" – also einer Situation, wo der junge Mensch häufig auf Grund eines Kontrollverlustes selbst übergriffig wird und in dieser Situation Ohnmacht abwendet und sich selbst als mächtig und respektiert erlebt, wird Gewalt zu einem eigenständigen Lösungsmechanismus, der Erfahrungen der Missachtung und Ohnmacht (vgl. Sutterlüty 2003).

Der praktische Vorteil an solch komplexen, verstehenden Theorien ist im Vergleich zu einfachen, kausalen Konstrukten wie dem berühmten „Lernen am Modell", dass sie einerseits aufzeigen, dass die Lösungsmechanismen des Kindes im Rahmen seiner Biographie, seiner Wahrnehmung der Situation und seiner Identitätsentwicklung aktive und zweckdienliche Lösungen darstellen. Die (Ver-) Störung tritt dann auf, wenn die Überlebensmechanismen des jungen Menschen dann aber in der Interaktion mit einer Umwelt, die nicht über solche Erfahrungshintergründe verfügt, dennoch zur Anwendung kommen, dann aber nicht mehr zweckdienlich und situationsangemessen erscheinen.

Ein Entwicklungsverständnis, welches davon ausgeht, dass dem Verhalten des jungen Menschen ein „guter Grund" (Schmid 2014) oder auch ein „innerer Sinn" (Reiser 2006) innewohnt, lässt Pädagogen ein Vielfaches entspannter, empathischer und weniger die Symptome korrigieren wollend auftreten. Für mich hat die Auseinandersetzung mit solchen verstehenden Ansätzen in der Begegnung mit jungen Menschen einen zentralen Wendepunkt dargestellt, da ich in dieser Auseinandersetzung einen tiefen Respekt vor der Leistung des Kindes erlernt habe – so schwierig das Verhalten aus meiner Beobachterperspektive heraus auch scheinen mochte. Dieses hat mich letztlich zu Formulierungen wie „Von der Kompetenz, ein Systemsprenger zu sein" geführt.

## 5.3 Biographische Inszenierungen im Rahmen der Hilfen

Ein diesen Gedanken zur traumapädagogischen Sichtweise eng verwandter und wesentlicher Aspekt, der im Verstehen schwierigster Hilfeverläufe und pädagogischer Situationen von extremer Wichtigkeit ist, ist der Aspekte der biographischen Inszenierungen. In der psychoanalytischen Pädagogik ist der Begriff der Übertragung entwickelt worden, um sich diesem Phänomen zu nähern (vgl. Reiser 2006; Ahrbeck 2008). Ich bevorzuge an dieser Stelle aber den Terminus „biographischen Inszenierungen", da er erstens die Handlungsfähigkeit des Individuums fokussiert und zweitens weniger auf den affektiven Teil des Erlebens zielt, sondern auch komplexe Handlungs- und Beziehungsmuster beschreiben kann – wenn diese meist auch unbewusst ablaufen. Ich möchte wieder mit einem Beispiel in dieses Thema einführen:

*‚Katja' lebte die ersten neun Jahre überwiegend im Kontext der Kernfamilie. Die ersten beiden Jahre lebten ‚Katja' und ihre Mutter mit dem leiblichen Vater von ‚Katja' in einem Haushalt. Die Beziehung sei laut Aktenlage durch Streit und Gewalt geprägt gewesen, nach mehreren Meldungen durch Familienangehörige wurde das Jugendamt auf die Familie aufmerksam. Um sich von dem Stress zu erholen, reiste die Mutter ohne ihre Familie als Urlaubsreise in einen nordafrikanischen Staat. Dort verliebte sie sich in einen Mann und blieb kurzerhand dort. Der überforderte Vater gab ‚Katja' daraufhin in eine Pflegefamilie. In den folgenden zwei Jahren bekam die Mutter eine weitere Tochter und kehrte schließlich zum dritten Mal schwanger nach Deutschland zurück. ‚Katja' zog wieder zu ihrer Mutter. Kurz nach der Geburt des Bruders ging sie eine erneute Beziehung ein und wurde erneut schwanger, dieses Kind wurde kurz nach der Geburt durch das örtliche Jugendamt in Obhut genommen. Bei ‚Katjas' Mutter wurde die Diagnose „Borderline" vermutet, aber nie offiziell diagnostiziert. ‚Katja' und ihre erste Schwester verblieben im Haushalt der Mutter, der Bruder wechselte zwischen dem Haushalt der Mutter und den Großeltern hin und her, die jüngste Schwester wuchs in einer Pflegefamilie auf, verbrachte aber einmal im Monat ein Wochenende in der Familie.*

*Die Beziehung zwischen ‚Katja' und ihrer Mutter war stark durch die vielen Krisen, die die Beziehungswechsel der Mutter auslösten, geprägt. ‚Katja' musste schon im Kindergartenalter Verantwortung für ihre Geschwister übernehmen, teilweise sogar nachts. Kam die Mutter nach Hause, und eines der jüngeren Kinder war eingenässt oder weinte, wurde ‚Katja' geschlagen. Sie erhielt den Auftrag, die jüngeren Kinder „in Schach zu halten", während die Mutter ihren Männerbeziehungen nachging. Als ‚Katja' sieben war, musste sie morgens vor der Schule ihre jüngere Schwester für den Kindergarten fertigmachen und hinbringen. Sie erhielt von ihrer Mutter den Auftrag, der Schwester mit der Hand ins Gesicht zu schlagen („Schelle geben"), wenn diese nicht gehorche. Als die Erzieherinnen dieses beobachteten und ‚Katja' zur Rede stellten, erzählte diese freimütig die Situation. Die Mutter äußerte anschließend in einem Klärungsgespräch im Jugendamt, sie sei sehr enttäuscht von ihrer Tochter, da diese nicht einmal kleine Aufgaben zur Unterstützung der Mutter übernehmen könne und sie nun auch noch im Kindergarten „völlig übertrieben" habe. Es wurden ambulante Hilfen eingesetzt und ‚Katja' kam in eine teilstationäre Jugendhilfemaßnahme. Hier fiel von Anfang an auf, dass ‚Katja' sich um andere Kinder kümmern wollte und sich als eine Art „Hilfserzieherin" aufspielte. Darauf angesprochen brach sie weinend zusammen und entschuldigte sich vielmals, alle enttäuscht zu haben. Ihr Verhalten änderte sie aber nicht. Ihre harten Bestrafungsmaßnahmen gegenüber anderen Kindern hielt sie ebenfalls bei. So schlug sie in der Tagesgruppe andere Kinder ins Gesicht, wenn diese den Erziehern nicht gehorchten.*

*Mit neun Jahren wurden sie und ihre Schwester schließlich aus der Familie genommen. Sie kamen gemeinsam in eine Pflegefamilie. In der Pflegefamilie waren noch zwei ältere Jungen untergebracht. Die Pflegeeltern kümmerten sich sehr intensiv um ‚Katja', da diese sofort sehr frühkindliche Bedürfnisse nachzuholen schien. Nach wenigen Monaten kam es in der Familie zu einer unverständlichen Situation. Die jüngere Schwester saß abends schreiend auf ihrem Bett und wirkte sehr verängstigt. Auf Näherung der Pflegeeltern wich sie zurück und zeigte alle Anzeichen einer Gewalterfahrung. Keines der Kinder konnte sich zu der Situation äußern. Die Pflegeeltern äußerten den Verdacht, ‚Katja' habe die Schwester geschlagen oder vielleicht sogar sexuell missbraucht, da die Schwester entsprechende Verletzungen aufwies. ‚Katja' wurde daraufhin zunächst in die Psychiatrie und von dort aus in eine Wohngruppe übergeben. In der Wohngruppe begann ‚Katja' die Schule zu schwänzen (sie verließ jeden Morgen pünktlich das Haus und versprach, zur Schule zu gehen) und begann zu stehlen. In Klärungsversuchen gab sie stets alles zu, entschuldigte sich bei den Betreuerinnen und setzte sich immer wieder das Ziel, ihr Verhalten zu ändern. Sie konnte genauestens erahnen, welche Ziele die Pädagogen und Pädagoginnen für wichtig hielten, benannte diese, und tat anschließend das Gegenteil. Nach einem halben Jahr musste sie die Wohngruppe verlassen, da sie laut Entlassungsbericht keinerlei „Bereitschaft zur Mitarbeit" erkennen ließ.*

*In den folgenden Jahren wechselte ‚Katja' noch neun Mal den Betreuungsort. Mit 15 kam sie auf eigenen Wunsch für einen längeren geplanten Aufenthalt in die Kinder- und Jugendpsychiatrie. Sie konnte beim Aufnahmegespräch eine Reihe von Zielen benennen, die sie im Rahmen des Aufenthaltes für sich erreichen wollte. Die aktuelle Einrichtung verband ihren weiteren Aufenthalt in der therapeutischen Wohngruppe mit einer guten Mitwirkung in der Klinik.*

*Nach sechs Wochen wurde sie wegen fehlender Therapie-Motivation in eine Inobhutnahmestelle entlassen. Im Aufnahmegespräch mit der nächsten Einrichtung formulierte sie, sich sicher zu sein, zukünftig keine Treffen mehr mit Jungen über das Internet zu arrangieren, keine Nacktfotos mehr ins Netz stellen zu wollen, auf jeden Fall ab jetzt zur Schule zu gehen, da es für ihre Zukunft wichtig sei, einen Schulabschluss zu machen, und sie wollte ihr Ernährungsverhalten ändern, da sie sehr zugenommen habe. Darüber hinaus berichtete sie, sie würde sich schon seit Monaten nicht mehr ritzen. Sie hätte nun verstanden, wohin sie das alles gebracht habe und ihr Leben müsse sich ändern, das habe sie in den Gesprächen mit ihrer Mitarbeiterin vom Jugendamt begriffen…*

In diesem Beispiel liegt ein nahezu klassisches Muster scheiternder Hilfeverläufe auf Grund biographischer Inszenierungen vor. ‚Katja' hat in ihrer Lebenswelt eine passgenaue Strategie entwickelt, um das Zusammenleben mit ihrer Mutter möglichst gut kontrollieren zu können. Die Muster, die ‚Katja' an den Tag legt, scheinen eine nahezu perfekte Antwort im Rahmen der Beziehungsdynamik in der Kernfamilie zu sein: ‚Katja' versucht zu erraten, welche Anforderungen an sie gestellt sind und setzt sich diese auf authentische Art und Weise als persönliches Ziel, auch wenn diese sie hoffnungslos überfordern. Im Hilfesystem weiß sie, dass die Helfer genau diese Ziele von ihr hören wollen, dass diese Ziele für „richtig" und „vernünftig" gehalten werden. Dann scheitert sie offenbar völlig bewusst so extrem wie möglich. Anschließend vergewissert sie sich der Enttäuschung des Gegenübers und erwartet – oft kognitiv plausibel begründet, warum dies zwangsläufig nun mal der Fall sein muss – Ablehnung, Abwertung und Trennung.
Im Grunde greift sie die Beziehungsdynamik ihrer Mutter, welche sich entsprechend der Diagnose Borderline zwischen „ganz nah ran ziehen" und „abstoßen" bewegt, auf und schafft durch ihr Verhalten Kontrolle über diese desorganisierte Form der Beziehungs- und Bindungsgestaltung. Sie steuert das „gemocht werden", indem sie die sozusagen an sie gerichtete Erwartungen ihres Gegenübers abscannt und als ihre persönlichen Ziele formuliert, aber durch ihr grandioses Scheitern eben auch das Abgestoßen werden, welches sie vorwegnimmt und somit zum Mittel erhebt, sich mit den anderen in Beziehung zu setzen.
Dieser biographischen Erfahrung entsprechend behandelt sie das Hilfesystem quasi „borderlin'ig" – und das Hilfesystem reagiert fast erwartungsgemäß. Wenn sie um ein Gespräch bittet, und in diesem klarstellt, wie wenig Unterstützung sie durch die vergangenen Helfer erhalten hat und wie blöd sie selbst sich verhalten habe, in dem sie all die Fehler ihres Lebens begangen hat, und anschließend ihre Ziele formuliert und die Helfer um Unterstützung bittet, diese Ziele umzusetzen (weil sie das erste Mal im Leben das Gefühl hat, Betreuer zu haben, die ihr wirklich helfen können), steuert sie die Nähe: Die von der plötzlichen Vernunft begeisterten Helfer fühlen sich in ihrem pädagogischem Habitus geschmeichelt, weil sie „ausgewählt" wurden, den Wendepunkt in ‚Katjas' Leben einzuleiten. ‚Katja' erhält eine engmaschige und engagierte Unterstützung durch die Pädagogen, viel Nähe und viel individuelle Zuwendung – über ihr Engagement steuert sie, geht zur Schule, ritzt sich nicht sondern sucht stattdessen das Gespräch, dass

ihr auch zu jeder Tages- und Nachtzeit gewährt wird, und hält sich in diesen Phasen von älteren Männern fern. Doch bevor die aus ‚Katjas' biographischer Weltsicht heraus zwangsläufig irgendwann einsetzende, nicht zu berechnenden Ablehnung kommt, steuert sie: sie inszeniert ihr Scheitern, zerstört bewusst alle aufgebauten Fortschritte, fällt in ihrem Verhalten zurück und richtet sich sogar gegen die Betreuerinnen durch verbale und körperliche Attacken, einmal sogar durch einen Diebstahl. Die Betreuerinnen in den unterschiedlichsten Einrichtungen reagieren entsprechend: enttäuscht, vorwurfsvoll, ablehnend und sogar zurückweisend. Der Hilfeverlauf eskaliert und die Situation wird für die Helfer immer schwerer auszuhalten – ‚Katja' dagegen lehnt sich entspannt zurück, denn in diesem Rollenmuster kennt sie sich bestens aus. Da sie in der Rolle der Kontrollierenden ist, fühlt sie sich sicher – sicherer als wenn sie „riskieren" würde, eine echte verbindliche Beziehung und Bindung einzugehen.

Was dieses Beispiel deutlich macht: Einige Kinder und Jugendliche behandeln die Welt so, wie es ihrem Erfahrungshintergrund und ihrer Weltsicht entspricht. Sie re-inszenieren ihre Erfahrungen in der Lebenswelt „Hilfesystem" und schaffen es oft auch, Gefühle, Kommunikationsmuster und sogar Strukturen zu etablieren, mit denen sich die Helfer in der Regel sehr unwohl fühlen. Dem jungen Menschen gibt es aber die Möglichkeit, Kontrolle auszuüben und Vertrautheit zu erleben. Teilweise geht es dabei einfach um Gefühle, die im Gegenüber ausgelöst werden (z.B. Ablehnung, Angst) – dieses Phänomen hat die Psychoanalyse als Übertragung und Gegenübertragung beschrieben. Das Kind reagiert ängstlich auf männliche Betreuer, oder wenn eine Mitarbeiterin eine bestimmte Stimmlage hat. Oder sie lösen Verhaltensweisen wie Ungerechtigkeit oder auch Aggressionen aus. Dadurch, dass der junge Mensch in seinem Gegenüber solche Gefühle wie Wut, Enttäuschung oder Hilflosigkeit auslöst, bestätigt sich sein eigenes Gefühl und der junge Mensch kann sich beruhigen, da seine Welt-Logik bestätigt wird und er sich zwar nicht sicher, aber immerhin handlungskompetent erlebt.

In anderen Hilfeverläufen sind die Inszenierungen komplexer. Ganze Teams werden aufgemischt, in dem bestimmte Affekte auf die Mitarbeiter aufgespalten und Mitbewohner wie Pädagogen mit spezifischen Rollen belegt werden, die sich dann im Alltag zunehmend etablieren und festigen, teils ohne dass die Kollegen und Kolleginnen für sich Optionen sehen, diesen Zuschreibungen zu entgehen.

Eine häufige Rolle, die im Rahmen biographischer Inszenierungen etabliert wird, ist beispielsweise die Rolle des oder der „hilflosen Zuschauers/ in". Diese Rolle, die ein fester Bestandteil vieler Familiendynamiken mit innerfamiliärer Gewalt ist, ist im Rahmen einer Jugendhilfeeinrichtung oder Schule ein teamdynamischer

Super-Gau. Ein Mitglied des Teams (in Ausnahmefällen ein ganzes Team oder ein Teil des Helfersystems) wird in diese Rolle gedrängt, indem speziell in dessen Beisein Vorfälle inszeniert werden, auf die der Kollege oder die Kollegin nicht „richtig“ in seinem eigenen Verständnis reagieren kann. Die hohe Dynamik wird dadurch verstärkt, dass diese Vorfälle für die Dienste des Mitarbeiters spezifisch oder zumindest sehr viel dramatischer als in anderen Diensten sind. Schon aus dieser Tatsache heraus entsteht ein erstes Gefühl der Hilflosigkeit und des Versagens. Die Spaltung des Teams wird vorangetrieben, indem versucht wird, sich mit anderen Mitarbeitern gegen diesen offensichtlich überforderten Kollegen unbewusst zu verbünden. Die Omnipotenzgefühle der Mitarbeiter, die „klar kommen“, werden angesprochen und es kommt zu einer offenen Kommunikation mittels Ratschlägen gegen den vermeintlich schwachen Kollegen und hintergründig Spekulationen, wo denn die Fehler des Mitarbeiters, bei dem es „immer“ zu diesen Vorfällen kommt, liegen könnten. Zum einen steht es ja außer Frage, dass der betroffene Kollege diese Schwierigkeiten nicht hätte, würde er alles genauso (gut) machen, wie der Rest des Teams. Zum anderen setzt parallel zu den Versagensgefühlen des Kollegen im Team dann ein Schutzinstinkt gegenüber dem vermeintlich schwachen Kollegen ein, und es kommt zu einer Loyalitätsverpflichtung gegenüber diesem Kollegen – gehört es doch zum beruflichen Habitus, sich als Team gegenseitig den Rücken zu stärken.
Auch die Aufspaltung von Teams in „gut“ und „böse“ ist ein häufiges Muster in der Arbeit mit hoch riskant agierenden Kindern und Jugendlichen. Dabei werden auch klare Attribute dieser Extrempositionen provoziert und in die kommunikativen Muster eingepflegt, was zu extremen Spannungen im Team führen kann, vor allem, weil es nicht immer angenehmer ist, zu den „Guten“ zu gehören.

Die Gründe, warum ein junger Mensch einen Pädagogen oder eine Pädagogin mit einer bestimmten Rolle belegt, können sehr vielfältig sein. Auf der einen Seite sind es manchmal eindeutige, manchmal weniger eindeutige Attribute auf Seiten des Pädagogen, die ihn für genau diese Rolle „qualifizieren“. Der große, männliche Kollege wird mit dem Thema „Angst“ besetzt, die einzige Kollegin, die das ungefähre Alter der Mutter hat und auch noch in Haarfarbe und Größe Ähnlichkeiten aufweist, wird in entsprechende Muster verwickelt. Mit der jüngsten Erzieherin eines Teams wird in eine „Geschwisterrivalität“ gegenüber der Gruppenleitung gegangen. Diese Muster sind recht einfach zu erkennen und die Distanzierung fällt den Pädagogen, sind die Muster erst einmal erkannt, oft nicht schwer. Manchmal sind die Themen aber auch subtiler und schwerer zu durchschauen. Die Kinder und Jugendlichen in diesem Kontext sind in manchen Fällen

Meister darin, die eigenen Lebensthemen der pädagogischen Fachkräfte aufzuspüren und an die Oberfläche zu holen, um sie für ihre Inszenierungen zu nutzen. Die eigene, mit Schmerz belastete Trennungserfahrung eines Kollegen, schwierige Kindheitserlebnisse, Erfahrungen von Gewalt am eigenen Leib, die durch bestimmte Situationen in der Arbeit angetriggert werden, der eigene Perfektionismus usw. Die Liste ließe sich beliebig fortsetzen von Erfahrungen, Eigenschaften und verborgenen Themen bis hin zu eigenen psychischen Erkrankungen, die von manchen jungen Menschen sehr sensibel aufgegriffen werden und in der Interaktion zum Vorschein kommen. Da es sich meist um Tabuthemen handelt, wird die Lage schnell prekär, da der Mitarbeiter nicht nur das Problem hat, auf das Verhalten des jungen Menschen reagieren zu müssen, sondern obendrein auch noch aufpassen muss, dass seine verborgenen, oft in der eigenen Schmerzverarbeitung „gut verpackten" Themen nicht zu sehr offen gelegt werden, weil er ahnt, dadurch verletzbar zu werden.

Neben den Aspekten, die eng mit der Person des Mitarbeitenden assoziiert sind, gibt es aber vor allem auch verdeckte Themen im Team, die dazu führen, dass eine bestimmte Person für eine bestimmte Rolle ausgewählt wird. Oft weisen die Teams von vorneherein unausgesprochene Themen auf, wie z.B. „stark vs. schwach", Konkurrenz um die Beliebtheit bei den Kindern, unausgesprochene Hierarchien, Allianzen und Außenseiterpositionen, Sympathien und Antipathien oder sogar ein gewisser Neid, z.B. auf die Fähigkeit eines Mitarbeiters, sich abzugrenzen und in der Dienstplangestaltung sehr konsequent für sich zu sorgen usw. Diese unausgesprochenen Teamthemen bieten die ideale Bühne für Inszenierungen kindlicher Ur-Erfahrungen. Ich will an dieser Stelle nicht die Hypothese aufstellen, es wäre möglich oder wünschenswert, Teams zu bilden und immer so zu begleiten, dass sie auf der zwischenmenschlichen Ebene keine unausgesprochenen Themen haben. Aber diese Prozesse bedürfen der ständigen Reflexion und Aufarbeitung. Was nicht passieren darf, ist, dass ein Kind pathologisiert und als manipulativ abgestempelt wird, weil es diese Themen aufgreift, in die Interpretation seiner Welt integriert und am Ende offenlegt, weil es diese mit seiner Lebenswelt verknüpft und somit seine in einer prekären Lebenswelt erworbenen Anpassungsstrategien auch in der Kommunikation mit dem pädagogischen Team und den pädagogischen Systemen nutzt. Ein kurzes Beispiel mag diesen Gedanken präzisieren:

*In einem Team einer intensivpädagogischen Wohngruppe gibt es einen über Monate hinweg unterschwelligen Konflikt zwischen zwei männlichen Kollegen. Der eine ist seit etwa einem Jahr Mitarbeiter in diesem Team, als die Position der Gruppenleitung vakant wird. Der Kollege geht davon aus, dass ihm diese Position direkt angeboten wird. Die Einrichtungsleitung beschließt gemeinsam mit der Mitarbeitervertretung, die Stelle nicht automatisch intern zu besetzen, sondern erst einmal auszuschreiben. Der Kollege reagiert enttäuscht und bewirbt sich aus Frust nicht auf die Stelle. Also wird die Stelle an einen externen Bewerber vergeben, der zwar über viel Leitungserfahrung verfügt, aber noch keine Erfahrung im Bereich der Intensivpädagogik vorzuweisen hat.*
*Nach ca. drei Monaten der Zusammenarbeit bricht der Konflikt erstmals offen aus, als der betroffene Kollege den Dienst vom neuen Gruppenleiter übernimmt und schon bei der Übergabe feststellt, dass die Gruppe extrem unaufgeräumt ist und einige Aufgaben, welche die jungen Menschen eigentlich selbstständig erledigen sollen, nicht erledigt waren. Der neue Gruppenleiter berichtet davon, dass die Jugendlichen am Vormittag extrem unruhig waren, es viele Konflikte zu schlichten gab, und er somit nicht dazu gekommen ist, die alltäglichen Verrichtungen durchzusetzen. Der Kollege reagiert erstmals offen wütend und mit dem Vorwurf, sein Gegenüber sei mit den Bewohnern völlig überfordert, und er könne schließlich keine Gruppe leiten, wenn er „die Kids“ nicht „im Griff“ habe. Der erfahrene Kollege habe keine Lust, in seinen Diensten all das nachzuarbeiten, was sein Vorgesetzter nicht auf die Reihe kriege.*
*In einem gemeinsamen Gespräch mit der Bereichsleitung wird der Konflikt beigelegt, die Situation bleibt aber gespannt.*
*‚Martin‘, ein Bewohner dieser Gruppe, lebt seit Jahren inmitten der Trennungs- und Scheidungsschlacht seiner Eltern. Immer wieder kommt es zu Vorwürfen, Gerichtsverhandlungen über den Umgang, Anzeigen der Mutter gegen den Vater wegen häuslicher Gewalt und Missbrauch (die nachweislich als Instrument des Sorgerechtsstreits erfunden wurden) und sogar offenen Beschimpfungen der Eltern in Gegenwart der Kinder. Schon mit vier Jahren hatte ‚Martin‘ gelernt, dass er die Frage: „Wie war dein Wochenende bei Papa?“ besser nicht mit „Schön“ beantwortet, da dies einen traurig-enttäuschten Rückzug der Mutter für den Rest des Tages auslöste. Er beginnt, an den Wochenenden einzukoten, was wieder eine breite Batterie an juristischen Streitigkeiten nach sich zieht. Während des Prozesses erzählt er dem Vater, der neue Freund der Mutter würde ihn schlagen. Der Vater zeigt den Mann an, es kommt zu polizeilichen Ermittlungen, worauf der Mann sich von der Mutter trennt. Nach der Herausnahme des Kindes aus der Familie im Alter von sieben Jahren droht die Mutter ihm immer*

*wieder mit Kontaktabbruch, wenn er Wochenenden bei seinem Vater verbringen wolle. Noch mit seinen jetzt 13 Jahren ist die erste Frage, wenn er mit seiner Mutter telefoniert: „Hast du diese Woche schon mit deinem Erzeuger telefoniert?" – antwortet er wahrheitsgemäß mit „Ja", ist das Telefonat mit Mutter nach einem Austausch von Allgemeinplätzen schnell beendet. Am Ende darf ‚Martin' nur noch begleitete Umgänge zu beiden Elternteilen haben. Aufenthaltsbestimmungsrecht, Medizinsorge und Vertretungs- und Antragsrecht bei Behörden werden einem Amtsvormund übertragen.*

*In der Wohngruppe kommt es in den ersten Monaten zu massiven Konflikten zwischen ‚Martin' und dem neuen Gruppenleiter. Nach dem offenen Konflikt der beiden Kollegen zieht sich der Junge erst einmal zurück und reagiert verunsichert. Als der Konflikt aber offiziell für beendet erklärt wird, beginnt er wieder, den Gruppenleiter anzufeinden, verstrickt ihn in stundenlange Diskussionen, verweigert den Schulbesuch und läuft weg. Kommt der andere Kollege in den Dienst, wird bei diesem ausführlich darüber geklagt, wie ungerecht ‚Martin' sich von dem Gruppenleiter behandelt fühlt. Kurze Zeit später beginnt ‚Martin' bei den Nachtdiensten des anderen Kollegen nachts einzunässen. Er verheimlicht dies, bis der Gruppenleiter in den Dienst kommt, und äußert ihm gegenüber, dass er Angst vor dem Kollegen habe, deshalb schlecht schlafe und sich nicht getraut habe, sein Missgeschick morgens zu erzählen. Die Gruppenleitung wendet sich mit dieser Aussage an die Bereichsleitung.*

*‚Martin' wird in Folge des Einnässens und der „vielen Lügen" in der Kinder- und Jugendpsychiatrie vorgestellt mit Bitte um stationäre Aufnahme. Erst in einer Zweier-Supervision der beiden Kollegen kann die Dynamik des Falles aufgearbeitet werden. Auch wenn die Kollegen anschließend die Situation fachlicher einsortieren können, behält ‚Martin' seine Strategie der Spaltung und des Bedienens der erahnten impliziten Aufträge, wie er sich den jeweiligen Kollegen aus Sicht des jeweils anderen am besten verhalten solle, noch über Monate bei. Parallel dazu macht er in den Diensten der weiblichen Kolleginnen des Teams enorme Entwicklungsfortschritte und entspannt sich immer weiter. Als einer der beiden Kollegen das Team verlässt, verlagert ‚Martin' seine Verhaltensstrategien auf die Spaltung zwischen der Wohngruppe und der Schule.*

In diesem Beispiel wird deutlich, wie ein biographisch bestens bekanntes Muster durch die Teamdynamik angetriggert wird. Prompt reagiert der Junge mit den erlernten Mustern und verschärft die Situation damit bis an den Rand des Aushaltbaren. Und am Ende steht das Ergebnis: Der junge braucht Therapie...

Es gibt noch ein drittes prototypisches Motiv für biographische Inszenierungen: Die Hoffnung, ein biographisches Muster könnte sich nicht erfüllen. Einige junge Menschen aktivieren ihre Muster der Beziehungskontrolle im Kontakt zu Mitarbeitenden, mit denen sie die schwache Hoffnung verbinden, ihre Erfahrungen des enttäuscht, verlassen oder verletzt Werdens könnten sich in diesem Falle nicht bestätigen. Wieder ein Beispiel zur Verdeutlichung:

*‚Sonja' wird als das dritte Kind ihrer verheirateten Eltern geboren. Sie ist ein so genanntes „Schreibaby" – bis zu acht Stunden am Stück brüllt sie in den ersten Lebensmonaten, ohne dass sie sich von den Eltern beruhigen lässt. Die Mutter berichtet im Diagnostikgespräch, die einzige Möglichkeit, ‚Sonja' zu beruhigen, sei gewesen, sie an die Brust zu nehmen. Damit die anderen Familienmitglieder nachts schlafen können, legt die Mutter das Kind oft abends an und lässt sie bis zum nächsten Morgen immer wieder nuckeln. ‚Sonja' ist zwar unruhig, so unruhig, dass die Mutter selbst kaum Schlaf bekommt, schreit aber nicht die ganze Nacht durch. In der Konsequenz ist die Mutter nach wenigen Tagen völlig übermüdet. Tagsüber legt sie ‚Sonja' in ihr Bett und lässt sie schreien. Sie ist so erschöpft, dass sie sich mehr und mehr abwendet. Die Kinderärztin belehrt die Mutter, dass sie ihrer Tochter schwer schaden würde, wenn es ihr nicht gelinge, eine gute Bindung zu ihrer Tochter aufzubauen. Schuldgefühle plagen die Eltern. Sie versuchen, ‚Sonja' durch herumtragen zu beruhigen. Beide Eltern sind nach kurzer Zeit vollkommen gestresst. In den wenigen Phasen, in denen ‚Sonja' schläft, kommt es zu Konflikten zwischen den Eltern über alle möglichen Alltagsthemen. Der Vater verlässt das elterliche Schlafzimmer, lautstarke Streits zwischen den Erwachsenen sind an der Tagesordnung.*

*Nach ca. vier Monaten hören die Schreiattacken auf. Die Mutter stillt daraufhin sofort ab. Der Vater kehrt nicht ins elterliche Schlafzimmer zurück. Er bleibt abends zunehmend lange im Büro oder verlässt mit den älteren Kindern das Haus. Als ‚Sonja' zehn Monate alt ist, zieht der Vater aus. Er holt die beiden älteren Geschwister jedes zweite Wochenende zu sich, ‚Sonja' sei dafür aber noch zu klein. Diese Einschätzung ändert sich nicht mehr, der Kontakt bricht ab.*

*‚Sonjas' Mutter versucht, wieder ins Berufsleben einzusteigen, als ‚Sonja' drei Jahre alt ist. Sie bekommt einen Kindergartenplatz für ‚Sonja', der sechs Wochen vor Beginn des Arbeitsvertrages zur Verfügung steht. Die Erzieherinnen sind überzeugt, dass diese Zeit zur Eingewöhnung völlig ausreichend sei. Diese gestaltet sich aber schwierig. ‚Sonja' spielt wenig mit den anderen Kindern, will sich von den Erzieherinnen nicht anfassen lassen und sitzt die gesamte Zeit auf dem Schoß der Mutter. Entfernt sich diese nur in den Nebenraum, weint ‚Sonja'.*

*Nach vier Wochen entspannt sich die Situation immer noch nicht. Im Angesicht des näher rückenden Arbeitsbeginns wird die Mutter rabiater und verlässt die Kita trotz lautstarken Protestest des Kindes. Auch an ihrem ersten Arbeitstag lässt sie ein schreiendes Kind zurück. Als ‚Sonja' sich nach drei Stunden noch nicht beruhigt hat versucht eine Erzieherin, sie auf den Schoß zu nehmen. ‚Sonja' beißt ihr in die Hand. Die Einrichtung ruft daraufhin die Mutter an, sie müsse ihr Kind abholen. Nach sechs Wochen wird der Mutter im Rahmen der Probezeit gekündigt, weil sie sich immer wieder während der Arbeitszeit um ihre Tochter kümmern muss.*

*Im Alter von fünf Jahren muss ‚Sonja' die Kita endgültig verlassen, weil ihre Aggressionen nicht mehr beherrschbar erscheinen. ‚Sonjas' Mutter ist völlig verzweifelt und wendet sich an das Jugendamt. ‚Sonja' wird in eine heilpädagogische Tagesgruppe aufgenommen. Nach kurzen Eingewöhnungsschwierigkeiten kann sie sich dort gut einlassen. Sie „klettet" sich an eine Betreuerin an und wünscht sich eine Rund-um-die-Uhr Einzelbetreuung. Das Team beschließt daraufhin, dass diese Kollegin sich etwas von ‚Sonja' distanziert und ein männlicher Kollege die Bezugsbetreuung übernimmt. Im Rahmen der Elternarbeit wird besprochen, die Mutter müsse sich konsequenter von übermäßigen Nähe-Wünschen der Tochter abgrenzen und darauf achten, dass sie alle drei Kinder gleich behandele.*

*Mit Näherrücken der Einschulung beginnt ‚Sonja', sich in der Tagesgruppe zunehmend kleinkindhaft zu benehmen. Essen tut sie nur noch, wenn sie gefüttert wird. Sie nässt wieder ein und hält sich nur noch in der Nähe der Betreuer auf. Die Tagesgruppe formuliert diese Entwicklungsrückschritte im Rahmen der Hilfeplanung und die teilstationäre Hilfe wird daraufhin beendet, da die ursprünglichen Ziele nicht erreichbar scheinen.*

*Mutter und Tochter geraten wieder in schwierige Situationen. Die Mutter wendet sich daraufhin wieder an das Jugendamt und stellt sie in der Kinder- und Jugendpsychiatrie vor mit der Bitte um Aufnahme. Als diese von einer Wartezeit von mindestens vier Monaten spricht, wird ‚Sonja' in einer Clearingstelle eines örtlichen Jugendhilfeträgers in Obhut genommen, um die häusliche Situation zu entlasten und eine Perspektiv zu erarbeiten. ‚Sonja' nimmt schnell Kontakt zu einer Betreuerin auf. Ist diese im Dienst, folgt die Sechsjährige ihr auf Schritt und Tritt, setzt sich von außen in den Türrahmen, wenn die Mitarbeiterin einmal auf die Toilette muss. Die Gruppe formuliert daraufhin, das Kind würde in der Clearingstelle viel zu sehr in die Bindung gehen, was nicht gut sei, da diese ja kein Lebensort auf Dauer sei, sondern nach drei Monaten planmäßig beendet würde.*

*‚Sonja' wird in einer heilpädagogischen Kleinstwohngruppe aufgenommen. Es folgen drei weitere Wohngruppen. In keiner dieser Wohngruppen nimmt ‚Sonja' ernsthaften Kontakt zu den Erwachsenen auf. Sie zieht sich völlig zurück und entwickelt Stereotypien. Mit elf Jahren kommt sie in eine neue Wohngruppe. In dieser gibt es ein seit Jahren zusammenarbeitendes Team. Die Mitarbeiter und Mitarbeiterinnen verstehen sich gut und unterstützen sich in schwierigen Phasen gegenseitig. Im Vorfeld wird überlegt, dass eine Mitarbeiterin, die mit dreißig Jahren noch recht jung, aber schon seit sieben Jahren in diesem Team arbeitet, die Bezugsbetreuung übernimmt. ‚Sonja' kann sich auf diese Kollegin einlassen, bei den anderen Teammitgliedern bleibt sie in der Distanz.*
*Nach einigen Wochen kommt es zu sehr schweren Auseinandersetzungen zwischen ‚Sonja' und ihrer Bezugsbetreuerin. Bei den anderen Mitarbeitern kommt es kaum zu Konflikten, bei der Gruppenleitung ist sie sogar eher überangepasst. Ist ihre Bezugsbetreuerin aber im Dienst, folgt ein Konflikt dem Nächsten. Mehrfach ist sie bis tief in die Nacht mit ‚Sonja' „beschäftigt". ‚Sonja' erzählt der Gruppenleitung, sie genieße es, wenn alle anderen im Bett seien, nur noch mit der Mitarbeiterin allein zu sein. Sie wünsche sich, dass alle anderen Kinder weg seien. Die Kollegin konfrontiert ‚Sonja' mit diesen Aussagen und vereinbart Rituale, die ihr Exklusivzeit garantieren, wenn ‚Sonja' auf die abendlichen Eskapaden verzichten könne. Daraufhin beruhigt sich die Situation sehr schnell. In den Teambesprechungen berichtet die Kollegin von der extremen Belastung, die sie im Kontakt mit ‚Sonja' verspürt. Die anderen Teammitglieder können dies nur wenig nachvollziehen, da sie ja in ihren Diensten „recht lieb" ist. Darüber hinaus wird die Kollegin dadurch ermuntert, dass ihre Interventionen ja durchaus erfolgreich seien, sie müsse jetzt nur durchhalten.*
*Als sich die Bezugsbetreuerin aber eines Morgens krankmelden muss, ritzt sich ‚Sonja' mit einem Brieföffner den Namen der Betreuerin in die Schulter und pinselt die tiefe Wunde mit Nagellack einer anderen Jugendlichen aus. Sie versteckt die Wunde und die völlig vollgebluteten T-Shirts, mit denen sie sich notdürftig verbunden hat, vor den Betreuern und bittet abends wegen Kopfschmerzen um ein Schmerzmittel. Die Kollegin kommt am nächsten Tag wieder in den Dienst, ‚Sonja' trägt ein kurzärmeliges Top und begrüßt die Kollegin mit den Worten: „Guck mal, für Dich!". Die Wunde leuchtet in unterschiedlichsten Farben und ist völlig verdreckt. Die Kollegin muss sich ins Büro zurückziehen. Eine andere Kollegin fährt mit ‚Sonja' ins Krankenhaus zur Wundversorgung, sie muss für eine Nacht zur Beobachtung in der Klinik bleiben. Als klar ist, dass ‚Sonja' an diesem Abend nicht mehr zurückkommt, gelingt es der betroffenen Mitarbeiterin, den Dienst zu Ende zu bringen, am nächsten Tag aber fühlt sie sich wie gelähmt. Sie*

*geht zum Arzt und wird für mindestens vierzehn Tage krankgeschrieben. Als ‚Sonja' wieder aus der Klinik entlassen wird, dauert es keine 24 Stunden, und sie wird auf Grund eines Suizidversuches in die Kinder- und Jugendpsychiatrie eingeliefert.*

Aus irgendeinem dem Fallverlauf nicht eindeutig zu entnehmenden Grunde hat ‚Sonja' ein extremes Bedürfnis nach Nähe und exklusiver Beziehungszeit. Diesem Bedürfnis sind die Menschen in ihrer Umwelt offensichtlich nicht gewachsen, sowohl ihre Mutter als auch die Betreuenden in den Einrichtungen ziehen sich zurück. ‚Sonja' reagiert darauf mit Rückzug, es gibt eine Phase in ihrem Hilfeverlauf, in dem sie kaum noch in die Beziehungen hineingeht, sich aber auch sonst auf nichts einlassen kann, sondern mit den Betreuern um diese Distanz und ihre persönlichen Autonomieräume kämpft. Die letzte Einrichtung dagegen vermittelt ihr Stabilität. Das Team wirkt gefestigt und krisensicher, es wird genau überlegt, welche Kollegin als Bezugsbetreuerin in Frage kommt, da man um den schwierigen Fallverlauf weiß.
‚Sonja' schöpft unbewusst die Hoffnung, ihr Bedürfnis hier noch einmal „riskieren" zu können. Die Ur-Erfahrung, die sich hinter ihrem Muster verbirgt, beruht auf der immer wiederkehrenden Erfahrung des Äußerns von Nähe- und Versorgungsbedürfnis und Zurückweichen der Erwachsenen. Das Problem ist, dass sie dieses Muster immer weiter auf die Spitze treibt. Die Frage: Hätte die Kollegin die Krise ‚Sonjas' aushalten müssen? Ich bin der Überzeugung, dass dies nicht der Schlüssel zu einer Positiv-Wende bei ‚Sonja' gewesen wäre, sondern nur ein weiterer Schritt auf der Eskalationsskala. Die Kollegin war weder zu schwach noch in irgendeiner Form unprofessionell. Was wichtig gewesen wäre: Die Dynamik dieser Biographischen Inszenierung hätte erkannt und verstanden werden müssen, um eine Strategie zu entwickeln, wie die Kollegin sich ‚Sonja' gegenüber hätte positionieren können und wie die Kollegin emotional geschützt werden könnte, um diesen „Schwung" der biographisch verankerten Urerfahrung nicht ungebremst abzubekommen.
Wichtiges Kernelement dieses Typus von Biographischen Inszenierung ist aber, dass die Kollegin von ‚Sonja' gezielt ausgesucht wurde, weil sie eine gute Pädagogin und eine starke Persönlichkeit war. Einige Kinder gehen offenbar umso massiver in den Konflikt, je „besser" das Beziehungsangebot ist.

Zusammenfassend kann also festgehalten werden, dass viele junge Menschen, die in der Hilfe als äußerst schwierig gelten, offenbar innerhalb der pädagogischen Settings Strategien anwenden, die biographischen Ur-Erfahrungen entsprechen oder in anderen Lebenswelten als hoch hilfreich, teilweise überlebenswichtig, erlebt wurden, im Kontext der pädagogischen Institution aber zu fortwährenden Konflikten führen. Die wichtigsten drei Facetten, die hierbei eine Rolle spielen: Der Pädagoge/ die Pädagogin trägt Inhalte in sich, die zur Re-Inszenierung einladen, das Team weist an sich schon eine Dynamik auf, die in irgendeiner Form parallelen zur Lebenswelt aufweist und deshalb die alten, erfolgreichen Strategien provoziert, oder das System wird als besonders belastbar eingestuft und hinter der Inszenierung verbirgt sich die unbewusste Hoffnung auf eine Kontrasterfahrung.

Aus meiner Sicht stellen biographische Inszenierungen eines der wesentlichen Kernthemen scheiternder Hilfeverläufe dar. Zentrale Lebensthemen werden „in Szene" (vgl. Ahrbeck 2008; Reiser 2006) gesetzt, und die pädagogischen Fachkräfte reagieren hilflos, weil sie genau an den Ängsten gepackt werden, die sie bei den Klienten spüren, aber nicht als solche benennen können. Wichtig ist: Ein bloßes Aushalten reicht an dieser Stelle nicht aus, da jede „erfolgreiche" Inszenierung nur die nächste Eskalationsstufe einleitet. Wichtig wären an dieser Stelle Reflexions-Rahmungen zu schaffen, um Teams, Mitarbeitende oder auch Mitbewohner vor den Dynamiken zu schützen, die plötzlich aus dem Nichts hervorzubrechen scheinen. Entscheidend im Rahmen des gemeinsam getragenen Fallverstehens ist also, solche Dynamiken mitzudenken, sie zu erkennen, sich im Rahmen der Hilfe entsprechend zu positionieren und darüber nachzudenken, welche Rollen wer einnimmt und wie die Kolleg_innen innerhalb dieser Rollen geschützt werden können (s.u.).

## 5.4 Institutionelle Eskalationen als Baustein des Fallverstehens

Ein wesentlicher Aspekt der in Kapitel 1 versuchten fachlichen Definition des Phänomenbereiches „Systemsprenger" ist die Betonung, dass es sich bei scheiternden Hilfeverläufen, welche sich durch Brüche, Eskalationen und Überforderungen auszeichnen, um Interaktionsprozesse zwischen pädagogischem System, den Pädagogen in den jeweiligen pädagogischen Settings und den jungen Menschen handelt. Dem entsprechend ist eine Betrachtung des Prozesses institutioneller Eskalationen ein unabdingbarer Baustein des Fallverstehens – betrachte ich den

Eskalationsanteil der Institution und der darin arbeitenden Menschen nicht mit, kann ich auch nicht verstehen, warum der Hilfeverlauf eskaliert. Und dann bleibt letztlich nur die Pathologisierung des jungen Menschen, welche der Komplexität des Verlaufes nicht gerecht wird. Zu einem „Fall" gehören eben neben dem im Mittelpunkt stehenden Klienten auch die um ihn herum gruppierten Systeme.

Im ersten Band von „Kinder, die Systeme sprengen" habe ich ausführlich die Mechanismen beschrieben, die einen schwierigen Hilfeverlauf kennzeichnen. Das Prinzip des Durchreichens, die Nicht-Zuständigkeitserklärung wie auch das institutionelle Aufmerksamkeits-Defizit-Syndrom lassen sich als Abwehrmechanismen der pädagogischen Systeme und ihrer Nachbardisziplinen beschreiben, um systemisch mit den Überforderungen im Umgang mit dieser Klientel umzugehen. In diesem Kapitel soll es aber vielmehr um die Interaktionsdynamiken gehen, welche sich zwischen den jungen Menschen und ihren Helfern abspielen – und vor allem, wie diese ohne Schuldvorwürfe bearbeitbar gemacht werden können.

Es gibt einige Studien, die sich mit der Perspektive von Kindern und Jugendlichen auseinandersetzen, die im pädagogischen System keinen Anschlusspunkt für sich gefunden haben. Julia Sewing hat im Rahmen der schon mehrfach zitierten ABiE-Studie qualitative Interviews mit ehemaligen Wohngruppenbewohnern nach unplanmäßigen Maßnahmebeendigungen geführt (vgl. Sewing 2012). Frank Mücher interviewte in seiner Studie junge wohnungslose Menschen, die häufig in ihrer Vergangenheit vielfältige Erfahrungen auch mit Scheitern in Schule und Jugendhilfe gesammelt hatten (vgl. Mücher 2010). Sehr aufschlussreich, wenn auch methodisch weniger ausgereift als die Studien von Sewing und Mücher, ist die Untersuchung von Hubert Höllmüller im Rahmen einer Jugendnotschlafstelle in Österreich (vgl. Höllmüller 2015).

In allen drei Studien wird deutlich, dass die jungen Menschen, die als „schwierig" galten, als ‚Systemsprenger' durch die pädagogischen Systeme gereicht wurden, bis sie letztlich den Anschluss verloren haben (so genannte „disconnectet Y-outh"), vielfach negative Erfahrungen mit dem Hilfesystem und den Helfern gemacht haben. In der Studie von Höllmüller berichten die jungen Menschen davon, wie sie sich von Betreuern ungerecht behandelt, erniedrigt und beleidigt gefühlt haben. Sie berichten von schwierigen Beziehungen, aber auch von konkreten Situationen, in denen sie sich provoziert fühlten, oder nicht verstanden haben, warum Polizei, Psychiatrie, Fixierungen oder andere Zwangsformen zur Anwendung kamen. Höllmüller schlussfolgert, dass es solche negativen Erfahrungen der jungen Menschen sind, welche den Ausstieg aus den Hilfesystemen mindestens zum Teil mit herbeigeführt haben (vgl. Höllmüller 2015). Auch in der Studie von Mücher finden sich Beispiele von Hilfeerfahrungen, welche als Interaktionsprozess eskalierten, und nicht auf Grund einseitiger Handlungen des jungen Menschen. So schildert eine Jugendliche, die er ‚Jennifer' nennt, wie sie in einer ersten Einrichtung nach einem unerlaubten Disco-Besuch auf dem Heimweg im Park vergewaltigt wurde. Anstatt Unterstützung erfährt sie aber eine radikale Sanktion, inklusive, dass ihr nachts die Tür nicht mehr geöffnet wird, da die Betreuer von ihren abendlichen Abgängigkeiten genervt gewesen seien. Was sich zeigt ist, wie auf eine wiederkehrende Grenzüberschreitung der Jugendlichen in einer echten emotionalen Krisensituation ein völliges Unverständnis und eine total unangemessene Reaktion erfolgt, welche von außen absolut nicht nachvollziehbar erscheint. Hierdurch scheitert in diesem konkreten Fallverlauf nicht nur der Aufenthalt in dieser Einrichtung, sondern auf Grund des total zerstörten Vertrauens auch alle weiteren Unterbringungsversuche, bevor sie sich in einer Punkergruppe der Straße zuwendet (vgl. Mücher 2010, 157 ff).

Solche Vorfälle, offene Beleidigungen, unangemessene Härte und unsensible, den Bedürfnissen der jungen Menschen selbst in offenkundigen Notlagen zuwiderlaufende Maßnahmen sind offenkundige Hinweise auf einen institutionell eskalierten Hilfeverlauf (zumindest, wenn man den Kollegen und Kolleginnen nicht unterstellen möchte, den Job nur ergriffen zu haben, weil man so gern Kinder schikaniert).

Julia Sewing hat in ihrer Studie mit jungen Menschen mit Abbrucherfahrungen eine sehr ausgefeilte und weiterreichende Systematisierung der Abbrucherfahrungen vorgenommen. Aus ihrer Analyse heraus gibt es drei zentrale Erlebenskategorien des Abbruches auf Seiten des jungen Menschen: Abbruch als Unfall, Abbruch als Flucht und den inneren Abbruch (vgl. Sewing 2012, 132 f), welcher in der Regel einem endgültigen Abbruch der Hilfe vorausgeht. Alle drei dieser Aspekte weisen Anzeichen auf, die als interaktive Eskalation bezeichnet werden können. Bei dem Phänomen „Abbruch als Unfall" zeigt sich deutlich, dass der junge Mensch den Ernst der Lage noch gar nicht verstanden hat und zutiefst darüber irritiert ist, dass ein Vorfall zum Abbruch der Hilfe geführt hat. Entweder der Vorfall wird von Seiten des jungen Menschen aus völlig anders bewertet (als „nicht so schlimm" oder „das habe ich doch vorher auch schon mehrfach getan"), als es offenbar von der Einrichtung aus gesehen wurde, oder der junge Mensch hatte kein Bewusstsein darüber, dass sein Verhalten im Vorfeld die Sensibilität der Einrichtung soweit geschärft hatte, dass auch ein vermeintlich „gar nicht so schlimmer" Vorfall plötzlich zur Entlassung führt, ohne dass dies beabsichtigt gewesen sei. Auch bei inneren Abbrüchen – oft in Folge dessen, was ich in Band 1 als „Institutionelles Aufmerksamkeits-Defizit-Syndrom" beschrieben habe – folgen einer Reihe von Enttäuschungen und missglückten Interaktionen, welche aus

Sicht des jungen Menschen durchaus ihren Hauptanteil im Institutionsalltag haben.

Vor allem aber für den „Abbruch als Flucht“ gilt, dass die jungen Menschen in ihrem Erleben Situationen und Lebensbedingungen ausgesetzt waren, welche sie in die Eskalation getrieben haben. So differenziert Sewing weiter sechs Kategorien des Erlebens auf Seiten der jungen Menschen, die den Abbruch aktiv provozieren. Eine erste Kategorie benennt Sewing als „Hilfe wird als Schaden wahrgenommen/ Erneute Verletzung durch die Maßnahme, anstatt Unterstützung und Schutzraum“ (Sewing 2012, 137). Diesen Aspekt unterteilt sie anhand ihres Materials in die Aspekte „Schaden durch Verhalten der Betreuer/ innen“ und „Mitbewohner werden als schädlich für sich selbst wahrgenommen“ (Sewing 2012, 139 ff). Dabei ist gerade bei der ersten Kategorie eine hohe Überschneidung in den Aussagen aus der Stichprobe von Höllmüller zu sehen. Als weitere Unterkategorien beschreibt Sewing den Aspekt: „Enttäuschung über die Hilfeleistung“, „Kommunikationsprobleme“, „Isolation von Freunden, Beziehung und Familie“, „Ungerechtigkeit im Hilfealltag“ und „Anschlussprobleme an Abläufe und Mitbewohner/ innen“ (Sewing 2012, 147-159).

Was die Ergebnisse von Sewing mehr als deutlich machen: Die Perspektive der jungen Menschen auf ihre eigenen Abbrüche zeigt vielfältige Aspekte auf, die darauf hindeuten, dass sich der Hilfeverlauf auch aus Sicht der jungen Menschen als schleichender Eskalationsprozess oder als Reaktion auf vom Jugendlichen wahrgenommenen Fehlleistungen im Hilfesystem entwickelt hat.

Nimmt man die Ergebnisse dieser Studien, müsste man zu dem Ergebnis kommen, dass Eskalationen von Seiten der Institution als „Fehlverhalten“ einzelner Mitarbeiter oder Träger betrachtet werden müssten. Diesen Aspekt thematisiert Schwabe in seiner Analyse zu „den dunklen Seiten der Sozialpädagogik“ (vgl. Schwabe 2016). Sicherlich sind die Beispiele, die vor allem Höllmüller in den Mittelpunkt stellt, aber auch in Sewings und Müchers Studien zu den Ergebnissen zählen und auf Grund ihrer Eindeutigkeit als Musteraussagen für die Kategorien gewählt werden, extreme Beispiele, die so nicht zum Alltag eines jeden Pädagogen oder einer jeden Pädagogin gehören. Im Gegenteil, erzählen uns junge Menschen aus vorigen Einrichtungen solche „Ereignisse“, löst dies eine Reaktion aus, die irgendwo zwischen Entsetzen und Wut liegt und die wir als „unprofessionell“ zurückweisen. Schwabe thematisiert aber eine Reihe von Aspekten, die als Einzelfall betrachtet zum Fehlverhalten von Pädagogen gerechnet werden müssen, die bei ehrlicher Betrachtung aber wohl jedem Kollegen und jeder Kollegin immer mal wieder unterlaufen. Hierzu zählt er unter anderem: unprofessionelle und destruktive Kommunikationsverläufe, Unachtsamkeit und Ungerechtigkeit, Nicht-

Erledigen von notwendigen Aufgaben und Planungen, Langeweile, nicht verbergen können von Enttäuschung, Lügen oder Unterwerfung unter institutionellem Druck trotz besseren Wissens, dass dieser für den Klienten schwierige Folgen haben kann (vgl. Schwabe 2016). Von Seiten der Pädagogen ausgelöste Ereignisse, welche die Eskalation vorantreiben, geschehen immer wieder. Problematisch sind dabei aber – da stimme ich Schwabes Analyse uneingeschränkt zu – erstens der Sprachgebrauch innerhalb der pädagogischen Systeme, und zweitens der Umgang von Pädagogen und Pädagoginnen mit ihren eigenen „Fehlern". Der Sprachgebrauch bewegt sich problematischer Weise ausschließlich in wertenden Dichotomien. Hierzu gehören die Gegensatzpaare „gut/ nicht gut", „schön/ schlimm", „menschlich/ unmenschlich", „richtig/ falsch", „fachlich/ unfachlich", „professionell/ unprofessionell", „korrekt/ unkorrekt", „konstruktiv/ destruktiv", „sinnvoll/ sinnlos", „passend/ unpassend" und „stimmig/ unstimmig" (vgl. Schwabe 2016, 131 f). Das Sprechen und Bewerten in diesen Dichotomien führt zu einem Kommunikationsmuster, in dem es keine Grautöne, kaum Differenzierungsmöglichkeiten gibt. Auch der oder die Betroffene, dem ein solches Verhalten passiert ist, weiß darum, dass sein oder ihr Verhalten in dieser Weise zu bewerten ist. Und dies führt dazu, dass zweitens der Umgang mit den eigenen „Fehlern" zu einem höchst problematischen Prozess wird. Verhaltensweisen, von denen der oder die Ausführende im Grunde weiß, dass sie im Rahmen des Hilfeprozesses eine mindestens kontraproduktive Wirkung entfaltet haben, werden in den Hintergrund gedrängt, geleugnet, verschwiegen oder solange umgedeutet, bis die „Schuld" doch wieder beim Klienten liegt. „Fehler werden entweder gar nicht wahrgenommen oder in einem Schlingerkurs zwar sich selbst zugerechnet, durchaus verbunden mit Schuld- und/ oder Schamgefühlen, dann aber ganz schnell wieder weggeschoben und vergessen. Das Merken die davon betroffenen Klient(inn)en (oder Kolleg(inn)en oder Mitarbeiter/innen) und reagieren dann erst richtig wütend oder verletzt. Und werden damit meist noch einmal „im Regen stehen gelassen", deren Niederschlag die Helfer/innen über sie herbeigeführt haben" (Schwabe 2016, 124 f). Das heißt: Die Tabuisierung von pädagogischem Fehlverhalten, welches in wertenden Dichotomien gefasst und damit jeglicher Differenzierungs- und Lernchancen beraubt wird, führt dazu, dass es dem Klienten gegenüber nicht kommuniziert werden kann. Es führt somit zu einer weiteren Kränkung des jungen Menschen. Dadurch wird diese Form der Kommunikation zu einem eigenständigen Prozess der Eskalation, welcher aber eben nicht reflektiert wird, sondern in den Prozess der Pathologiesierung des jungen Menschen einmündet.

Wichtig ist an dieser Stelle wahrzunehmen, dass ein Fallverstehen ohne einen Reflexionsrahmen für eben diese Komponente nicht vollständig zu haben ist. Neben der Wahrnehmung einzelner solcher Aspekte, die im Rahmen eines funktionierenden Gesamtprozesses kaum eine Rolle spielen (dann fällt auch eine individuelle Entschuldigung dem jungen Menschen gegenüber oft gar nicht so schwer), ist vor allem wichtig, zu verstehen, dass solche Kommunikationsmuster vor allem dann entstehen, wenn der Hilfeverlauf im Kontext der Institution eskaliert. Jenseits der profanen Dichotomien, die bestimmte Kommunikationsmuster von Seiten der Fachkräfte einfach als „gut/ schlecht“ oder „professionell/ unprofessionell“ abstempeln bedarf es einer Möglichkeit, die Prozessdynamik dieser Hilfeverläufe als Bestandteil des Falls zu verstehen und damit sowohl in den Kontext der „Normalität“ zurück zu heben, als auch Kommunizierbar zu machen.
Bereits 1996 hat Schwabe die Hypothese aufgestellt, dass Situationen und Konflikte im Kontext einer Institution nicht als nüchterner Einzelprozess betrachtet werden, sondern sich jede Einzelepisode auf die vergangenen quasi oben draufsattelt und somit die vorhandene Eigendynamik beschleunigen kann (vgl. Schwabe 1996, 112 f).
Am Anfang der institutionellen Eskalation steht die alltägliche Verhakung. Diese ist ein im Kontext der Arbeit mit Kindern und Jugendlichen völlig normaler Prozess. Es kommt meist anhand eines klar zu umreißenden Themas zu einem Konflikt, der vom Pädagogen als solcher wahrgenommen und auch als solcher behandelt wird. Kommt es zu einem schweren Konflikt, einer heftigen Reaktion des jungen Menschen oder zu einem unberechenbaren Verlauf eines Konfliktes, kann diese Phase aber auch sofort übersprungen werden. Selbst eine entsprechende Vorinformation durch Berichte und Akten kann im Einzelfall dazu führen, dass Alltagskonflikte nicht als solche Wahrgenommen werden. In der Regel gehören aber Konflikte zu jeder erzieherischen Situation dazu und werden nicht mit besonderer Wahrnehmung belegt.
Ein Einstieg in die institutionelle Eskalationsdynamik ist die Wahrnehmung einer Konflikthäufung. Einzelnen Pädagogen oder Pädagoginnen fällt auf, dass es mit einem bestimmten jungen Menschen häufiger Konflikte gibt als mit anderen, und dass dies offenbar etwas mit dem jungen Menschen zu tun hat. Das Kind wird als „anstrengend“ und „schwierig“ wahrgenommen, es gibt erste interne Kommunikationen zu „dem Problem“. Schon diese Wahrnehmung verändert den weiteren Hilfeverlauf, da zukünftige Konflikte nicht mehr als solche (im Sinne einer alltäglichen Verhakung) wahrgenommen werden, sondern als Beleg, dass das diffuse Gefühl, es mit einem „besonders schwierigem Kind“ zu tun zu haben, richtig ist. Die Kommunikation über das Problem wird zum Bestandteil des Fallverlaufes.

Meiner Überzeugung nach gibt es den Einstieg in diese Phase der institutionellen Eskalation allerdings auch, ohne dass der junge Mensch selbst häufiger auffällig geworden ist als andere. Es kann auch eine Erinnerung an frühere „Fälle" sein, die statt einem „immer der..." ein „genau wie damals bei..." auslösen und dann den Kommunikationsverlauf in beschriebener Weise verändern.
Die Chance in dieser Phase ist allerdings, dass der Prozess noch umkehrbar ist und einfach als „schwierige Phase" verbucht wird, bei der es den Pädagogen aber noch einmal gelungen ist, sie wieder „umzubiegen".
Richtig problematisch wird dann der Übergang in die dritte Phase, die Schwabe als „Verhärtung" bezeichnet. Mit diesem Übergang bestimmt die Erwartungshaltung weiterer Krisen den Alltag und die Kommunikation. Der junge Mensch wird jetzt als „Fall" kommuniziert, ist Gegenstand von Besprechungen, die Phantasie macht sich breit, die anderen (z.B. Therapeuten) müssten doch... Gleichzeitig stellt sich eine Überforderung einzelner Mitarbeitender oder sogar des Teams ein. Ein kurzes Beispiel soll die mögliche Bedeutsamkeit dieser Phase verdeutlichen:

> *‚Klara' wird an ihrem zweiten Lebenstag noch aus dem Krankenhaus in Obhut genommen und an eine Pflegefamilie vermittelt. In einer gut situierten Familie könnte ‚Klara' es gut haben, aber es entwickeln sich massive Schwierigkeiten. Bereits im Kindergarten wird deutlich: ‚Klara' kann sich nicht länger auf eine Sache konzentrieren, weiß nicht, wie sie mit anderen Kindern Kontakt aufnehmen soll, ist distanzlos gegenüber den Erzieherinnen und hat ihre Impulse in Stresssituationen nicht im Griff.*
> *Nach der Einschulung zeigen sich die Probleme erst richtig. Am Ende des ersten Schuljahres leitet das Jugendamt eine Beratung für die Familie ein, da der Verbleib ‚Klaras' in der Familie vor allem auch wegen der eskalierenden Schulsituation gefährdet erscheint. Ich spreche ‚Klara' an, wie es ihr in der Schule gefällt, und sie erzählt spontan und ohne nachzudenken folgende Geschichte:*
> *„[Nennt Namen eines Mädchens] ist im Flur gerannt, und dann ist sie gestolpert und hat sich das Knie an der Bank angeschlagen. Das ist sofort blau geworden und [nennt Namen des Mädchens] hat ganz doll geweint. Ich wollte sie trösten, aber sie hat nur geschrien und gerufen, dass ich verschwinden soll. Ein paar Minuten später stand Mama in der Schule und sollte mich abholen, weil ich [nennt Namen des Mädchens] geschubst und getreten habe – hab' ich aber gar nicht."*

Kaum eine Geschichte, die ich in den letzten Jahren gehört habe, verdeutlicht die Phase der Verhärtung so klar wie die Geschichte von ‚Klara'. Dass sie diese Geschichte spontan auf die Frage hin erzählt, wie es ihr in der Schule gefällt, macht deutlich, dass aus ‚Klaras' Sicht diese Geschichte ihre Rolle in und ihr Verhältnis zur Schule beschreibt. Es geht nicht mehr um die Klärung, was ‚Klara' tatsächlich getan oder nicht getan hat. Das Szenario, ein weinendes Kind auf dem Fußboden, ‚Klara' neben ihr und dann der Schrei des Mädchens: „Verschwinde ‚Klara'" reichen der Lehrerin aus, um die Situation sofort zu erkennen und der Logik ihrer Wahrnehmung entsprechend zu handeln. Es gibt keinen Zweifel, dass es viele Situationen gegeben hat, die die Vermutung, ‚Klara' trage Schuld an der Verletzung des Mädchens, nahelegen. Aber der Konflikt wird nicht mehr einfach als eine zu klärende Situation wahrgenommen, sondern die Interpretation: „Mal wieder ‚Klara'!" drängt sich quasi automatisch in den Fokus und wird nicht mehr hinterfragt. Dieses Muster ist typisch für die Phase der Verhärtung. Die Wahrnehmung des „schwierigen Falles" verselbstständigt sich und kann nicht mehr ohne weiteres Zurückgenommen werden. Das Gefühl, durch das Verhalten des jungen Menschen unverhältnismäßig stark belastet zu sein, eine unangenehme Spannung in ruhigeren Phasen, weil sofort die Frage kommt, was wohl als nächstes geschehen mag, und schlussendlich die Phantasie, es wäre schöner/ einfacher/ besser, der junge Mensch sei nicht da, sind typische Symptome dieser Phase.

Wie ist dieser Prozess als Bestandteil des „Falls ‚Klara'" zu werten? Als individueller Fehler einer Lehrkraft, die zu unsensibel das „arme Kind" verurteilt hat? Ich denke, diese Position ist zu einfach – tut aber gut, denn sie versetzt uns in die Lage, verständnislos mit dem Kopf zu schütteln und zu denken: „Kein Wunder..." Die Kunst des Fallverstehens liegt meines Erachtens aber genau darin, zu erkennen und zu beschreiben, dass diese Prozesse überall dort normal sind, wo Pädagogen und Pädagoginnen ungeschützt und dauerhaft Situationen ausgesetzt sind, ohnmächtig vor den schwierigen Verhaltensweisen des Kindes zu stehen. An dieser Stelle sei auf das Kapitel zum Thema „Mitarbeitersicherung" weiter unten verwiesen.

Die Verhärtung – und ihre nachfolgenden Phasen der Konfliktausweitung, des Aufgebens und der Verstoßung (vgl. Schwabe 1996, 122 f), sind Prozesse, die sich in eskalierenden Fallverläufen regelhaft nachzeichnen lassen und in denen sich bestimmte Kommunikationsmuster auf der Helferebene genauso regelhaft zeigen wie auch Entgleisungen, Ungerechtigkeiten und Missachtungsgesten dem Klienten gegenüber.

Um es in aller Deutlichkeit zu betonen: Dies ist nicht der Versuch, Fehlverhalten und Stigmatisierungen durch Mitarbeitende zu rechtfertigen oder zu verharmlosen. Aber wenn wir sie als individuelle Fehlleistungen deuten und die „Täter" einfach nur abstrafen, wird das Phänomen als solches nicht verringert und der Einfluss auf den „Fallverlauf" verpufft, da die betroffenen Jugendlichen oft mehrfach diese Erfahrung machen.

Umgekehrt gibt es diesen Prozess natürlich auch auf Seiten der jungen Menschen. Auch in der Wahrnehmung des jungen Menschen gibt es sich verselbstständigende Prozesse, in denen sich der junge Mensch zum „Opfer" hochstilisiert („immer ich!") oder bestimmte Mitarbeitende im Sinne einer Verhärtung in Visier nimmt (vgl. auch „biographische Inszenierungen"). Auch solche Prozesse drängen die Pädagogen tendenziell eher in die Verteidigung oder Selbstrechtfertigung und verstellen damit die Chance einer fachlichen Betrachtung im Rahmen des Fallverstehens.

Im Rahmen der Diagnostik ist es meines Erachtens aber elementar wichtig, diese Eskalationsdynamik mit den Beteiligten zu reflektieren. Innerhalb eines verhärteten institutionellen Eskalationsprozesses gibt es kaum Spielraum, positive Veränderungen des jungen Menschen wahrzunehmen. Innerhalb der Verhärtung gibt es nur die eine Perspektive: Der junge Mensch soll sich sofort und radikal verändern. Dies wiederum wird ihm weder zugetraut noch geglaubt. Die Beschreibung der institutionellen Eskalationsstufe, der ehrliche Umgang mit Ausgrenzungsgefühlen und dem heimlichen Wunsch, die Lage möge sich durch die Entlassung des jungen Menschen vollständig lösen, sind Teil des Fallverstehens und müssen in der Kommunikation aus den von Schwabe beschriebenen Dichotomien herausgelöst werden. Negative Wahrnehmungsregimes müssen als eine normale Reaktion auf Überforderung, Aneinanderreihungen dramatischer Erlebnisse (Traumata) und Hilflosigkeit beschreibbar gemacht werden (vgl. auch die „gewaltaffinen Wahrnehmungsregimes" nach Sutterlüty 2003) und dann ohne Schuld- und Schamgefühle besprochen werden, damit im Rahmen der Diagnostik geklärt werden kann, inwieweit sie noch veränderbar erscheinen.

## 5.5 Verstehende Subjektlogische Diagnostik

Die Verstehende Subjektlogische Diagnostik (Baumann 2009) ist ein Ansatz einer qualitativen Diagnostik, den ich bereits im ersten Band von „Kinder, die Systeme sprengen" als Forschungsinstrument vorgestellt habe. Diese Methode setzt sich aus den Bausteinen der Feldtheoretischen Lebensraumanalyse, dem Szenischen Verstehen, der Lebensproblemzentrierten Pädagogik sowie der Plananalytischen

Kinderdiagnostik zusammen und wird in einem festgelegten Prozess durchlaufen und anschließend in der subjektlogischen Diagnostik zusammengefasst und in zentralen Hypothesen interpretiert. Wir verfügen mittlerweile über reichhaltige Erfahrung mit diesem Instrumentarium in der Fallarbeit in schwierigen Hilfeverläufen und können sagen, dass es sich hervorragend eignet, um die Dynamik zwischen jungem Menschen und Hilfesystem zu ergründen und das (massiv störende) Verhalten zurück in seinen biographischen Kontext zu rücken. Damit wird es verstehbar. Letztlich geht es darum, die zentralen Lebensthemen des jungen Menschen herauszuarbeiten, um die Frage beantworten zu können, welche Handlungsalternativen möglich erscheinen. Auch die Fragen, welches Setting für den jungen Menschen hilfreich sein könnte, müssen sich aus einem Fallverstehen ableiten. Hierzu bieten die Kategorien der Kontrollstrategie aus dem ersten Band „Kinder, die Systeme sprengen", eine erste Orientierung (vgl. Baumann 2010 sowie Kapitel 6 dieses Buches).
Da dieser Ansatz im ersten Band als Forschungsmethode ausführlich und an vielen Beispielen dargestellt wurde, genügt an dieser Stelle ein Verweis, dass diese Methode eine Möglichkeit darstellt, sich der notwendigen Rekonstruktion der Normalität systemsprengender Hilfe- und Entwicklungsverläufe anzunähern.

## 5.6 Emotionspsychologische Betrachtungsweisen

Im Rahmen des Fallverstehens ist mir in den letzten Jahren zunehmend auch die Betrachtung des Entwicklungsgeschehens und des Fallverlaufes eines jungen Menschen aus emotionspsychologischer Sicht wichtig geworden. Viele Situationen, Eskalationen und Prozesse des Missverstehens lassen sich anders deuten, wenn einmal die emotionale Entwicklung eines Menschen mit in den Blick genommen wird.
Wie bereits oben beschrieben folge ich in Bezug auf die emotionale Entwicklung den Erkenntnissen und theoretischen Interpretationen der modernen Säuglingsforschung wie auch der Hirnforschung, deren Vertreter davon ausgehen, dass die emotionale Entwicklung ein auf den Körper bezogener, sich in der frühen Face-to-Face Interaktion über das Medium der emotionalen Gesichtsausdrücke und ihrer neuronalen Feedbackschleifen vermittelnder Prozess ist (vgl. ausführlich Baumann 2007). Die Wahrnehmung der im wahrsten Sinne des Wortes „Bewegtheit des Anderen" scheint die elementare Grundlage der emotionalen Entwicklung wie auch der Identität (oder des Selbst) zu sein (vgl. Damasio 2002, 2017; Adolphs 2002; Dornes 2001; Fonagy, Gregely, Jurist & Target 2004).

Aus diesen Erkenntnissen, die in ihren entwicklungspsychologischen Details an dieser Stelle nicht herausgearbeitet werden können und sollen, ergeben sich im Prozess des Fallverstehens aber interessante Fragestellungen, die sich lohnen, einer näheren Betrachtung in jedem Einzelfall unterzogen zu werden:

Eine erste Frage, die sich stellt, ist die Frage, ob der junge Mensch im Rahmen seiner frühen Interaktionen einen angemessenen, für seine Entwicklungsstufe lesbaren und verstehbaren „Response" (ein Feedback) erhalten hat. Sind seine frühen Gefühlsäußerungen so beantwortet worden, dass sich daraus ein stabiles Erleben bilden konnte, welches geeignet war, seine eigenen Affekte als angemessen und in sich schlüssig zu erleben? Es gibt verschiedene Kontexte, innerhalb derer ein solches Antwortverhalten ausgeblieben ist.
Die Bindungstheorie hat an dieser Stelle das Konstrukt der „Feinfühligkeit" der Eltern entwickelt. Was damit gemeint ist, ist strenggenommen nichts anderes als die Frage, in wie weit die Eltern in ihrem Versorgungsverhalten, welches sich anfangs ja auch sehr stark auf pflegerischen Handlungen bezieht, feinfühlig auf die Äußerungen und Bedürfnislagen des Babys eingehen. Diese Fähigkeit kann bei Menschen aus unterschiedlichsten Gründen verändert sein. In ihrer Weiterentwicklung haben Fonagy u.a. das Konstrukt der Mentalisierung eingeführt (vgl. Fonagy u.a. 2004). Diesem Ansatz nach entwickelt das Kind auf der Grundlage der frühen Feedbackerfahrungen in Form des Bindungsmusters eine Erwartungshaltung an andere Menschen. Diese als Mentalisierung bezeichnete Fähigkeit bildet die Grundlage des Sozialverhaltens.
Eine zentrale Fragestellung, die sich aus der emotionspsychologischen Betrachtungsweise ergibt, ist also die Frage der Enkodierungs- und der Dekodierungskompetenz (vgl. Merten2003, 144 ff) des jungen Menschen.
In seiner Zusammenfassung der Ergebnisse des Forschungsstandes bezüglich dieser beiden Kernkompetenzen emotionaler Kommunikation benennt Mertens Studien, die belegen, dass z.B. das Erkennen von Emotionen des anderen Menschen besonders effektiv und präzise bei sich selbst als glücklich verheiratet einschätzenden Paaren funktioniert. Dies kann ein Hinweis darauf sein, dass die Dekodierung von Emotionen in der nonverbalen Kommunikation ein Prozess ist, der nicht nur etwas mit Empathie zu tun hat, sondern auch mit Vertrautheit (vgl. Mertens 2003, 149). Lichtenberg u.a. gehen davon aus, dass auf diesen Unterschied in der Dekodierungsfähigkeit von Kleinkindern bei vertrauten Personen im Vergleich zu Menschen, die das Kind nicht kennt oder nicht so regelmäßig sieht, die Eigenschaft des „Fremdeln" zurückzuführen ist – das Kind fühlt sich im Kontakt

mit Menschen, die es in ihrer affektiven Stimmung kaum einschätzen kann, unsicher und flüchtet in die sicheren Arme der Eltern (vgl. Lichtenberg, Lachmann & Fosshage 2000, 73 ff).

Neben der Enkodierung und Dekodierung von Emotionen als wesentlichem Bestandteil der Kommunikation ist die Gesichtererkennung ein Phänomenbereich, der die Säuglingsforschung und vor allem die Social Neuroscience, also jenen Zweig der modernen Hirnforschung, die sich mit der Frage der Interaktion zwischen Menschen befasst, beschäftigt (vgl. Adolphs 2002; Baumann 2007). Nachweislich gibt es im menschlichen Gehirn Systeme, die sich speziell mit dem Erkennen von Gesichtern befassen, und diese Systeme stehen in besonderem Zusammenhang mit emotionalen Netzwerken (vgl. Adolphs 2002). Dabei scheint die Bewegtheit der Gesichter im Zuge der Emotionsausdrücke eine gesonderte Rolle zu spielen. Bereits der Säugling scheint also darauf spezialisiert zu sein, die Gesichtsausdrücke des anderen Menschen in seinem Gesicht innerlich abzubilden (über seine eigenen Bewegungssysteme), zu entschlüsseln und in eigenes Verhalten einzubeziehen (vgl. Damasio 2002; Gallese, Keysers & Rizzolatti 2004).

Fassen wir diesen kurzen emotionspsychologischen Exkurs zusammen, so ergeben sich drei zentrale Fragestellungen für das Fallverstehen:

- Ist der junge Mensch in der Lage, die emotionale Verfassung eines anderen Menschen zu erkennen und in sein eigenes Verhalten adäquat einzubeziehen?
- Hat der junge Mensch einen altersangemessenen Zugang zu seinem eigenen emotionalen Erleben und kann den Einfluss seiner Gefühle (z.B. Wut oder Angst) auf seine Verhaltenssteuerung einschätzen?
- Stimmen die äußerlich sichtbaren Anzeichen emotionaler Bewegtheit mit dem Erleben und dem Erregungszustand des jungen Menschen überein?

Es gibt wenig irritierenderes in der Kommunikation als wenn die „erlesenen“ Gefühlszustände des Gegenübers kaum oder keinen Zusammenhang zu dessen tatsächlichem Erleben haben. Die Frage, ob der junge Mensch also in der Lage ist, die Emotionalität des Gegenübers einzuschätzen, einen Zugang zu seinem eigenen emotionalen Erleben hat und seine eigenen Gefühlszustände durch Mimik und Gestik adäquat kommuniziert, ist für das Fallverstehen elementar.

Welche Bedeutung dieser Prozess des emotionalen Erlebens auch im sich selbst verstärkenden Prozess ‚systemsprengender‘ Hilfeverläufe haben kann, lässt sich vor allem aus dem Modell von Hardy uns Laszloffy ableiten, welches sie als „Circle of Violence" (Hardy & Laszloffy 2007) bezeichnen. Hardy und Laszoffy haben in ihrer kinder- und jugendpsychiatrischen und -therapeutischen Arbeit drei Erlebenskategorien herausgearbeitet, welche im Prozess affektiven Erlebens zu einem selbstverstärkenden Prozess werden können. Die erste Erlebenskategorie, welche die Autoren herausgestellt haben, ist die *Entwertungserfahrung*. Die jungen Menschen haben Erfahrungen gemacht, die ihnen das Gefühl vermittelt haben, nichts bzw. weniger (Liebens-) Wert zu sein als andere Menschen um sie herum. Dies kann, wie Ferdinand Sutterlüty eindrücklich in einer Interviewstudie herausgearbeitet hat, die Wahrnehmung schwerer körperlicher Misshandlung sein (vgl. Sutterlüty 2003), aber Hardy und Laszloffy nennen weitere Beispiele, in welchen der junge Mensch das Erleben des Entwertet-Seins erfährt. Der zweite Baustein des Circle of Violence ist der *Abbruch bzw. Ausschluss aus Gemeinschaft*. Der Mensch, daran besteht biologisch wie auch psychologisch gesehen kein Zweifel, ist ein Lebewesen, welches nur in der Gruppe überleben kann. Für den Menschen gilt, dass in der mittlerweile 2,5 Millionen Jahren überdauernden Geschichte der Gattung „Homo" wie auch in der ca. 250.000 Jahre dauernden Geschichte des „Homo Sapiens" die Gruppe (die Horde) mit ein paar dutzend bis maximal einigen hundert Mitgliedern die einzig mögliche Lebensform darstellte (vgl. Harari 2015; Reichholf 2014). Ein „Single-Dasein" oder das Leben in anonymisieren Nachbarschaften, die sich nicht näher kennen und ihr Leben nicht gemeinsam gestalten, ist eine absolut junge Erfindung des Wimpernschlages der Neuzeit, welche der Natur des Menschen nicht entspricht und eine Reihe psychischer Probleme nach sich zieht – vor allem die Angst vor Ausgrenzung und Einsamkeit. Joachim Bauer hat in seinem populärwissenschaftlichen Buch „Schmerzgrenze" den Ausschluss aus Gemeinschaft, Isolation und Drohung mit Ausgrenzung als zentrales Element der Entstehung menschlicher Aggression beschrieben (vgl. Bauer 2011). Insofern ist Ausgrenzung – in pädagogischen Arbeitsfeldern unter dem Schlagwort „Mobbing" diskutiert, gleichzeitig aber *auch* gängige pädagogische Sanktion – ein effektives Mittel, einem Menschen zu schaden. Aber auch der Abbruch von Gemeinschaft, welcher nicht durch andere Menschen aktiv herbeigeführt wird, sondern durch (Bindungs-) Verlusterfahrungen oder andere Lebensereignisse entsteht (Tod eines Angehörigen, Umzug mit Trennung aus dem Freundeskreis, plötzliche Auflösung eines sozialen Bezugssystems), kann beim Menschen schwere emotionale Krisen auslösen, da solche Ereignisse die Integrität des Menschen gefährden. Der dritte Baustein schließlich, den Hardy und Laszloffy in ihrem Modell integriert haben, nennen sie die „Entmenschlichung von Verlusterfahrungen" (Dehumanisation of Loss; Hardy & Laszloffy 2007). Dieser

Aspekt, der bisher in der psychologischen Theoriebildung kaum eine Rolle gespielt hat, führt eine besondere Erlebenskategorie ein, welche bei näherer Betrachtung durchaus in seiner Bedeutung nicht zu unterschätzen scheint: Die Emotionalität des jungen Menschen wird an entscheidenden Stellen als „falsch", „schlecht" oder sogar „böse" zurückgewiesen. Hardy und Laszloffy nennen als Beispiele das adoptierte Kind, welches traurig ist über die Tatsache, dass die leiblichen Eltern es „weggegeben" haben, und dieses Gefühl von den Adoptiveltern und anderen Menschen des sozialen Umfeldes als „Undankbarkeit" zurückgewiesen wird. Auch in hoch-strittigen Trennungsfamilien geraten Kinder und Jugendliche häufig in die Situation, Trauer über den Auszug eines Elternteils oder auch Freude bei Wiedersehen und tollen Besuchskontakten nicht mit dem verbleibenden Elternteil kommunizieren zu können, weil es diesen Verletzt (vgl. auch Lawick & Visser 2017). Besonders brisant wird dies in Kombination mit den ersten beiden genannten Aspekten: Wenn z.B. ein misshandeltes Kind dennoch den Kontaktabbruch zum Täter betrauert, wenn die Traurigkeit über den Tod eines Elternteils dazu führt, dass sich das soziale Umfeld abwendet, weil es mit diesen Gefühlen überfordert ist, wenn die Trauer eines Haustieres, welches den Eltern viel lästige Arbeit bereitet, als übertrieben zurückgewiesen wird und die Eltern stattdessen ihre Erleichterung kaum verbergen können – all das sind Beispiele für Situationen, in welchen das Kind erlebt, dass starke Gefühle offensichtlich „nicht normal" und nicht in die soziale Kommunikation integrierbar sind.

Diese drei Bausteine des „Circle of Violence" führen schließlich (vor allem in Kombination bzw. Kumulation) zum *Gefühl der Wut* (Hardy & Laszloffy 2007). Diese Wut kann als solche natürlich schon zu Aggressionen und Gewalt führen. Vor allem führt sie aber dazu, dass weitere der ersten drei Erfahrungen gesammelt werden: Wut führt zu weiteren Erfahrungen der Entwertung, des Ausschlusses aus der Gemeinschaft und vor allem zu der Rückmeldung, der Betroffene habe kein Recht, wütend zu sein, da er doch „selbst schuld" sei. Somit verstärkt sich der Prozess des „Circle of Violence" immer weiter, bis er sich in destruktiven Handlungen endgültig entlädt. Wichtig scheint also aus dieser Betrachtungsweise, neben einer Vermeidung der benannten Erfahrungen, vor allem, dass die Wut des jungen Menschen integrierbar werden muss. Die Erfahrung, die viele Kinder und Jugendliche mit massiv störenden Verhaltensweisen im Rahmen ihrer ‚Systemsprenger-Karrieren' sammeln, ist, dass sie in Folge ihrer Wut und der damit einhergehenden destruktiven Handlungen weitere Ausgrenzung (Herausnahme aus der Familie, „Rausschmisse" aus der Schule und aus Einrichtungen) erleben, dass sie in ihren Affekten entwertet werden (sowohl durch Kommunikative Signale, durch als ungerecht erlebte Sanktionen und auch durch psychiatrische Diagnosen, die das Gefühl, nicht normal zu sein vermitteln), und letztlich durch die Zuschreibung von „Schuld" an der Dynamik auch eine Entmenschlichung der affektiven Erfahrungen erleben. Somit trägt das Helfersystem in Schule und Jugendhilfe aktiv dazu bei, den „Circle of Violence" und die darin enthaltende Wut nicht nur aufrecht zu erhalten, sondern sogar zu steigern. Hier braucht es dringend tragfähiger Konzepte, welche diese Kreisläufe beschreiben und dann auch effektiv unterbrechen.

## 5.7 Ressourcenanalyse: Von der Kompetenz, ein ‚Systemsprenger' zu sein

Ein Ergebnis der im ersten Band veröffentlichten Studie lautet, dass es in vielen der dort untersuchten Fälle gerade diejenigen Faktoren sind, die zum Scheitern der Hilfen beigetragen haben, die in der Biographie und Lebenswirklichkeit außerhalb des pädagogischen Systems als Resilienzfaktoren gedient haben, also das psychische Selbsterleben des jungen Menschen im Kern aufrechterhalten und vor der völligen Zerstörung bewahrt haben. (Baumann 2010, 88 ff). Diese Hypothese, dass es die persönlichen Stärken und Bewältigungsstrategien des jungen Menschen sind, die mit dem pädagogischen System nicht kompatibel erscheinen, ist für die Sonder- und Sozialpädagogik eine Zumutung. Dennoch, je öfter und länger ich mich mit gescheiterten Hilfeverläufen und den dahinterliegenden Dynamiken befasse, desto deutlicher wird mir dieser Aspekt.
Von daher ist es aus einer subjektlogischen Sicht des pädagogisch-diagnostischen Fallverstehens unabdingbar, genau diese Faktoren zu ermitteln und in die Planung weiterer Maßnahmen einzubeziehen. Die Frage, wie eine Hilfe aufgestellt werden kann, damit der junge Mensch nicht gegen sie kämpfen muss, ist zwingend darauf angewiesen zu verstehen, welche Strategien der junge Mensch bisher erfolgreich angewandt hat, um sein psychisches Erleben konsistent zu halten. Von daher lautet die Kernfrage: Welche Funktion können die aktuell als störend empfundenen Verhaltensweisen in der bisherigen Biographie erfüllt haben?
Ein erster Zugangsweg kann das in der systemischen Beratung und Therapie etablierte „Refraiming" darstellen. Refraiming ist eine Methode des Umdeutens vermeintlicher Schwächen und Störungen in mögliche Stärken und Ressourcen. Zwei wesentliche Grundhaltungen unterstützen dabei den an dieser Stelle gemeinten diagnostischen Prozess: Erstens unterstellt das Refraiming, dass jedes Verhalten aus Fähigkeiten erwächst – Störungen ergeben sich daraus, dass Kontext und Fähigkeit nicht zusammenpassen. Die zweite Grundannahme des Refraimings, die

mir bedeutsam erscheint, ist die Hypothese, dass jeder scheinbare Nachteil für einen Teil des Systems für einen anderen Teil des Systems durchaus vorteilhaft, also gewinnbringend sein kann (vgl. Schlippe & Schweitzer 1996, 179).
Die drei zentralen diagnostischen Fragestellungen an dieser Stelle lauten also:

- Welche Stärke zeigt sich in dem vermeintlich störenden Verhalten?
- Unter welchen Kontextbedingungen ließe sich der Sinn des Verhaltens deutlich erkennen?
- Wer zieht Gewinn daraus, dass der junge Mensch dieses Verhalten zeigt?

Diese Fragen bereichern das pädagogische Fallverstehen um eine zwingend wichtige Perspektive, die abhebt von einem pädagogischen System, welches zu wissen glaub, was gut für die jungen Menschen ist, und sich hinwendet zu der Frage, welche Aspekte des Lebensentwurfes des jungen Menschen aktuell nicht so ohne weiteres aufzugeben sind.

# 6. Haltung auf der Grundlage des Fallverstehens

Im Rahmen der im Band 1 dargestellten Studie habe ich eine als „Kategoriensystem“ bezeichnete Grobeinteilung von inneren Sinnlogiken entwickelt, welche im subjektlogischen Verstehen das Motiv der *„Kontrolle“* in den Fokus eskalierender Hilfeverläufe gerückt hat. Dieses Modell hat in der sozialpädagogischen Debatte um schwierige Hilfeverläufe und vermeintliche ‚Systemsprenger‘ doch recht große Beachtung gefunden (vgl. Schwabe 2016). Zurecht wurde aber verschiedentlich auch kritisiert, dass die praktischen Konsequenzen dieses Modells im ersten Band unbestimmt und unscharf bleiben. An dieser Stelle ist es nun unabdingbar, genau diese Thematik aufzugreifen und das Kategoriensystem für die pädagogische Entscheidungsfindung nutzbar zu machen. Dabei werde ich die einzelnen Kategorien nur grob anreißen, die ausführliche Beschreibung findet sich im sechsten Kapitel des ersten Bandes von „Kinder, die Systeme sprengen“ (Baumann 2010) sowie in einer aktuelleren Fassung in Baumann (2014).

## 6.1 Hilfreiche Haltungen gegenüber jungen Menschen, die der „Kategorie A“ zugeordnet werden können

Als „Kategorie A“ habe ich diejenige Kontrollstrategie beschrieben, die sich unter der Überschrift „Kontrolle situativer Unsicherheit“ fassen lässt. Es handelt sich dabei um Kinder, die aus verschiedensten Gründen die Situation nicht angemessen erkennen oder „lesen“ können und deshalb zu Strategien greifen, ihre Handlungsunsicherheit wieder in Sicherheit zu verwandeln. Hierzu zählen unter anderem Menschen, die kaum in der Lage sind, die emotionale Verfassung des Gegenübers wahrzunehmen oder einzuschätzen. Dadurch wirkt der andere Mensch tendenziell unberechenbar, bei entsprechend negativen biographischen Erfahrungen bedrohlich. Diese jungen Menschen sind aber oftmals auch nicht in der Lage, aus Routinen und Beobachtungen diejenigen Schlüsse zu ziehen, die ihnen in zukünftigen Situationen Handlungsfähigkeit verleihen. Ein Beispiel:

*‚Chris‘ ist seit vierzehn Tagen in einer Tagesgruppe. Jeden Tag, wenn er kommt, wird er durch einen Betreuer (meist seinem Bezugsbetreuer) begrüßt und darauf hingewiesen, er möge seine Straßenschuhe ausziehen und die im Regal stehenden Hausschuhe anziehen. Heute kommt er von einem Ausflug aus dem Wald zurück in die Tagesgruppe. Als er gemeinsam mit einem anderen Kind aus dem Auto springt, läuft er schon einmal vor Richtung Tür, während sein Betreuer*

*noch die Rucksäcke aus dem Kofferraum holt. Der andere Junge bleibt im Eingangsbereich stehen und zieht seine dreckigen Gummistiefel aus, ‚Chris' dagegen marschiert direkt ins Haus und lässt sich genüsslich auf ein Sofa fallen. Als eine Erzieherin ihn bemerkt, fragt sie entsetzt: „Warum hast Du Deine Hausschuhe nicht angezogen?" – ‚Chris' antworten ganz erstaunt: „Das habt ihr mir nicht gesagt!". Die Erzieherin wird deutlicher und sagt: „Du weißt genau, dass Du die Hausschuhe anziehen sollst und nicht mit Straßenschuhen hier hereindarfst. Alles muss man die dreimal sagen! Du gehst jetzt sofort zur Tür und ziehst die Hausschuhe an, dann holst Du einen Feger und machst den Dreck weg, sonst kannst du die Spielphase heute vergessen! Mach jetzt!" ‚Chris' beginnt laut zu kreischen. Als sein Bezugsbetreuer hereinkommt und ‚Chris' von hinten lautstark auffordert, sofort mit dem Schreien aufzuhören, dreht ‚Chris' sich um und schlägt ihm mit der Faust gegen den Brustkorb. Der Kollege wehrt die Schläge ab und schiebt ‚Chris' von sich weg, woraufhin dieser sich auf den Boden wirft und mehrfach seinen Kopf auf den Fußboden schlägt. Bei dem Versuch, ihn aus dem Raum zu bringen, schlägt ‚Chris' wild um sich und beißt der Erzieherin in die Hand. Als ‚Chris' von seinem Pflegevater abgeholt worden ist, sagt der Bezugsbetreuer zu seiner Kollegin: „So kann das nicht weitergehen – jedes Mal, wenn wir etwas Schönes machen, flippt ‚Chris' hinterher aus!"*

Wie lässt sich diese Situation lesen? Unter Annahme, ‚Chris' sei ein Junge, der dem Erlebensmuster dieser „Kategorie A" zuzuordnen ist, ergeben sich folgende wichtige Aspekte:
Erstens: Aus der Tatsache, dass ‚Chris' jedes Mal dazu aufgefordert wird, die Schuhe auszuziehen und Hausschuhe anzuziehen, schließt ‚Chris' für sich noch lange nicht, dass dies ein Automatismus ist. Er verbindet dieses Ritual mit der verbalen Aussage der Betreuungsperson, eine Regel oder einen Sinn dahinter versteht er nicht. Daher ist seine Antwort auf die erste Frage der Erzieherin erst einmal Folgerichtig. Der anschließende „Redeschwall" der Kollegin inklusive der ausgesprochenen Sanktions-Androhungen überfordert ‚Chris' nun deutlich – er hat ja noch gar nicht verstanden, was überhaupt passiert ist, und fühlt sich somit unverhältnismäßig stark bedroht und bedrängt. Verbunden mit seinen traumatischen Erfahrungen, aus heiterem Himmel heraus überwältigt zu werden, greift er zu einer ersten Kontrollstrategie: Er beginnt zu schreien und beendet damit den „Redeschwall" der Erzieherin machtvoll. Sein Bezugsbetreuer, der nun den Raum betritt, will seinerseits die Situation unter Kontrolle bringen und wird laut – erhöht also den Stresslevel und das von ‚Chris' erlebte Bedrohungspotential. Dies

ist natürlich im Rahmen der Interpretation dieser Kategorie absolut nicht hilfreich. ‚Chris' fühlt sich nun endgültig bedroht und starten den Gegenangriff. Als dieser nicht dazu führt, dass er die Kontrolle erhält, wechselt er in die Autoaggression – er konzentriert sein gesamtes Erleben auf den eigenen Schmerz und blendet die bedrohliche Außenwelt aus. Am Ende eskaliert die Situation völlig und für alle Beteiligten unkontrollierbar. Aus einer vermeintlichen sprichwörtlichen „Mücke" ist ein die gesamte Hilfe bedrohender „Elefant" geworden...
Auch die Beobachtung des Bezugsbetreuers, dass ‚Chris' immer dann ausrastet, wenn es gerade besonders schön war, passt hervorragend in diese Kategorie: Die Unsicherheit und Unerfahrenheit im bewussten Erleben starker Emotionen (vor allem positiver) verunsichern ‚Chris' so sehr, dass seine Handlungsunfähigkeit per se reduziert ist und somit schon kleinste Unsicherheiten ausreichen, ihn völlig zu blockieren, obwohl er diese im Alltag eigentlich bewältigen könnte.
Dieses Motiv, dass Kinder und Jugendliche kaum in der Lage sind, komplexe soziale Situationen adäquat einzuschätzen und ihr Verhalten daran auszurichten, scheint im Kontext der Erziehungshilfe recht häufig zu sein. Im Einzelkontakt funktioniert die Kooperation mit diesen jungen Menschen oft sehr gut, sobald die Situation aber komplexer wird, scheitern sie und eskalieren auf unterschiedlichste Weise.
Was aber ist im Umgang mit diesen Kindern und Jugendlichen hilfreich?
Zunächst einmal kann festgehalten werden, dass alles hilft, was *Routine und Sicherheit* ausstrahlt und somit Wiedererkennung fördert. Rituale und feste Abläufe sind hilfreich, bei Anforderungen immer gleiche Formulierungen wählen, auf zweideutige Redewendungen (*„Braucht unser kleiner Prinz mal wieder eine Extra-Einladung?"*) würde ich zumindest anfangs ganz verzichten.
Besonders wichtig erscheint auch, *Übergangssituationen* (wie zum Beispiel von der Einzelbetreuung in die Gruppe, das Rufen zum Essen und die darauf entstehende Unruhe am Mittagstisch, Methodenwechsel im Schulunterricht, Übergang von Pause zu Unterricht oder in unserem Beispiel die Rückkehr von einem Ausflug etc.) können bei diesen Kindern am besten bewusst gestaltet und eng belgeitet werden. Jeder Übergang ist für diese Kinder und Jugendlichen eine potentiell unübersichtliche Situation und somit ein Stressor. Sie in diesen Situationen auf sich allein gestellt zu lassen, provoziert dann eben oft eine Überforderungsreaktion.
Bezogen auf die Frage der Rahmung der Betreuung zeigt sich, dass eine möglichst geringe Anzahl von Betreuungspersonen erleichternd wirkt. So wie das Kleinkind im Einschätzen und Kennenlernen anderer Menschen zunächst auf die unmittelbaren Bezugspersonen fokussiert und allen anderen Menschen gegenüber fremdelt (vgl. Lichtenberg u.a. 2000), so ist es in der Orientierungsphase für diese (in

vielerlei Hinsicht sozial einfach extrem unerfahrenen oder auf Gefährdungswahrnehmung geschulten) Kinder und Jugendliche extrem hilfreich, sich auf einige wenige Erwachsene fokussieren zu können. Häufig erleben wir den Effekt, dass die jungen Menschen bei ihrem Bezugsbetreuer, dem Gruppenleiter oder dem Klassenlehrer sehr viel weniger eskalieren als bei anderen Pädagogen. Dies zeigt, dass ihre Orientierungsfähigkeit in Gegenwart der unmittelbaren Bezugsperson schon gesteigert werden konnte, aber noch nicht transferfähig ist. Hier muss immer der berühmte Kompromiss gefunden werden zwischen: „So wenig wie möglich“ und „so viel wie nötig“ – denn die Eskalationen machen es oft notwendig, dass nicht ein Pädagoge mit dem jungen Menschen allein ist. Auch kann die ständig hochkonzentrierte Begleitung eines solchen Kinder oder Jugendlichen sehr kräftezerrend sein, so dass mehrere sich abwechselnde Betreuungspersonen notwendig sind, damit es für die Pädagogen überhaupt aushaltbar bleibt.

Im Kontakt mit diesen jungen Menschen hilft es ebenfalls, viele seiner Handlungen vorher anzukündigen und verbal zu begleiten. Die Sprache muss dabei möglichst konkret sein, sowohl bezogen auf meine eigenen Handlungen, als auch auf die erwarteten Handlungen des jungen Menschen. Die Aufforderung: „Räume bitte dein Zimmer auf“ kann viel zu abstrakt sein, während die Formulierung: „Nimm bitte die auf dem Fußboden liegenden Kleidungsstücke und lege sie in diese Kiste“ sehr viel konkreter und damit nachvollziehbarer erscheint.

Aber egal wie strukturiert das Setting und der Tagesablauf auch sein mögen, und egal wie eng ich die Betreuung auch fasse, ich kann nie endgültig ausschließen, dass es zu Eskalationen kommt. Deshalb muss ein Setting für die Arbeit mit diesen jungen Menschen so ausgestaltet werden, dass Eskalationen auch mittelfristig ausgehalten werden können. Die Rahmung muss also im Bezug hierauf sicher sein und den Pädagogen Sicherheit bieten. Wenn Eskalationen vermieden werden müssen, weil sonst ein Ende der Maßnahme droht, ist dies ein Unsicherheitsfaktor, der die Situation verschärft. Diese sichernde Rahmung kann je nach Ausprägungsgrad der Kontrollstrategie (z.B. auch suizidale Handlungen oder massive Aggressionen) unter Umständen auch Zwangselemente enthalten. Erscheint dies notwendig, dann ist zu bedenken, dass gerade dieser Zwang nicht als Bedrohung und als Unterwerfung wahrgenommen werden darf, sondern sichernd, ruhig und eindeutig als Schutzmittel kommuniziert sein muss. Es bedarf eines eigenen Partizipationskonzeptes für Zwangsmomente, die auf ein Minimum reduziert werden müssen, damit der junge Mensch sie als schützend erleben kann und nicht als Strafe oder als Machtmittel. Isolierender Einschluss, mechanische Fixierungen oder ein „Anschreien“, während die Selbst- und Fremdgefährdung abgewehrt werden soll, sind radikal zu vermeiden. Eine Zwangsanwendung zur Durchsetzung oder als Sanktion verbietet sich nicht nur rechtlich, sondern auch wegen der erhöhten Gefahr der Re-Traumatisierung, welche dann die Kontrollstrategien verfestigt und somit die Konfliktdichte erhöht Die Einhaltung des Rechtsrahmens ist unabdingbar.

Gerade im Umgang mit den eigenen Gefühlen – „Ich kann auch positives genießen und erleben“ sowie: „Ich halte meine Ängste aus und werde nicht überwältigt“, brauchen diese Kinder und Jugendlichen dringend die Erfahrung des spiegelnden (affektiven) Feedbacks (vgl. Fonagy u.a. 2004). Hierfür ist es wichtig, auch in hoch aufgeregten Situationen dabei zu bleiben und vor allem, sich nicht in die Affekte hineinziehen zu lassen, sondern selbst Ruhe und Gelassenheit auszustrahlen und dabei dem jungen Menschen zu spiegeln, dass man seine Überforderung wahrnimmt und aushält. Gerade im Umgang mit Selbst- und Fremdgefährdungen bedarf es hierzu einer hohen Professionalität und einer Sicherheit bietenden Rahmung.

Sehr häufig habe ich erlebt, dass sich junge Menschen, die unter dieser Kategorie beschrieben werden können, nach nur kurzer Zeit in einem guten Rahmen beruhigen und die Eskalationsdichte deutlich abnimmt. Aber immer wieder kam es dann zu Veränderungen in der Rahmung: Die Konzentration der Pädagogen auf die Alltagsgestaltung ließ nach, es musste im Rahmen von Krankheitsvertretung doch eine wechselnde und größere Menge an Mitarbeitern eingesetzt werden oder ein kompletter Settingwechsel stand an – und schon fiel der junge Mensch in seine alten Verhaltensweisen zurück. Dies ist ein normaler Prozess, denn die Kontrollstrategien, mittels derer der junge Mensch seine situative Unsicherheit zu beherrschen versucht, verlernt er nicht. Er lernt lediglich, sich besser zu orientieren und damit seltener in die Situation der Hilflosigkeit zu gelangen, aber in Stresssituationen wird er wieder auf die alten Muster zurückgreifen. Von daher sind „Rückfälle“ nicht das Ergebnis von gescheiterter Pädagogik, sondern vielmehr ein Hinweis darauf, dass das Setting aktuell wieder Überforderungsmomente enthält.

Bildlich gesprochen könnte man zusammenfassen sagen, dass diese jungen Menschen jemanden brauchen, der sie an die Hand nimmt und ihnen die Welt und das Leben noch einmal (wieder und wieder und wieder) von neuem erklärt. Gelingt dies, können diese jungen Menschen erstaunliche Fortschritte machen und sich gut entwickeln. Dies bedarf aber viel Zeit und vor allem Geduld, da dieses Muster häufig nur sehr langsam durchbrochen werden kann. Wichtig ist: Die pädagogische Arbeit findet in der Strukturierung des Alltags statt, nicht in den Krisen. Diese sind als Lernfeld ungeeignet, da der Stresslevel dann viel zu hoch ist.

Sie müssen ausgehalten und begleitet werden, Orientierung lernt der junge Mensch aber außerhalb der Krisensituation.

## 6.2 Hilfreiche Haltungen gegenüber jungen Menschen, die der „Kategorie B“ zugeordnet werden können

Unter der „Kategorie B“ habe ich Kinder- und Jugendliche zusammengefasst, deren biographischen Motive ein Einlassen auf Hilfe verhindern und stattdessen einen kaum stillbaren Autonomie-Drang zutage treten lassen. Dies kann vor dem Hintergrund eines impliziten (geheimzuhaltenden) Versorgungsauftrages innerhalb der Familie geschehen, wenn dieser z.B. nicht mit einem Schulbesuch oder anderen pädagogischen Maßnahmen vereinbar erscheint. Auch geheime Loyalitätsverstrickungen („*Wenn ich mich in der Einrichtung wohl fühle, wird deutlich, dass Mama mich nicht gut versorgt hat...*“) können dazu führen, dass der junge Mensch die Hilfe und die Helfer ablehnen muss. Aber auch vielfältige Enttäuschungen durch Erwachsene oder sogar traumatische Erlebnisse innerhalb des Systems der Kinder- und Jugendhilfe bringen viele junge Menschen zu der Überzeugung, dass sie nur allein für sich sorgen können oder sie nur in ihrem selbst gewählten Bezugsmilieu leben können und jede Hilfe gewaltsam zu bekämpfen ist (vgl. die Unterkategorien B1-B3 in Baumann 2010).

Kern dieser Gruppe ist, dass sie bestimme Aspekte ihrer Lebenssituation und auch die an sie gerichteten Bedürfnisse und Anforderungen sehr genau erkennen – oft bevor sie überhaupt deutlich formuliert wurden. Diese jungen Menschen scannen ihre Umwelt permanent ab auf die an sie gerichteten Erwartungen. Aber diese hohe Kompetenz, Situationen zu lesen, wird nicht produktiv in Sozialverhalten überführt, sondern Abwehrverhalten und gezielte Manipulation sind die Strategien, mittels derer die eigene Autonomie um jeden Preis verteidigt wird.

Grundlegend stellen diese jungen Menschen eine sehr große Herausforderung für alle pädagogisch Tätigen dar: Sie wollen offenbar nicht in eine Beziehung eintreten, müssen immer wieder Symbole ihrer Autonomie inszenieren und wehren jeden Versuch, sie zu unterstützen, konsequent ab – und dies gezielt und oft bewusst.

In der Arbeit mit diesen jungen Menschen gilt: Hilfe ist nur möglich, wenn sie sich so aufstellt, dass *das Nähe-Distanz-Verhältnis vom jungem Menschen kontrolliert* wird. Es ist kein Zufall, dass viele junge Menschen, die im Rahmen ihres Autonomiebestrebens den Lebensort Straße für sich wählen, einen Regelmäßigen und engen Kontakt zu Streetworkern oder Jugendzentren halten, aber seit Jahren keine Schule mehr betreten haben oder den Gang zum Jugend- oder Sozialamt strikt verweigern. Hat der junge Mensch die Kontrolle über Nähe-Distanz und über die Entscheidung, wie viel Hilfe er annimmt und zulässt, kann er sich durchaus kooperativ zeigen – beim kleinsten Anflug von Zwang, Druck oder „Müssen" hingegen gerät sofort die Selbstsicherung in den Mittelpunkt und die Verweigerungsstrategien kommen zum Tragen.

In Gruppenkontexten sind diese Kinder und Jugendlichen oft schwer zu handhaben, da das Ausmaß an Symptomtoleranz, welches notwendig ist, um mit ihnen arbeiten zu können, die anderen Gruppenmitglieder überfordern kann. Ein Gruppensetting müsste von vorne herein klar kommuniziert haben, dass es sich um Individualmaßnahmen handelt, damit es funktionieren kann. Sobald verbindliche Absprachen und allgemeine Regeln den Alltag strukturieren, wird es schwer. Ein Aufgeben der „pädagogischen Belagerung" kann dagegen manchmal wahre Wunder bewirken.

In den letzten Jahren haben wir (vgl. Abschnitt 8.5) hervorragende Erfahrungen mit niedrigschwelligen, individualisierten und oft aus der Distanz heraus entwickelten Hilfen gesammelt. Oft beginnt diese mit einem kleinen Baustein der Versorgung, den der junge Mensch nimmt, gleichzeitig aber auch wieder überprüfen muss, ob er tatsächlich die Kontrolle halten darf, oder das Hilfesystem nach kurzer Zeit doch wieder mit als Autonomieverlust erlebten Forderungen kommt, an die die Hilfe geknüpft wird. Zwang ist bei diesen Jugendlichen als Hilfeform auszuschließen, da dieser nur zu Machtkämpfen führt, die der Jugendliche in der Regel gewinnt – oder als Verletzung wahrnimmt, wenn er sich nicht wehren kann.

Das Nähe-Distanz-Verhältnis in die Hand des jungen Menschen zu legen bedeutet auch, zu akzeptieren, wann und welche Unterstützung der junge Mensch annehmen kann. Es kann über lange Phasen hinweg so aussehen, als könnte der junge Mensch gar nichts annehmen und würde nur verweigern. Diese Phasen müssen ausgehalten und der Kontakt dennoch aufrechterhalten werden. Die „Fenster", in denen der oder die Jugendliche sich dann plötzlich doch einlassen kann, sind oft nur klein und empfindlich, weshalb es wichtig ist, genau in diesem Moment auch da zu sein, und nicht dann erst eine neue Hilfe organisieren zu müssen.

Wichtig in diesem Zusammenhang ist das *Risikomanagement*. Ungünstige Familienszenarien und Familienkontakte, die von außen betrachtet mehr schaden als nutzen, lassen sich nicht auflösen, ohne den Jugendlichen wenigstens inhaltlich auch zu verlieren. Und in der Suche nach möglichst deutlichen Inszenierungen der eigenen Autonomie zeigen viele dieser jungen Menschen Verhaltensweisen, mit denen sie sich selbst in Gefahr bringen – zum Beispiel Schulverweigerung,

Substanzenmissbrauch, Risikoverhalten (S-Bahn-Surfen, Fahren ohne Führerschein), Prostitution bzw. sexuelle Freizügigkeit usw. Nicht wenige von Ihnen wenden sich von allen Systembezügen ab und wenden sich subkulturellen Jugendgruppe zu (vgl. Baumann 2011), leben im Modus des so genannten Couch-Surfings oder gehen ganz auf die Straße (vgl. Mücher 2010, Hollmüller 2015). Dieses passiert durchaus auch Jugendlichen der anderen beiden Kategorien – hier ist dies aber eher als „Unfall" zu betrachten, als ein zufälliges Herausgleiten aus den Hilfesystemen auf Grund mangelnder Alternativen. Die jungen Menschen, die dieser Kategorie zuzuordnen sind, wenden sich aber sehr viel aktiver von den Systembezügen ab und inszenieren diesen Lebenswandel aktiv und durchaus kompetent. Wenn die Hypothese stimmt, dass dieser Gruppe mit Zwang nicht beizukommen ist – und es spricht einiges dafür, dass dies so ist (vgl. Baumann 2010, Baumann 2014, Tammena & Oltrop 2015, Schwabe u.a. 2013), dann bedeutet dies, dass Helfersystem muss zumindest für eine Zeit akzeptieren, dass es diesen Zustand nicht von heute auf morgen verändern kann, weil jeder Druck von außen den jungen Menschen nur noch mehr in die Abwehr treibt. Der oder die Jugendliche muss sehr behutsam erfahren, dass das Hilfesystem ihm etwas anzubieten hat, was wirklich hilft.

Daher braucht es für diese Zielgruppe ein übergreifendes, oft interdisziplinäres Netzwerk, welches das Risiko bewertet und fachlich wie auch rechtlich legitimiert. Für einen Vormund oder das Jugendamt in seiner Wächterfunktion kann ein solcher Hilfeverlauf allein eine Überforderung darstellen. Aus Angst vor negativen Konsequenzen oder Schlagzeilen ziehen sich viele freie Träger der Jugendhilfe zurück und die Systeme der Psychiatrie weisen auf die fehlende Mitwirkungsbereitschaft der jungen Menschen hin. Das Gericht dagegen braucht sachverständige Einschätzungen der entsprechenden Fachleute, um eine Bewertung vornehmen zu können. Der Prozess der „Nicht-Zuständigkeits-Erklärung" (vgl. Baumann 2010) zeigt sich bei dieser Gruppe also am Deutlichsten und muss bewältigt werden, wenn die Hilfe wirken soll. Wie lange kann eine Schule das Fernbleiben tolerieren, bevor sie Druck ausüben muss? Darf ein Vormund oder ein Jugendamt zusehen, wenn ein Minderjähriger die Anbindung an einen festen Lebensort verweigert und nicht aufhört, Drogen zu konsumieren? Darf in einem solchen Fall eine ambulante Erziehungsbeistandsschaft angeboten werden, oder muss das Jugendamt auf Wohngruppe drängen? Und wie lange darf die Wohngruppe oder die Pflegefamilie ein Fernbleiben tolerieren, bevor die Maßnahme beendet wird?

In den letzten Jahren haben nicht nur unsere Projekte gezeigt, dass ein aushaltendes aber konstantes Hilfenetz den jungen Menschen zurück ins System führen kann. Auch andere Projekte haben hier zum Teil beachtliche Erfolge vorzuweisen (vgl. Schwabe u.a. 2013).

Wenn diese jungen Menschen mit Realitäten konfrontiert werden müssen, dann sollte dies mögliches nüchtern und sachlich und wenig auf die persönliche Sorge oder auf der Beziehungseben kommuniziert werden.

*Der Versuch, dem jungen Menschen zu überzeugen, dass sein Alkohol- und Ecstasykonsum gesundheitlich schwer bedenklich einzuschätzen ist, wird vermutlich mit der Haltung: „Was geht Dich das an?“ abgetan.*

Effektiver ist es, dass Gespräch ohne Beteiligung emotionaler Botschaften („Ich mache mir Sorgen um Dich“) zu führen. Ein Aufhänger könnte sein:

*Ich darf Dir nicht erlauben, in Deinem Alter zu saufen und Pillen zu schmeißen. Wenn ich das merke, muss ich reagieren. Und wenn ich bei Dir was finde, muss ich es vernichten. Andernfalls verliere ich meinen Job, und ich bin nicht bereit, aus Rücksicht auf Dich in die Arbeitslosigkeit zu gehen.*

Diese Botschaft – in der der Pädagoge den jungen Menschen mit dem eigenen Autonomiebestrebungen konfrontiert, und nicht mit einer vom Gegenüber nicht anzunehmender Empathie oder erwachsener Sorge, bietet eine „Verhandlungsbasis“, welche vom Jugendlichen wesentlich besser verstanden und angenommen werden kann.

Auch wenn ich in den letzten Jahren viele sehr erfreuliche Entwicklungen und Verläufe beobachten durfte, bleibt die Arbeit mit dieser Gruppe aber immer das Spiel mit dem Feuer.

## 6.3 Hilfreiche Haltungen gegenüber jungen Menschen, die der „Kategorie C“ zugeordnet werden können

Die dritte Gruppe, „Kategorie C“, habe ich benannt mit der Formulierung: „Kontrolle über die Tragfähigkeit des umgebenen Netzes“ (vgl. Baumann 2014). Diese Kinder und Jugendlichen (in dieser Gruppe haben ich in der Studie: „Kinder, die Systeme sprengen“ (Baumann 2010) die jüngsten Betroffenen gescheiterter Hilfeverläufe vorgefunden) zeichnen sich durch ihr Beziehungsverhalten aus: Sie gehen in die Beziehung hinein, wirken am Anfang sehr bedürftig und hilflos, und bei den Helfern stellt sich das Gefühl ein, die Hilfe könne gelingen. Auf mittlere Sicht aber überfordern diese jungen Menschen ihre Helfer und das System insgesamt. Diese Überforderung hat zwei wesentliche Facetten: Erstens saugen diese Kinder die für sie zuständigen Bezugspersonen bis an den Rand der Erschöpfung aus. Ihre Beziehungsbedürftigkeit scheint unstillbar (auch das Konstrukt des Nachnährens funktioniert hier nicht), nie ist es genug. Sobald Aufmerksamkeit geteilt werden muss, geht der junge Mensch in schwere Krisen. Persönliche Grenzen der Mitarbeiter werden permanent überschritten und das Kind entwickelt sich zu einer Rund-um-die-Uhr-Beschäftigung, die auch nach Feierabend noch präsent ist. Ein Beispiel aus einer Krisenberatung in einer sozialpädagogischen Mädchenwohngruppe mag dies verdeutlichen:

*‚Lissy' wird mit fünfzehn Jahren in eine Mädchenwohngruppe aufgenommen, nach dem eine Pflegefamilie die Betreuung einstellen musste. Bereits am zweiten Tag öffnete sich ‚Lissy' ihrer Bezugsbetreuerin, erzählte ihr viele Details aus ihrer Vergangenheit und berichtete unter anderem, dass der Ärger mit den Pflegeeltern angefangen habe, nachdem sie von einem Mann in der Nachbarschaft vergewaltigt worden sei. Von diesem Vorfall habe sie bisher noch nie einem Menschen erzählt, und ihre Pflegeeltern konnten ihre Veränderungen einfach nicht verstehen. Die hätten sie zu einem Therapeuten geschickt, aber auch dem habe sie nichts erzählt, denn sie könne nur schwer Menschen etwas anvertrauen.*

*Die Betreuerin ist überzeugt, eine besondere Beziehung zu ‚Lissy' aufbauen zu können. Einige Tage später erzählt ‚Lissy' von schweren Alpträumen, die sie nachts nicht schlafen ließen. Sie könne dies aber unmöglich mit den anderen Mitarbeitern, vor allem nicht mit den männlichen, besprechen. Die Bezugsbetreuerin bietet ihr an, sie dürfe sie nachts anrufen, wenn sie nicht schlafen könne. Dies tut ‚Lissy' folglich jede Nacht, manchmal mehrmals. Die Mitarbeiterin ist nach kurzer Zeit völlig erschöpft. Wenn sie im Dienst ist, weicht ‚Lissy' ihr nicht von der Seite. Sie verweigert sogar die Schule, so dass die Kollegin vormittags länger bleiben muss und ‚Lissy' eine Einzelbetreuung hat.*

*Als die Kollegin Urlaub hat, kündigt sie ‚Lissy' an, dass sie ihr Handy abends ausschalten wird. Morgens sieht sie, dass ‚Lissy' es jede Nacht bis zu zwanzig Mal versucht hat. Als die Bezugsbetreuerin aus dem Urlaub kommt, begrüßt ‚Lissy' sie in einem hautengen, schulterlosen Top. ‚Lissy' zeigt stolz ihre Schulter, in den sie sich den Namen der Betreuerin tief hineingeritzt und die Narbenränder mit Nagellack zu einer starken Entzündung gebracht hat. Als die Betreuerin sehr reserviert („Schockstarre“) reagiert, fängt ‚Lissy' an zu weinen und schluchzt: „Das habe ich für uns getan“. ‚Lissy' läuft weg und wird erst zwei Tage später mit einer Überdosis Schlafmittel in der Notaufnahme wiedergefunden – die Kollegin lässt sich krankschreiben.*

Neben diesem völlig übergriffigen Beziehungsverhalten kommt noch eine zweite Facette hinzu: Die Kinder und Jugendlichen spüren die Sicherheit einer Beziehung offenbar besonders in Konfliktsituationen. Bildlich gesprochen könnte man sagen, die Kinder müssen jeden Tag mehrmals mit dem Kopf gegen die Wand rennen, um sich zu vergewissern, dass die Wand wirklich noch da ist. Insofern inszenieren sie Konflikte offenbar völlig Ziellos. Das einzige Ziel (wenn auch oft unbewusst) scheint der Konflikt zu sein.

Diese Phänomenkonstellation zwischen einer aussaugenden, erschöpfenden Nähe und sich ständig wiederholender Konflikte, die offenbar als Sicherung der Beziehung wahrgenommen werden, bringt diesen Hilfeverläufen häufig eine besondere Dynamik. Die Mitarbeiter_innen sehen sich extrem in der Pflicht, fühlen sich unter Druck gesetzt, die Beziehung unter allen Umständen aufrechterhalten zu müssen, weil der junge Mensch sich doch so gut eingelassen habe. Der Beziehungsabbruch erfolgt aus Gründen der Erschöpfung und des Selbstschutzes, oft weit jenseits des eigentlich schon lange überschrittenen Toleranzraumes und immer mit einem schlechten Gewissen.

Für die Hilfe zeigt sich als unabdingbare Voraussetzung, dass in dieser Fallkonstellation die Pädagogen das *Nähe-Distanz-Verhältnis fest in ihren Händen halten müssen*. Eine sich aufopfernde: „Ich bin immer für dich da"-Haltung ist absolut unangemessen, denn erstens hält der Pädagoge diese nicht aus, zweitens hilft sie dem jungen Menschen nicht, sich zu regulieren. Damit von Seiten des Erwachsenen eine Beziehung dauerhaft gehalten werden kann, an der das Kind oder der Jugendliche tatsächlich lernen und reifen kann, muss diese von Seiten des Erwachsenen reguliert werden. Die Entscheidung, wann der Erwachsene auf die Beziehungs- und auch Konfliktbedürfnisse des jungen Menschen einsteigt, und wann nicht, muss eine Entscheidung werden.

Dazu gehört auch, dass *Symptomtoleranz* bei dieser Gruppe *nicht angemessen* ist. Wenn das Ziel eines Regelverstoßes oder einer Provokation ist, einen Konflikt vom Zaun zu brechen und sich dadurch in der Beziehung zu stabilisieren, dann heißt Symptomtoleranz nichts anderes als den Verstoß, der für den erwünschten Konflikt notwendig wird, zu verschlimmern. Solche Situationen müssen dem jungen Menschen gespiegelt werden. Gleichzeitig muss der Pädagoge auf jede „Einladung" für einen Konflikt reagieren – und sei es, ihn bewusst zurückzuweisen. Wenn der junge Mensch beschlossen hat, dass diese Situation eskalieren wird, lässt sich dieser Prozess nicht aufhalten.

Vom Setting her gilt: Diese Kinder sind in stark auf Bindung und Beziehung setzenden Settings kaum zu handhaben. Familienanaloge Betreuungsformen sind in der Regel kaum in der Lage, längerfristig die Betreuung zu sichern. Die Rückzugsräume sind für die Erwachsenen extrem wichtig. Hilfreich kann zum Beispiel in einem Gruppensetting sein, wenn eine Bezugsbetreuung außerhalb des eigentlichen Betreuerteams eingerichtet wird. Auf diese Weise erledigen sich viele Konflikte im Alltag, wenn diese vom Betreuungsteam des Gruppensettings abgeblockt werden und das Kind diese dann erst zu einem von der Bezugsbetreuung festgelegten Zeitpunkt ausgetragen werden können. Die Faustregel heißt: *An erster Stelle steht die Stabilität der Rahmung, dann erst die individuelle Beziehung*. Erst wenn die Rahmung als stabil wahrgenommen wird, kann der Schritt in der Beziehungsarbeit angegangen werden. Diese zwischen Nähe und einer Kümmer-Struktur und der notwendigen und stabilisierenden Distanz und Abgrenzung immer wieder neu auszubalancieren ist eine große Herausforderung. Gelingt dies, können sich die Kinder oft schon nach einem überschaubaren Zeitraum von wenigen Monaten deutlich stabilisieren.

## 7. Mitarbeitersicherung als Thema der Setting-Gestaltung

Eine der wichtigsten Erkenntnisse, sowohl meiner praktischen Arbeit in diesem Bereich, vor allem aber der Forschungs- und Einzelfallarbeit, ist wohl der Hinweis, dass die Arbeit mit hoch riskant agierenden Kindern und Jugendlichen egal in welchem Setting eine in vielerlei Hinsicht anstrengende und kräftezerrende Arbeit ist und auch selbst bei durchweg positiver Entwicklung des jungen Menschen auch bleibt. Selbst bei idealen Bedingungen der Förderung und einem hervorragenden Personalschlüssel verändert sich das Verhalten des jungen Menschen selten kurzfristig. Und selbst bei den Fallverläufen, bei denen sich relativ schnell die so genannten „Oberflächenthemen" reduzieren, kommen in der Regel tiefer liegende Themen hervor, die das Maß der notwendigen Aufmerksamkeit und Anstrengung teilweise eher noch steigern als senken. Wenn sich Kinder mit gravierenden traumatischen Erfahrungen einlassen können, bedeutet dies auch, dass Themen in ihnen aufbrechen, die pädagogische Mitarbeiter selbst überfordern können und die Gefahr der sekundären Traumatisierung bergen. Mit anderen Worten: Die Arbeit mit Kindern und Jugendlichen mit massiv störenden Verhaltensweisen ist schwierig, und bleibt dies perspektivisch auch dann, wenn die Hilfe einen guten Verlauf nimmt.

Die Forschungsgruppe um Marc Schmid und Jörg M. Fegert haben im Rahmen der Traumapädagogik eine Studie vorgestellt, die belegt, dass Mitarbeiter der Kinder- und Jugendhilfe wie auch der schulischen Erziehungshilfe häufig (bis zu 81%) mit direkten Aggressionen der Klienten untereinander, aber auch Drohungen und Angriffen gegen sie selbst konfrontiert sind (vgl. Schmid 2008; Steinlin, Dölitzsch, Fischer, Lüdtke, Fegert & Schmid 2015). Auch das Phänomen der Hilflosigkeit bezüglich der belastenden biographischen Informationen, die Pädagogen von Kindern und Jugendlichen hören oder lesen, wird zu einem großen Teil bestätigt (71%), wobei 24% der Befragten von ernsthaften Symptomen berichten (Steinlin, Dölitzsch u.a. 2015, 14).

Eine Untersuchung von Luisa Wagner an meinem Lehrstuhl für Intensivpädagogik an der Fliedner-Fachhochschule Düsseldorf hat die Belastungsfaktoren von Pädagogen und Pädagoginnen differenziert (vgl. Wagner & Baumann in Vorb.). Auch diese Untersuchung kommt zu dem Ergebnis, dass die Arbeit mit stark belastetem Klientel einen der stärksten Belastungsfaktoren darstellt (Wagner & Baumann in Vorb.), wobei die Faktoren des eigen- und fremdgefährdenden Verhaltens sowie der Provokationen und Beleidigungen noch einmal differenziert wurden. Bei einer subjektiven Belastungseinschätzung auf einer Stufenskala von 1-4 erreichte die Arbeit mit stark belastetem Klientel allgemein einen Mittelwert von 3,7, der Umgang mit eigen- und fremdgefährdenden Situationen einen Wert von 3,64 und Provokationen und Beleidigungen 3,63. Als Folgen dieser Herausforderungen gaben die Befragten an: empfundene körperliche Erschöpfung (3,45), emotionale Erschöpfung (3,37), Schlafprobleme (3,2), Kopfschmerzen (2,83) sowie andere psychosomatische Symptome in einer Ausprägungsqualität von 2,7-1,7.

Als deutlichstes Ergebnis trat in der Untersuchung zutage, dass als relevantester Belastungsfaktor in der stationären Jugendhilfe das Gefühl betrachtet werden muss, im Alltag immer wieder vor dem Eindruck zu stehen, den eigenen Ansprüchen nicht gerecht werden zu können. Die Mitarbeitenden haben allzu oft das Gefühl, fachlich zu wissen, was für die Förderung eines jungen Menschen geboten wäre und welche Maßnahmen und Interventionen gut wären. Dies scheint aber im Alltag wenig bis gar nicht realisierbar. Einerseits liegt dies am allgemeinen Personalschlüssel – bei lediglich vier oder fünf Vollzeitstellen für eine Wohngruppe entsteht fast automatisch die Situation, dass Mitarbeitende den größten Teil der Zeit allein im Dienst sind und sich somit kaum einzelnen jungen Menschen zuwenden können. Darüber hinaus fehlt in der Situation der hohen Arbeitsbelastung, die durch Vertretungsdienste, Überstunden u.ä. entsteht, oft auch die Energie für spezielle Interventionen, Fördermaßnahmen oder auch nur Einzelgespräche (s.u.). Jede Lücke wird für kurze Auszeiten der Regeneration genutzt. Dies wiederum schafft ein schlechtes Gewissen und Zweifel daran, ein guter Pädagoge zu sein.
Andererseits steht dies auch im engen Zusammenhang mit der Situation um die vermeintlichen ‚Systemsprenger'. Der Spagat zwischen dem Wunsch, den jungen Menschen halten und helfen zu können, und dem Gefühl, die anderen Kinder- und Jugendlichen zu vernachlässigen, sie in Gefahr zu bringen oder auch nur, ständig „ungerechte" Entscheidungen treffen zu müssen, wird als extreme Belastung erlebt.

Alarmierend ist dabei das Ergebnis in der Studie von Wagner, dass jeder dritte Pädagoge häufig bis täglich darüber nachdenkt, den Arbeitsplatz (35%) oder sogar den Beruf (28%) zu wechseln (vgl. Wagner & Baumann in Vorb.). Sollte auch nur jeder fünfte der Befragten, die dies ausdrücklich benannt haben, dies tatsäch-

lich in die Tat umsetzen, würde sich für die Kinder- und Jugendhilfe eine Katastrophe andeuten, durch welche die Versorgungssituation von vielen tausend Kindern und Jugendlichen in Deutschland in Gefahr gebracht würde. Diese Angst vor einer überhand nehmenden Mitarbeiterfluktuation dürfte so manche Leitungskraft in der Entscheidung, einen jungen Menschen aus der Einrichtung zu entlassen und die Maßnahme abzubrechen, beeinflussen.
Insofern scheint das Thema „Mitarbeitersicherung" eines der zentralen Themen der Pädagogik darzustellen, welches im engen Zusammenhang mit der Fragestellung steht, wie soziale Einrichtungen zu tragfähigeren Orten werden können.

## 7.1 Präventive Settingbedingungen

Bevor über spezifische Interventionen gesprochen wird, gilt erst einmal festzuhalten, welche präventiven Bausteine in einem Setting integriert werden können, um Belastungsmomente möglichst im Vorfeld schon abzufedern.
Als wichtigste präventive Bausteine für emotional gesicherte Mitarbeiter und Mitarbeiterinnen sind diejenigen Aspekte zu sehen, die sichere Rahmenbedingungen der Arbeit gewährleisten. Bereits in unserer Studie: „Kinder, die Systeme sprengen", habe ich darauf hingewiesen, dass z.B. das wirtschaftliche Risiko einer schlechten Belegung eine Systembedingung darstellt, die zur Schwächung des Settings führt und die Gefahr von Abbrüchen steigert. Folgende Aspekte sollten also für die Arbeit mit Hoch-Risiko-Klientel gewährleistet sein, um als „sicherer Rahmen" für pädagogische Interventionen zu fungieren:

- *Wirtschaftliche Sicherheit* des Trägers und eine *(finanzielle) Unabhängigkeit vom Gelingen* des Einzelfalls, so dass ein Scheitern einer Maßnahme nicht auch eine existenzielle Bedrohung für den Träger und/ oder seine Mitarbeitenden darstellt. Wenn im Rahmen der trägerinternen Hierarchie Druck zum Halten weitergegeben werden muss oder schon eine wenig sorgfältige Aufnahmeprüfung möglich erscheint („Wir müssen zur Zeit alles nehmen..."), kann dies die Haltung der Mitarbeitenden dem jungen Menschen gegenüber massiv beeinträchtigen. Und auch wenn Zusatzstunden oder ganze Arbeitsverträge (wie z.B. bei vielen familienanalogen Modellen) an eine Maßnahme gebunden und entsprechend befristet sind, liegt das Risiko finanziell und existentiell ausschließlich bei den betroffenen Pädagogen. Seine Einkommenssituation wiederum ist dann an den jungen Menschen geknüpft und somit ein Stück weit einem „ausgeliefert Sein" Vorschub geleistet. Damit ist die Reibungsfläche, auf welcher der junge Mensch ernsthaften Schaden anrichten kann, unverhältnismäßig erweitert und die Krisen des jungen Menschen bekommen eine überproportionale Macht.

- *Ausreichender Personalschlüssel* und eine *klare Dienst- und Vertretungsplanstruktur*, damit gewährleistet ist, dass nicht einzelne Mitarbeiter aufgerieben werden. Ein wichtiger Belastungsfaktor in der Kinder- und Jugendhilfe ist das Gefühl, permanent Überstunden machen und zu jeder Zeit flexibel einspringen zu müssen. Dies sind zwar Notwendigkeiten, um die Versorgung junger Menschen im Rahmen der Jugendhilfe aufrecht zu erhalten, die eine Leitung voraussetzen muss. Haben aber die Pädagogen das Gefühl, dass dies zum ständigen Bestandteil ihres Arbeitsalltags wird, tritt schnell eine Erschöpfung ein. Nicht selten äußert sich dies in starker Unzufriedenheit mit der Steuerung durch Leitung und mit dem unverhältnismäßigen Bedürfnis, sich privat von seiner Arbeit abzugrenzen. Beides wiederum sind Faktoren, welche die Krisenanfälligkeit erhöhen. Es gibt also keine Alternative: Bei der Ermittlung des notwendigen Personalschlüssels müssen Urlaubszeiten und auch Krankheitstage konsequent und realistisch eingerechnet und auch bereitgestellt werden. Intensivangebote – egal ob als Spezialsetting oder integriert - sollten personell sogar etwas überkalkuliert werden, damit die Dienstplanung verlässlich gewährleistet sein kann. Regelungen, wie im Bedarfsfall Vertretungen organisiert werden und wie Belastungen gerecht verteilt werden, müssen in krisenbesetzten Zeiten erst recht konsequent umgesetzt werden.
  Positive Erfahrungen haben wir auch damit gemacht, wenn Mitarbeitende, die mit besonders aufwendigen Arbeitskontexten betraut sind, neben diesem Arbeitsfeld auch noch weitere Aufgaben haben, die sich von diesem deutlich unterscheiden lassen. Dies erhöht zwar die Zahl der Erwachsenen, mit denen die jungen Menschen konfrontiert sind, weil sich die Zahl der abzudeckenden Stunden auf mehr Mitarbeitende verteilt. Aber die Stabilität des Rahmens geht an dieser Stelle vor den Beziehungsbedürfnissen des Kindes oder Jugendlichen. Und für den einzelnen Mitarbeiter sinkt das Belastungserleben merklich, wenn er neben dem Kontext, in dem er mit besonders hohen Anforderungen konfrontiert ist, auch andere Aufgaben erfüllt, die weniger durch die störenden Verhaltensweisen junger Menschen geprägt sind.
- Möglichkeiten für *Fortbildungen, Supervision und Fachberatung* sichern nicht nur die grundsätzliche Qualität in der pädagogischen Arbeit, sondern sind im Bezug auf die Arbeit mit dem hier beschriebenen Klientel unabdingbare Voraussetzung. Im Kontext der Hilfen zur Erziehung ist zumindest Supervision inzwischen weitestgehend Standard. In schulischen Kontexten oder in der of-

fenen Jugendarbeit ist es leider nach wie vor eher eine Seltenheit, dass Kollegien durch regelmäßige Supervision abgesichert werden. Oft organisieren oder finanzieren Lehrkräfte dies sogar privat.
Wichtiger Fokus dabei ist, dass die Supervision keine reine Fallsupervision sein darf, sondern sich vor allem auf Aspekte des Teams (s.o.) sowie auf die eigenen emotionalen Reaktionen und Beteiligungen an Fallverläufen konzentriert.
Neben der Supervision sind aber auch regelmäßige Fort- und Weiterbildungen hilfreich. Eine gezielte Auseinandersetzung mit Thematiken, die im Arbeitsalltag relevant sind, kann nicht nur dazu beitragen, die Handlungskompetenz von Mitarbeitenden zu erweitern. In der Untersuchung von Wagner gaben 2/3 der Befragten an, Fort- und Weiterbildungen als Entlastung zu erleben, während 14% benannten, auf Grund fehlender Möglichkeiten für Fort- und Weiterbildung zusätzlich belastet zu sein. Gerade die Beschäftigung mit diesen Themen im Rahmen eines Austausches mit anderen Fachkräften (am besten interdisziplinär), mit denen man sonst nicht zusammen arbeitet, stellt dabei offenbar den Schlüssel für eine Perspektiverweiterung dar.
Die Rolle von Fachberatung in diesem Kontext ist es, Fallbesprechungen zu moderieren und spezifische Impulse ins Team hineinzugeben. Die Verantwortung sollte dabei eindeutig auf der Teamebene verankert bleiben, aber Gespräche über die Kinder und Jugendlichen im Rahmen von Dienstbesprechungen laufen häufig unsortiert und unstrukturiert. Der „Blick von außen" kann dabei eine wichtige Unterstützung sein.

Die genannten Aspekte sind präventive Bausteine, die sicherlich nichts Neues oder Besonderes darstellen – in meiner gutachterlichen Praxis stelle ich aber allzu oft fest, dass es genau diese Aspekte sind, die zu wenig Beachtung finden und somit Überforderung mitbedingen und letztlich auch potenzieren können. Auf Grund eines wirtschaftlichen Angewiesen-Seins – sei es bei Schwierigkeiten des Trägers auf Grund von Belegungsdruck oder von nicht auskömmlich verhandelten Entgelten, oder auf Grund abhängig gestalteter Arbeitsverträge – werden Schwierigkeiten zu lange ignoriert, bewusst bagatellisiert oder sogar verschwiegen, bis ein Zustand erreicht ist, der nicht mehr haltbar ist. Pädagogen fühlen sich oft allein gelassen mit den Belastungen der Arbeit, und vor allem: In Phasen zu knapper Personalressourcen wird die Arbeitskraft des Einzelnen sowieso schon bis an die Schmerzgrenze hin ausgereizt, kommt nun noch extrem schwieriges Verhalten eines jungen Menschen hinzu, geht plötzlich gar nichts mehr. Am gravierendsten wirkt sich natürlich das Konglomerat aller drei Aspekte aus. Ein eigentlich sowieso schon länger nicht mehr auszuhaltender Zustand wird dann auf einen einzelnen Klienten projiziert und dort pathologisiert, um sich vor der Erkenntnis der allgemeinen Überforderung zu schützen (siehe Abschnitt 5.4). Sind diese präventiven Bausteine aber gesichert gegeben, können auch hoch anstrengende Phasen besser durchgestanden – aber vor allem früher wahrgenommen werden. Dies ermöglicht auch ein früheres zielgerichtetes Intervenieren, wenn Prozesse sich zu dauerhaften Überforderungen entwickeln, und letztlich gilt immer noch, dass Wahrnehmung die wichtigste Prävention darstellt.

## 7.2 Interventionen bei Grenzverletzungen

Neben diesen genannten Aspekten spielt aber auch die gezielte Intervention zur Sicherung und Restabilisierung nach Grenzverletzungen eine Rolle. Schmid und Kind (2018) haben ein Modell vorgelegt, wie Grenzverletzungen und die Arbeitsmotivation miteinander interagieren können. Dabei führt die grenzverletzende oder überfordernde Situation zunächst zu einem Gefühl von Verlust der eigenen Sicherheit. Dies zieht eine Bedürftigkeit nach sich, die den Wunsch entstehen lässt, der Vorgesetzte oder die Leitung als abstraktes Organ möge durch eine äußere, starke Intervention die Sicherheit wiederherstellen. In diesem Prozess wird (ähnlich wie in Schwabes Modell der institutionellen Eskalation, vgl. Abschnitt 5.4) die Phantasie, eine Entlassung des Kindes sei „die" Lösung, mehr und mehr zum Fokus des Denkens und Beobachtens. Schmid und Kind nennen diese Phase „Ausstoßungstendenz" (Schmid & Kind 2018, 13). Viele Maßnahmen enden an dieser Stelle mit der Entlassung des Kindes oder Jugendlichen. Die zweite Möglichkeit ist aber, dass es keine „schnelle Lösung" gibt und der junge Mensch trotz des Vorfalls bleibt. In diesem Falle droht eine zunehmende Problemfokussierung, es werden „Belege" gesucht, die die Hypothese einer unausweichlichen Entlassung bestätigen. Die Freude an der Arbeit nimmt ab und der Pädagoge begibt sich in den inneren Rückzug. Die zunehmende Unzufriedenheit des Pädagogen erhöht dabei die Gefahr, dass es zu weiteren Grenzverletzungen kommt. Der Prozess der inneren Kündigung geht dabei dem tatsächlichen Arbeitsplatzwechsel voraus (vgl. Modell Schmid & Kind 2018, 13).

Was in diesem Modell deutlich wird, ist die Tatsache, dass weder die Entlassung des Kindes noch der Arbeitsplatzwechsel einen tatsächlichen Ausstieg aus dem Kreislauf bietet. Ich habe das Modell in diesem Sinne noch einmal erweitert, um zu zeigen, dass der Kreislauf nach Grenzverletzungen ein Teufelskreis ist, der auch durch einen einmaligen Ausstieg nicht zu stoppen ist (vgl. Abbildung 5; Modifikationen durch gestrichelte Linien dargestellt).

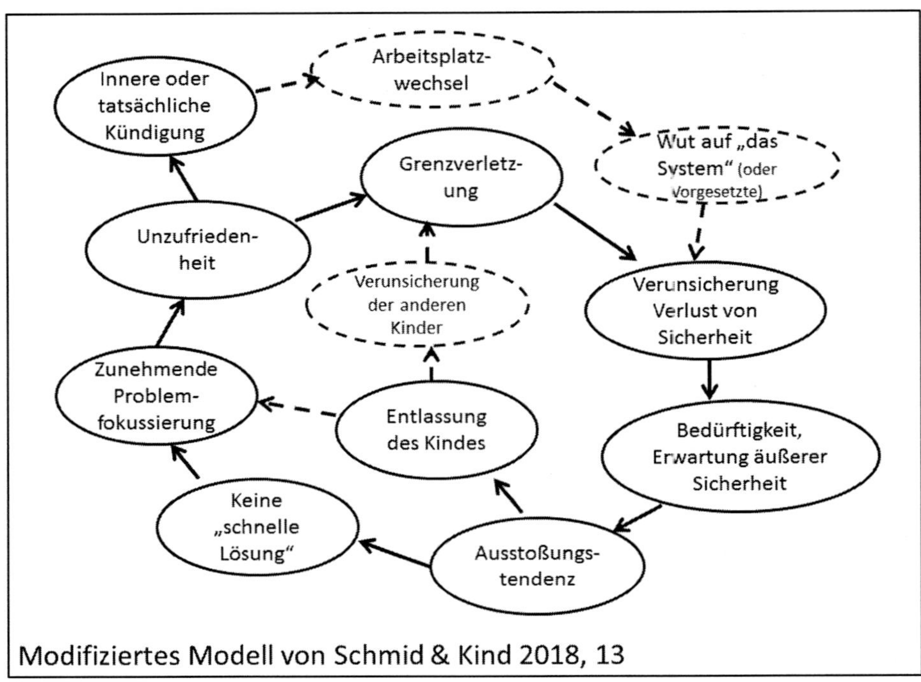

Modifiziertes Modell von Schmid & Kind 2018, 13

Eine erste Intervention besteht darin, sicherzustellen, dass Mitarbeiter im Kontakt mit grenzverletzend agierenden jungen Menschen schnell direkte Unterstützung bekommen und nicht mehr allein in der Situation stehen. Diesen Aspekt habe ich bereits in Abschnitt 4.5 „Krisenverfahrenspläne“ vorgestellt. Wichtig an dieser Stelle noch mal zu betonen: Vor allem die Festlegung der Kommunikationsregeln in der Krisensituation schafft Sicherheit.

Ein weiteres Handlungsmodell, welches ich in den letzten Jahren entwickelt und erprobt habe, ist das Modell der *„Emotionalen Ersten Hilfe“*. Dieses ist eine Strategie zum Umgang mit Ohnmachtssituationen in pädagogischen Handlungsfeldern, um erstens eine Chronifizierung negativer Erfahrungen zu vermeiden und zweitens, um im Falle schwerer emotionaler Auswirkungen eines Vorfalls auf den Betroffenen schnell und rechtzeitig umfassende Interventionen einleiten zu können.
Ausgangspunkt der „Emotionalen Ersten Hilfe“ ist die Akutsituation selbst. Auch dieses Modell geht davon aus, dass ein Mitarbeiter in oder zumindest unmittelbar nach einer schweren Krisensituation Unterstützung durch eine weitere Person erhält. Sobald die Krisensituation soweit bewältigt werden konnte, dass die

Möglichkeit besteht, sich wieder auf sich selbst zu besinnen, ist dem betroffenen Mitarbeiter hierfür Raum zu geben. Dabei gibt es zwei Handlungsleitungen: Erstens, Symbole der Versorgung anbieten, zweitens erzählen lassen, ohne das Erlebte zu sehr als „Drama“ oder „potentiell traumatische Situation“ zu fokussieren.

Mit „Symbole der Versorgung anbieten“ ist gemeint, eine Situation herzustellen, die Entspannung signalisiert – wissend, dass diese nicht zu erreichen ist. Wenn irgend möglich ist ein Ort aufzusuchen, zu dem die betreuten jungen Menschen keinen freien Zutritt haben, so dass es nicht zu unerwarteten Störungen kommen kann. Warme Getränke spielen in dieser ersten Phase eine wichtige Rolle, da diese unabhängig vom Getränk auf Grund der inneren Wärmezufuhr eine beruhigende Wirkung haben. Manchen Menschen hilft es, sich in eine Wolldecke einzuwickeln. Auch leise Musik kann hilfreich sein. Wichtig ist vor allem, den Kollegen in der ersten Zeit nicht allein zu lassen, sondern im Raum zu bleiben. Wenn akute Gewalt gegen den Mitarbeiter im Spiel war, kann auch die Versorgung von Blessuren (kühlen, Sportgel usw.) wichtig sein. Aber auch, wenn nichts Konkretes passiert ist, sondern der Kollege sich „nur“ hilflos gefühlt hat, und potentiell Schlimmeres hätte passieren können, ist dieser Aspekt nicht zu unterschätzen.

Der zweite Aspekt, „erzählen lassen“, ist ebenso wichtig. Unmittelbar nach einer Krisensituation ist nicht der Zeitpunkt für eine kritische Betrachtung der Szenerie und auch nicht für die Erarbeitung zukünftiger Strategien. Für die Bewältigung am Effektivsten scheint, wenn der Betroffene die Möglichkeit erhält, einfach zu erzählen, was er in der Situation erlebt hat – völlig unsortiert und emotional. Der Unterstützer hört zu, unterstützt zugewandt und stellt bestenfalls Verständnisfragen, um sich ein Bild zu machen, was konkret passiert ist. Wichtigste Prämisse in dieser Phase: Der Betroffene hat ein *Recht auf seine Gefühle*, wie unsortiert oder unprofessionell diese auch zunächst erscheinen mögen. Emotionen sind ein Schutzsystem des Körpers und können im ersten Moment nicht falsch sein – und ob sie für die weitere Arbeit hilfreich sind, muss in diesem Moment noch nicht entschieden werden. Dem Unterstützer kommt also die Aufgabe zu, dem Betroffenen zu signalisieren, dass auch Wut oder Hass in diesem Moment empfunden werden dürfen, ohne dass dadurch das Selbstbild des „guten Pädagogen“ erschüttert wird (vgl. Schwabe 2016). Auch Ängste, seien sie noch so übertrieben, irreal oder dramatisierend, gilt es anzunehmen. All diese Gefühle müssen in dieser frühen Phase unmittelbar im Kontext des Krisengeschehens ausgehalten werden. Eine solche erste Phase dauert in der Regel ca. eine halbe Stunde, bevor der Betroffene wieder durch Handeln abgelenkt werden sollte. Zeigen sich Anzeichen eines Schocks oder körperliche Verletzungen, ist dann spätestens eine ärztliche

Versorgung einzuleiten, scheint dies nicht der Fall, kann erst einmal wieder in möglichst routinierte Handlungen übergegangen werden. Sollte innerhalb der Krise ein Straftatbestand aufgetreten sein, sollte die Entscheidung einer Strafanzeige auf den nächsten Tag verschoben werden.

Wichtige Regel: Alle Fragen oder Hinweise, dass der betroffene Kollege die Situation selbst ungeschickt gestaltet haben könnte (vor allem „Warum-Fragen") sind dringend zu vermeiden, selbst wenn es offensichtlich ist oder vom Kollegen selbst angesprochen wird. In der Situation einer frischen emotionalen Erregtheit kombiniert mit Ohnmacht oder Handlungsunfähigkeit kann die Reaktion auf eine solche Gesprächsführung gar nicht anders lauten als: „Jetzt bin ich etwa (selbst) schuld?" – dies ist für die weitere Verarbeitung des Vorfalls absolut kontraproduktiv!

Ein solches Zuhören und Dasein in ruhiger Atmosphäre bei einem warmen Tee oder Kaffee (oder Kakao) wurde von einer Vielzahl von Mitarbeitern, die auf diese Weise unterstützt wurden, als enorme Entlastung rückgemeldet und kann somit als hoch wirksames Kriseninstrument betrachtet werden.

Der zweite Schritt der „Emotionalen Ersten Hilfe" ist der „abendliche Entlastungsanruf". Dieser sollte im Erstgespräch verabredet werden. Auch bei diesem in der Regel maximal zehnminütigen Telefonat steht das „erzählen lassen" im Mittelpunkt. Die Fragen: „Wie geht es Dir?" und „Was könnte Dir helfen, gut zu schlafen?" regen an, noch einmal ein emotionales Feedback zu bekommen, welches hilft, die Nacht ruhiger zu begehen. Das Motto lautet: „Was ich um 21:00 Uhr jemandem erzähle, muss mich um 23:00 Uhr nicht am einschlafen hindern..." Darüber hinaus signalisiert der abendliche Entlastungsanruf auch, dass das Gegenüber wahrgenommen hat, dass es sich wirklich um eine schwierige Situation gehandelt hat. Dies hilft dabei, die eigenen Gefühle als normal anzuerkennen und dadurch weniger als fremden Anteil in sich zu erleben.

Spätesten nach drei Tagen muss sich vergewissert werden (in einem dritten Gespräch), dass die emotionale Wirkung des Vorfalls sich abschwächt und das Erleben sich normalisiert. Wichtig scheint dabei, dass dem Betroffenen mit der Erwartung begegnet wird, dass dies der Fall sei. Untersuchungen haben gezeigt, dass eine zu starke Fixierung darauf, dass ein Ereignis doch bestimmt ganz schrecklich gewesen sei, die Erinnerung an das Ereignis massiv verfälschen und das Risiko einer sich entwickelnden Traumatisierung sogar verstärken kann (vgl. Shaw 2016). Wenn dies in der Tendenz nicht erscheint, dann sollte dem betroffenen Mitarbeiter dringend die Möglichkeit einer Einzelsupervision angeboten werden, um außerhalb des unmittelbaren Arbeitskontextes seine Gefühle sortieren zu können. Wenn sich in diesem Gespräch eine Beruhigung, Neutralisierung oder sogar schon emotionale Distanzierung andeutet, kann ein Termin für ein offizielles Reflexionsgespräch anberaumt werden, welches dem Abschluss der Intervention dient. In diesem Reflexionsgespräch können mehrere Teammitglieder teilnehmen und auch Fragen bearbeitet werden, die auf präventive Strategien in der Zukunft zielen.

## 7.3 Selbst-Management

Ungeachtet aller Hinweise, dass es unterstützende Methoden, Umgangsweisen und Settingbedingungen gibt, welche zur Mitarbeitersicherung einen wesentlichen Beitrag leisten, bleibt aber ein wesentlicher Bestandteil auch bei den Mitarbeitenden selbst. Das persönliche Erleben emotionaler Sicherheit und Handlungsfähigkeit ist auch eine Frage der eigenen Emotionsregulation. Jeder Mitarbeitende kann für sich eine Menge dazu beitragen, seine Arbeit sicher und gesund zu verrichten, ohne dabei in die Überforderung zu gehen. An dieser Stelle sollen Hinweise hierzu gegeben werden, wie pädagogisch Tätige an ihrer eigenen Belastungs- und Entlastungsgrenze arbeiten können:

*Sich informieren und Fakten bewerten*
Ein erster wichtiger Schritt besteht darin, dass jeder Mitarbeiter, der mit einem jungen Menschen konfrontiert ist, welcher erwartbar Schwierigkeiten bereiten wird, sich ein möglichst umfassendes Bild der Situation macht. Dabei rückt häufig die Diskussion in den Fokus, ob z.B. die Akte eines Klienten zu Beginn der Maßnahme gelesen werden sollte, oder ob man sich zunächst „ein eigenes Bild macht", ohne dabei durch Vorinformationen belastet zu sein. Sicherlich gilt, dass Berichte, Akteneinträge, Gutachten und Diagnosen unser Bild prägen können und somit die Wahrnehmung des jungen Menschen in eine bestimmte Richtung lenken. Andererseits kann nicht deutlich genug gesagt werden, dass es grob fahrlässig ist, verfügbare Informationen im Bezug auf so genannte ‚Systemsprenger' nicht zur Kenntnis zu nehmen und somit zu riskieren, Fehler, vermeidbare Muster und Verstrickungen zu wiederholen. Insofern ist die sorgfältige Anamnese unabdingbar.
Natürlich kann ein Team für sich entscheiden, dass nicht jeder alle verfügbaren Informationen vorher liest. Wichtiger erscheint mir aber, dass die Pädagogen verfügbare Informationen und Vorberichtet für sich bewerten. Dies gilt genauso für die Informationen, die man im Laufe der Hilfe durch Teamkollegen bekommt

(„Gestern ist ... passiert...“). Dabei müssen folgende Unterscheidungen getroffen werden:

- Welche Intention lässt sich dahinter vermuten, dass bestimmt Informationen und Sachverhalte im Mittelpunkt der Berichterstattung stehen, und andere nicht? So sind Berichte, die mit einer Beendigung der Hilfe einhergehen, immer vor diesem Hintergrund verfasst und können Elemente der übersteigerten Dramatisierung enthalten (z.B. um den Abbruch zu rechtfertigen) oder auch einseitig erreichte Erfolge fokussieren. Ein Arztbericht muss zwingend eine psychiatrische Diagnose enthalten, da dies die Grundlage für die Abrechnung medizinischer Leistungen darstellt. Ein Bericht – egal ob mündlich oder schriftlich – ist bekanntlich niemals neutral, sondern enthält immer auch einen Teil der Selbstoffenbarung des Verfassers sowie die Theorie, welche der Verfasser über den Leser des Berichtes und der gegenseitigen Beziehung hat.
- Wie sind die Etikette, die in den Vorberichten oder in Erzählungen von Kollegen verwendet werden, emotional bei mir besetzt? Welche Erfahrungen habe ich mit Kindern, die ebenfalls mit diesen Etiketten belegt waren? Bestimmte „Schlagworte“, wie z.B. „zündeln“, „fremdgefährdend“, „unberechenbar“ oder „sexualisiert“ lösen beim Leser völlig unterschiedliche Assoziationen aus. Sie sind inhaltlich aber meist eher als Leerformeln zu betrachten (bei einer Mini-Auswertung von 20 Entlassungsberichten, die sich solcher Etikette bedienten, zeigte sich, dass die Spannweite der durch diese Begriffe bezeichneten Verhaltensweisen von in jeder jugendlichen Entwicklung zu erwartenden Verhaltensweisen bis zu schwersten Straftaten reicht), vermitteln aber den Eindruck, es handele sich um allgemeinverständliche Fachbegriffe. Hilfreich ist es, diese Schlagworte in Texten farblich zu markieren und hinterher zu untersuchen, ob es konkrete Hinweise darauf gibt, was sich dahinter verbirgt.
- Welche typischen Muster enthalten die Berichte, die sich umgehen lassen, wenn man sie in der Interaktion mit dem jungen Menschen berücksichtigt? Was kann ich für den Umgang mit dem jungen Menschen daraus lernen?
- An welchen Stellen habe ich das Gefühl, dass ich noch mehr Informationen oder auch spezifisches Fachwissen brauche, um mich sicher zu fühlen, was auf mich zukommt? Woher kann ich diese Informationen bekommen?

- Was wäre in meiner Phantasie der „Worst-Case", also das Schlimmstmögliche, was passieren könnte? Kann ich mich auf einen solchen Fall vorbereiten? Kann ich mir jetzt schon einmal einen „Notfallplan" zurechtlegen, falls dieser Fall eintreten sollte (auch wenn dies in der Realität vermutlich sehr unwahrscheinlich ist...)?
- Was von dem, was ich erfahren habe, will ich mit meinem Team und/ oder meinen Vorgesetzten noch einmal besprechen?

Informationen müssen grundlegend dahingehend reflektiert werden, welche Handlungsräume, aber auch welche Gefahren sich daraus ergeben. Jedes vermeintlich noch so einfach zu benennende Symptom ist in der Realität immer vieldimensional und muss als solches reflektiert werden. Aktuell arbeiten wir zum Beispiel an einem Inventar zur pädagogischen Handlungsfähigkeit bei sexuell übergriffigem Verhalten (Baumann i.Vorb.), welches darauf abzielt, die verschiedenen Dimensionen durch verschiedene, mit der Problematik konfrontierter Fachkräfte einschätzen zu lassen. Kern ist dann die Auseinandersetzung gerade mit den Punkten, an denen es sehr unterschiedliche Einschätzungen gibt, sowie die Einschätzung besonders gefahrengeladener Aspekte, aber auch der Handlungsspielräume, die sich daraus ergeben. Erste Praxiserprobungen zeigen, dass eine auf diese Weise vorgenommene mehrdimensionale Betrachtung und Bewertung von Problembereichen, fußend auf einer fachlich fundierten theoretischen Aufarbeitung der Beobachtungsschwerpunkte, die Handlungssicherheit der einzelnen Pädagogen deutlich erhöhen kann.

*Die eigene Grenze wahrnehmen*

Im Kontext des Selbst-Managements ist es wichtig, dass Mitarbeiter auch sorgfältig ihre eigenen Grenzen beobachten. Ziel dabei ist es nicht, sich rechtzeitig zurückzuziehen, sondern durch die bewusste Wahrnehmung an den eigenen Grenzen handlungsfähig zu bleiben und nicht in die Ohnmacht zu gleiten. Die individuellen Grenzen des Pädagogen können dabei vielfältig sein. Es können konkrete störende Verhaltensweisen sein, die auch im Fokus der Problematik stehen (z.B. Umgang mit sexuell auffälligen/ übergriffigen jungen Menschen, Angst vor Suizidalität, Ekel vor Blut bei Selbstverletzungen, Tierquälerei etc.). Teilweise sind es auch Haltungen und Einstellungen der jungen Menschen oder ihrer Familien (z.B. rechtsradikales Gedankengut, Frauenfeindlichkeit, extreme Selbstherrlichkeit etc.) oder aber auch Dinge im Alltag, die von außen betrachtet kein großes Problem darstellen, aber in der Interaktion belastend werden (z.B. Ekel erregende Essgewohnheiten, Umgang mit Hygiene).

Neben diesen klientenbezogenen Faktoren gibt es aber auch Grenzen in der Gestaltung von Arbeitsprozessen. So kann eine dauernde Vertretungssituation auf Grund von Krankheit die Belastungsgrenzen des Einzelnen schnell erreichen. Häufig steht dann gar nicht im Fokus, wie viele Stunden oder Dienste tatsächlich gearbeitet werden müssen, sondern das Gefühl, „andauernd" auf Abruf zu sein, sprengt die persönliche Belastungsgrenze.
Im Rahmen des Selbst-Managements muss der Pädagoge diese Grenzen sorgfältig beobachten und bewerten. Wo sind Grenzen meine individuelle Grenzen und welche Rolle spielen sie im Alltag? Warum ist dies für mich eine Grenze, für andere Menschen vielleicht noch nicht? Welche Möglichkeiten habe ich, die Situationen, die meine persönliche Grenze überschreiten, zu vermeiden (ohne dabei Kollegen unverhältnismäßig zu belasten)? Welche Entlastungsmöglichkeiten habe ich, um die Grenzverletzungen auszuhalten? Kann ich die Grenzerfahrung auch positiv umdeuten (Refraiming)?
Auf der Grundlage eines solchen Reflexionsprozesses kann ich zu einer Neubewertung meiner persönlichen Grenzen kommen und sie somit auch verschieben – nicht unbeschränkt, aber doch beträchtlich.

*Eigene Gefühle beobachten*

Jeder Mensch erlebt ein breites Spektrum an Gefühlen und Affekten. Dabei ist es weder möglich noch erstrebenswert, nur bestimmte Affekte wie Glück oder Freude zu erleben und andere wie Angst oder Traurigkeit aus seinem Leben zu verbannen. Insofern ist ein breites Spektrum an affektiven Zuständen der menschliche Normalzustand und ein Zeichen von psychischer Gesundheit, während eine Fixierung auf nur eingeschränkte Ausschnitte affektiven Erlebens als pathologisch betrachtet werden kann (Ciompi 1999).
Da die Erwerbsarbeit beim Menschen in unserem Kulturkreis einen großen Teil des Lebens und auch einen Teil unserer Identitätsfindung ausmacht, ist es ebenfalls normal, im Bezug auf die Arbeit die gesamte Spanne menschlicher Affektzustände zu erleben. Insofern sind auch negative Gefühle und Affekte bei der Arbeit nicht per se problematisch. Aber die Gefahr, dass gerade im Umgang mit Kinder und Jugendlichen mit massiv störenden Verhaltensweisen bestimmte Affektzustände in den Mittelpunkt des Erlebens rücken (z.B. Angst oder Wut), ist zweifellos deutlich erhöht und schränkt die Arbeitsfähigkeit ein. Je früher ein Mensch jedoch merkt, dass sich bestimmte affektive Bewertungen als Standardreaktion einstellen und somit zu automatisieren drohen (dieses Phänomen kann sowohl im Rahmen von Ciompis Theorie der Affektlogik als auch in Damasios Theorie der somatischen Marker präzise beschrieben werden; vgl. Cimpi 1999, Damasio

2010), desto eher kann er die Muster noch durchbrechen und zu einer Neubewertung kommen.
Als Methoden kann dabei alles zum Einsatz kommen, was den eigenen Gefühlszustand dokumentiert und über einen bestimmten Zeitraum beobachtbar macht. Persönlich habe ich mit zwei Methoden gute Erfahrungen gemacht. Einerseits ist die *Methode des pädagogischen Tagebuches* ein hilfreiches Selbstbeobachtungsinstrument. Dabei schreibt der Pädagoge jeden Tag nach der Arbeit einen kurzen Eintrag, welche besonderen Ereignisse seinen Arbeitsalltag heute geprägt haben und welche Gefühle er dabei erlebt hat. Schon der Prozess des Schreibens ist dabei ein erster Schritt der Psychohygiene, noch entscheidender ist aber, nach ca. vier bis sechs Wochen noch einmal alle Tagebucheintragungen zu lesen und seine emotionalen Bewertungen noch einmal zu überprüfen. Wichtig sind dabei vier Leitfragen: 1. Gibt es Gefühls- und Affektzustände, die besonders deutlich und häufig zutage treten? 2. Erlebe ich beim Lesen der Einträge klar zu benennende Gefühle? 3. Hat sich meine emotionale Bewertung dieser Situationen mit etwas Abstand verändert oder kann ich mich von den damals erlebten Gefühlszuständen mittlerweile deutlicher abgrenzen? 4. Wie möchte ich Situationen dieser Art oder meinen Kontakt mit dem Klienten zukünftig gerne bewerten?
Als zweite Methode der Selbst-Beobachtung schlage ich ein eigenes Self-Monitoring vor (vgl. zur Methode Baumann, Albers & Bolz 2017). Der Pädagoge bewertet täglich auf einer Skala von 1-6 die Frage: „Heute habe ich folgende Gefühle erlebt" für die sechs in der Emotionspsychologie als Basis-Emotionen (Merten 2013) beschriebenen Affekte Freude, Angst, Traurigkeit, Wut, Ekel und Scham. Auch hierbei gilt, dass die tägliche Reflexion schon einen ersten Effekt hat, Interessant aber wirklich wird, wenn nach vier Wochen die einzelnen Werte anhand einer Kurve betrachtet werden. Die Bewusstmachung, dass in der täglichen pädagogischen Arbeit bestimmte Gefühlszustände eine unverhältnismäßig starke Rolle spielen, oder auch besonders starken Schwankungen unterworfen sind, hilft, die eigenen Emotionen zu regulieren und sich von unverhältnismäßigen Bewertungen, die in dem Moment zwar stark erlebt werden (und demnach auch nicht „falsch" sein können), nachträglich zu distanzieren und eine Neubewertung vorzunehmen.
Diese Selbst-Beobachtung hilft, eine innere Distanz zu den belastenden Anteilen der Arbeit zu bekommen und seinen affektiven Reaktionen nicht ausgeliefert zu bleiben, was einen wichtigen Schritt der eigenen Identitätsbildung darstellt. Auf dieser Grundlage habe ich in einem Workshop zur Emotionsregulation einmal mit den Teilnehmenden in Anlehnung an Reiser (2000) folgende Fragen zur „inneren Distanz" entwickelt, die sich als Fallreflexion bewährt haben:

- Notieren Sie sich einmal fünf Stichworte: Warum bewegt Sie dieser „Fall" oder dieses Verhalten?
- Was haben Sie in den letzten Monaten positives oder erfreuliches mit dem Klienten erlebt? Welche Seiten oder Eigenschaften der beteiligten Personen gefallen Ihnen gut?
- Was würden Sie gerne mal mit einer der beteiligten Personen erleben oder unternehmen (auch wenn dies vielleicht den professionellen Rahmen der Arbeit überschreiten würde)?
- Was würde diese Person vermutlich gerne mal mit Ihnen unternehmen oder erleben (auch wenn dies den beruflich/ professionellen Rahmen überschreiten würde – Phantasien zulassen)?

Auf dieser Grundlage kann eine innere Distanzierung als ein wesentlicher Schritt der eigenen Sicherung gelingen und die erlebte Handlungskompetenz gesteigert werden.

## 7.4 Nachbearbeitung von Krisensituationen und/ oder schwierigen Fallverläufen

Schon in der Studie: „Kinder, die Systeme sprengen", welche im ersten Band vorgestellt wurde, ist im Rahmen der Interviews mit Mitarbeitenden der Kinder- und Jugendhilfe deutlich zutage getreten, dass bestimmte Erlebnisse und auch ungünstig verlaufende Fallverläufe zum Teil noch Jahre nachwirkende Spuren bei den Befragten hinterlassen haben (vgl. Baumann 2010). Diese wirken nicht nur als Belastungsfaktoren auf den Mitarbeiter, sie bergen auch die oben beschriebene Gefahr, zukünftige Prozesse zu beeinflussen und als Thema in späteren Situationen wieder an die Oberfläche zu treten und die erlebte Handlungsfähigkeit des Betroffenen zu beeinträchtigen. Dieses zeigt sich bei den Betroffenen in einer reichhaltigen Mischung aus Selbstrechtfertigung („*So sind nun mal die Grenzen unserer Arbeit hier...*"), dem Gefühl, versagt zu haben („*Vielleicht waren wir damals zu vorschnell, aber...*"), der Angst, nicht alles getan zu haben („*Heute denke ich, wir hätten es noch mal versuchen müssen...*") und dem Infragestellen der eigenen professionellen Identität („*Ich denke dann heute: Stell dich nicht so an, dass ist dein Job! Aber...*") (vgl. Baumann 2010, Schwabe 2016).

Insofern ist in der Arbeit mit Kindern und Jugendlichen, die durch massiv störendes Verhalten herausfordern, die Nachbearbeitung sowohl einzelner Krisensituationen als auch von einzelnen Phasen des Hilfeverlaufes besonders bedeutsam. Folgende Aspekte scheinen dabei bedeutsam zu sein:
Erstens sollte der Prozess der Nachbearbeitung *moderiert* erfolgen. Das bedeutet, es muss im Rahmen von Kollegialer Beratung oder von Leitungsseite registriert werden, dass es sich um ein Ereignis oder eine Ereignisfolge oder um einen Fallverlauf handelt, wonach mit Nachwehen zu rechnen ist, und es muss bestimmt werden, wer die Nachbearbeitung ab diesem Zeitpunkt moderierend mitgestaltet. Zum Prozess der Nachbearbeitung gehören dabei drei Schritte:

- Rekonstruktion der Sinnhaftigkeit des Verhaltens des jungen Menschen.
- Überlegung, ob es eine Wiedergutmachung oder ein Übergangsritual geben kann.
- Planung und Gestaltung der nächsten Begegnung/ einer abschließenden Begegnung.

Bereits 2009 habe ich auf die enorm entlastende Wirkung hingewiesen, welche Verstehensprozesse in der pädagogischen Interaktion zukommt (Baumann 2009). Wenn ich die Sinnhaftigkeit des Verhaltens des jungen Menschen, also seinen „guten Grund“, wie es in der Traumapädagogik benannt wird (vgl. Schmid 2014), im Rahmen seiner Biographie und im Kontext des Fallverlaufes verstanden habe, brauche ich die mit Vorfällen und unverstandenen Interaktionen einhergehenden Affekte nicht mehr auf mich selbst zu beziehen. Ein Beispiel mag dies verdeutlichen:

*Zwischen ‚Marc‘ und seiner Bezugsbetreuerin ist es zu einer Auseinandersetzung gekommen, in deren Rahmen ‚Marc‘ die Kollegin geschubst hat und als „blöde Hure“ beleidigte. In einem anschließenden Gespräch mit der Gruppenleitung äußerte ‚Marc‘ die Drohung, er würde dafür sorgen, dass sie mal so richtig „gefickt“ werden würde.*
*Die Kollegin ist sehr betroffen, versteht einerseits nicht, warum ‚Marc‘ in dieser Situation so heftig reagiert hat, fühlt sich aber gleichzeitig massiv bedroht und traut sich kaum, mit ‚Marc‘ in der Gruppe Nachtdienst zu machen. Eine biographische Interpretation des Konfliktes zeichnet dabei folgendes Bild: ‚Marc‘ ist der einzige Sohn im Haushalt seiner alleinerziehenden Mutter. Neben ihm gibt es noch zwei jüngere Schwestern. Immer wieder erlebt ‚Marc‘, dass seine Mutter Opfer schwerer Gewalt durch diverse Männer, die ihm als neue Väter vorgestellt werden, erleiden muss. Schließlich beginnt ‚Marc‘, die Männer, die seine Mutter*

*mit nach Hause bringt, seinerseits zu provozieren, bis es zur gewaltsamen Eskalation zwischen den Männern und ihm kommt. Teilweise bekommt die Mutter dies mit, dann trennt sie sich von dem jeweiligen Mann. Teilweise inszenieren die Männer ihre Gewalt an ‚Marc' aber auch heimlich. Dann kommt es nicht zur Trennung, aber die Mutter und die Schwestern bleiben von der Gewalt weitestgehend verschont, da ‚Marc' alles abfängt. Schließlich verliebt sich die Mutter in einen Mann, der allen Provokationen zum Trotz nicht gewalttätig reagiert, selbst als ‚Marc' ihn mit einem Baseballschläger bedroht. ‚Marc' provoziert und bedroht diesen Mann immer massiver, woraufhin sich die Mutter ans Jugendamt wendet. Als ‚Marc' mit dreizehn Jahren in einem von ihm inszenierten Streit schließlich eine Beule in das Auto des neuen Freundes tritt, wird er in Obhut genommen.*

*Auf der Grundlage dieser Informationen wird nun der besagte Abend reflektiert. Vormittags war ein kleinerer Junge in die Gruppe neu aufgenommen worden. ‚Marc' war sofort in die Rolle „des Großen" geschlüpft und habe dem Jungen alles erklären und zeigen wollen. Tagsüber habe dies aus Sicht der Mitarbeitenden ganz gut funktioniert. Am Abend schickte die Betreuerin nun diesen neuen Jungen ins Badezimmer, er solle sich die Zähne putzen. Der Junge sei aber direkt in sein Zimmer gegangen und habe sich ins Bett gelegt Die Mitarbeiterin sei daraufhin in sein Zimmer und habe ihn noch einmal aufgefordert, die Zähne putzen zu gehen. Ob der Junge dieser Aufforderung nachgekommen sei, wisse sie nicht, denn als sie fünf Minuten später nach oben ging um nachzusehen, habe ‚Marc' sie abgefangen und den Streit begonnen, in dessen Rahmen es dann zum Schubsen und zu den Drohungen und Beleidigungen gekommen sei.*

*Die Fallbesprechung half der Kollegin im Rahmen der Nachbearbeitung, diesen Vorfall von sich als Person und von der Beziehungsebene zwischen ihr und ‚Marc' zu abstrahieren und somit sich selbst ein Stück aus dem Geschehen herauszunehmen, wodurch eine weitere Zusammenarbeit zwischen ‚Marc' und ihr möglich wurde. Die entlastende Funktion des Fallverstehens ermöglicht einen Neuanfang und entlastet die Gesamtsituation von dem Vorwurf der Aggression.*

In vielen Fällen spielt auch die Frage eine große Rolle, ob es eine Wiedergutmachung, Entschuldigung oder ein Übergangsritual zur Wiederherstellung eines Arbeitsbündnisses geben kann und muss. Dies ist in vielen Fällen zutreffend, wird in der Praxis aber allzu oft recht lieblos und bedeutungslos inszeniert. Auf der einen Seite ist es für den betroffenen Mitarbeiter extrem schwierig einzuschätzen, wann eine Wiedergutmachung angemessen, eine Entschuldigung oder ein Versöhnungsritual aufrichtig und ernsthaft gemeint ist. Auf der anderen Seite ist es extrem unwürdig, als vom Konflikt Betroffener und vielleicht sogar Geschädigter einer Entschuldigung oder einer Wiedergutmachung „hinterherrennen" zu sollen. Das „Opfer" ist dabei vor der Machtausübung, welche der „Täter" durch die Verweigerung weiter zementiert, zu schützen. Gerade an dieser Stelle greift das Prinzip der Moderation: Unmittelbar nach einer konflikthaften Situation wird festgelegt, welcher Kollege den Prozess der Wiedergutmachung, der Entschuldigung oder des Versöhnungsrituals begleitet, mit dem jungen Menschen vorbereitet und dann auch bewertet, ob die Bemühungen des jungen Menschen entsprechend anzuerkennen sind. Durch diese Art der Begleitung erhöht sich die Ernsthaftigkeit des Prozesses ungemein und der betroffene Kollege wird entlastet und erhält die Chance, einen solchen Übergang zurück zur alltäglichen Normalität entspannter anzunehmen.

Eng damit zusammenhängend ist der dritte Aspekt, die Planung der nächsten Begegnung bzw. einer abschließenden Begegnung, wenn der Konflikt die letzte Interaktion im Rahmen einer Hilfe war. Nach vielen Ereignissen, egal ob sie zu einem Maßnahmeabbruch führen oder nicht, ist ein „Zurück zur Routine" so einfach nicht möglich. Das am häufigsten beschriebene Gefühl ist dabei die Unsicherheit, wie einerseits der junge Mensch auf die Begegnung reagieren wird, aber auch wie andere Kinder und Jugendliche, welche den Vorfall miterlebt haben, reagieren werden. Und letztlich auch die Unsicherheit bezüglich der eigenen Reaktionsweise stellt oft einen Unsicherheitsfaktor dar. Wieder soll ein Beispiel dies verdeutlichen:

*In einer Förderschule unterrichten im Fach Naturwissenschaften zwei Kolleginnen gemeinsam eine fünfte Klasse. Dies ermöglicht es, trotz der großen Unruhe einzelner Schüler, auch mal kleinere Experimente durchzuführen. Allerdings zeigen sich die Schüler und Schülerinnen sehr fixiert auf die Klassenlehrkraft, die Fachlehrerin wird eher ignoriert, teilweise sogar mit Kommentaren, nur eine Aushilfslehrerin zu sein, bedacht. Für diesen Tag ist ein großes Experiment angekündigt, in welchem die Übergänge von fest zu flüssig zu gasförmig an verschiedenen Stoffen beobachtet werden sollen.*

*Morgens meldet sich die Klassenlehrkraft krank. Die Fachlehrerin ist also allein in der Klasse und entschließt, besser kein Experiment mit dem Bunsen-Brenner zu machen. Stattdessen will sie einen Film über Wasserkraftwerke und Staudämme zeigen. Als sie dies der Klasse mitteilt, kommentiert ‚Mirko' dies mit einem hämischen Lachen und den Worten: „Traust Dich alleine nicht, was? Willst uns mit dem Fernseher ruhigstellen!". Die Stunde verläuft unruhig, immer wieder werden in der Klasse Sprüche laut, wie zum Beispiel: „Von der Mauer würde ich Frau X gerne mal runterschubsen", oder: „Sehen Sie mal Frau X, Feuchtigkeit bringt Energie – nicht nur zwischen den Beinen!". Frau X, bemüht, eine ruhige und souveräne Ausstrahlung beizubehalten, bricht den Film schließlich ab und verteilt eine Schreibaufgabe. ‚Mirko' provoziert weiter und verkündet lautstark jeden in der Pause zu schlagen, der auch nur einen Stift in die Hand nimmt. Er kündigt an, erst Ruhe zu geben, wenn Frau X heulend aus der Klasse rennt und den Schulleiter holt. Frau X ermahnt ‚Mirko', wenn er die Drohungen gegen Sie und seine Mitschüler nicht sofort beende, werde sie seine Eltern anrufen. Daraufhin steht ‚Mirko' auf und läuft drohend auf sie zu. Sie holt ihr Mobiltelefon aus der Tasche, ‚Mirko' schlägt ihr dieses aus der Hand und spuckt ihr ins Gesicht. Daraufhin rennt er aus der Klasse, brüllt im Flur eine letzte Beleidigung und verlässt das Schulgelände. Frau X merkt, dass ihr tatsächlich Tränen die Wange runterlaufen, und verlässt die Klasse. Eine Kollegin, die ihr auf dem Flur begegnet, bietet an, die Klasse für den Rest der Stunde zu übernehmen. Ein Schüler steckt seinen Kopf zur Tür heraus und ruft: „'Mirko', kannst zurückkommen. Du hast es geschafft!".*

*Die nächsten drei Tage lässt sich Frau X krankschreiben. Am dritten Tag erhält sie einen Anruf vom Schulleiter, die Klassenkonferenz habe ‚Mirko' für zwei Wochen vom Unterricht ausgeschlossen. ‚Mirko' habe sich allerdings einsichtig gezeigt und beim Schulleiter entschuldigt. Ob ihm dies bei Frau X auch gelänge, habe er nicht mit Sicherheit sagen können, da er sich von ihr provoziert fühle. Er wolle sich aber mehr Mühe geben, Frau X nicht noch einmal so anzumachen.*

Welche Gedanken und Fragen gehen Frau X nach diesem Vorfall durch den Kopf, die sie sich nicht arbeitsfähig fühlen lassen und ihre Handlungsfähigkeit lähmen? Im Wesentlichen sind die folgenden drei Fragenkomplexe Kern ihrer inneren Gedankenschleifen:

- Wie wird die Klasse darauf reagieren, dass sie gesehen haben, wie ‚Mirko' sie geschlagen und bespuckt hat und sie daraufhin weinend den Raum verlassen musste? Werden in Zukunft noch mehr Schüler versuchen, sie zu schlagen, wenn sie Konflikte mit ihr haben? Weiß die ganze Schule von dem Vorfall, und wird sie in anderen Klassen darauf angesprochen werden?
- Wie wird ‚Mirko' reagieren, wenn sie wieder aufeinandertreffen? Sieht er sich in dieser Situation als „Sieger"? Wird er mit dem Ereignis prahlen und angeben? Wird er die Überlegenheit, sie gedemütigt zu haben, ausnutzen? Wird er es wieder tun?

- Wie wird sie reagieren, wenn sie der Klasse und ‚Mirko' gegenübertritt? Wird sie ihre Wut, ihre Rachegedanken und ihren Zorn – aber auch ihre Angst, in einer ähnlichen Situation wieder genauso hilflos zu sein, verbergen können? Wird sie vielleicht sogar weinen müssen, wenn sie wieder mit dieser Klasse arbeitet und auf den Vorfall angesprochen wird?

Zwei der drei Fragenkomplexe sind unabhängig von der Perspektive für ‚Mirko'. Selbst, wenn er die Schule verlassen müsste, blieben die Fragengruppen eins und drei davon unberührt. Und wenn die Lehrerin in der Nähe der Schule wohnt, würde sich sofort die Frage stellen, was passiert, wenn sie ‚Mirko' einmal nachmittags im Einkaufszentrum treffen würde?
Was an diesem Beispiel deutlich wird: Sowohl die persönliche berufliche Situation von Frau X, als auch die weitere Beschulung von ‚Mirko' und die Situation der gesamten Schulklasse sind wesentlich davon abhängig, dass neben der direkten Intervention bezogen auf den Vorfall eine gute Nacharbeit stattfindet, welche Frau X keinesfalls in Eigenregie erbringen kann. Über die stabilisierenden Angebote, die ich bereits beschrieben habe, hinaus braucht es eine konkrete Planung und Gestaltung der nächsten Situationen, denn die Ängste und Befürchtungen von Frau X sind real und lassen sich nicht kleinreden. Neben der gedanklichen Auseinandersetzung mit der Frage, was es für Frau X bedeuten würde, wenn eines der in ihrem Kopf umherschwirrenden Horrorszenarien tatsächlich eintreten würde, bedarf es der kollegialen Erarbeitung eines Notfallplanes, welche Reaktionsweisen Frau X in solchen Situationen zur Verfügung stehen. Welche Botschaft möchte sie der Klasse mitteilen? Und wie? Ohne ‚Mirko', oder gleich als Ankündigung in seinem Beisein? Sollte sie allein in die Klasse gehen, um über den Vorfall zu sprechen, oder mit der Klassenlehrkraft (oder einem anderen Teil des Kollegiums) gemeinsam? Sollte sie ihre Gefühle bezüglich des Vorfalls ehrlich mitteilen (die Schüler haben es eh gemerkt, jetzt plötzlich „die Starke" zu spielen, würde vermutlich das Gegenteil bewirken), vielleicht sogar bewusst zulassen, dass sich bei ihr im Gespräch Affekte Ausdruck verschaffen? Es gibt auf alle diese Fragen keine pauschalen Antworten, aber eines scheint klar: Stellt sich die Kollegin diesen Fragen nicht, bevor sie in die Arbeit zurückkehrt, steigert dies die Wahrscheinlichkeit, dass die Lehrkraft dauerhaft in ihrer beruflichen Sicherheit beschädigt bleibt und entweder eine sehr schwierige berufliche Identität entwickelt (da hilft dann auch kein Schulwechsel mehr) oder aber trotz eines ehemals großen pädagogischen Engagements der pädagogischen Arbeit mit Kindern in schwierigen Lebenslagen den Rücken kehren wird. Nur eine sorgfältige Nachbearbeitung

des Vorfalls, eine klare Klärung der weiteren pädagogischen Arbeit mit der gesamten Situation und eine persönliche Stärkung der Kollegin, bis das Ereignis wirklich durchgestanden ist, können hier helfen. Das kostet Zeit, das kostet Mühe, aber der Preis für eine nur oberflächliche Bearbeitung ist höher – für alle Beteiligten ergeben sich enorme Lernchancen, wenn die Einrichtung sich diesem Prozess stellt.

## 8. Hilfreiche Settingbedingungen für „tragfähige" Angebote

In der pädagogischen Praxis wird häufig der Schwerpunkt auf die Arbeit an Konzepten gelegt, obwohl die Idee des Konzeptes noch ein relativ großes Abstraktum darstellt, welches zwar im ersten Schritt zwischen Theorie und Praxis verbinden kann (vgl. Reiser 2005), in letzter Konsequenz aber eben nur eine Rahmung darstellt. Für die Planung von Hilfen für die in diesem Buch im Zentrum stehenden jungen Menschen scheint aber ein besonderes Augenmerk auf eine andere Ebene wichtig, auf die Ebene des Settings und der dort zu gestaltenden Elemente. Was aber ist mit der Ebene des Settings gemeint, und wieso kann es bedeutsam sein, diese unterschiedlichen Ebenen auseinander zu halten und zu beschreiben?
Ich möchte versuchen, die unterschiedlichen Ebenen der pädagogischen Prozesslandschaft an einem Bild zu verdeutlichen, welches ich einem Gespräch mit Mathias Schwabe verdanke:

*Stellen Sie sich vor, Sie wollen eine Wanderung auf den Gipfel eines Berges machen. Dieses Abenteuer findet zweifellos auf verschiedenen Ebenen statt, die im Blick zu haben elementar für das Ankommen auf dem Gipfel sein wird. Zunächst ist da die* ***Ebene der Theorie****. So habe ich die Hypothese im Kopf, dass es schön ist, den Gipfel erreicht zu haben, das angenehme Gefühl der Erschöpfung zu spüren und von Oben den Blick zurück ins Tal zu werfen. Dies ist ein Wissen, welches mich überhaupt erst auf die Idee bringt, loszuwandern. Ich kann diese Hypothese entweder als verdichtete Erfahrungstheorie („Ich bin schon drei Mal auf einen Berg gewandert, und jedes Mal war es schön!"), als Ergebnis qualitativer Experteninterviews (Ich habe erfahrene Wanderer gefragt, und diese haben berichtet) oder aus der Fachliteratur entnommen haben. Ich beziehe auch verschiedene Aspekte mit ein – so sollte ich mich fachlich fundiert informiert haben, wie lang die Wanderung wohl ungefähr dauern wird und ob es Spezialwerkzeug braucht, um den Gipfel zu erreichen. Sollte dieses Wissen für meinen Berg nicht verfügbar sein, werde ich versuchen, Wissen über andere Wanderstrecken zu transferieren. Unabhängig von diesen Hypothesen habe ich aber auch ganz andere theoretische Kenntnisse, die mich beeinflussen werden. So wird meine Kenntnis der Schwerkraft dazu führen, dass ich bestimmte Dinge wie den Sprung über eine Schlucht nicht probiere. Mein Wissen über die Notwendigkeit von Nahrung lässt mich einen Rucksack mit Reiseproviant packen usw.*
*Unterhalb der Ebene der Theorie kommt dann die* ***Ebene des Konzeptes****, welche eine Verbindungsebene zwischen Theorie und Praxis herstellt. Im Bild unserer Gipfelerstürmung wäre die Ebene des Konzeptes zu vergleichen mit der uns vorliegenden Landkarte. In der Landkarte sind viele Inhalte der Theorie verarbeitet,*

*z.B. grundlegend durch die Entscheidung, was in der Landkarte überhaupt verzeichnet ist, nämlich Dinge und Gegebenheiten, die für eine Wanderung bedeutsam sind. Anhand dieser in der Landkarte zusammengestellten Informationen such ich mir meinen Weg zum Gipfel, kann sehen, wo ein unüberbrückbarer Fluss oder eine Schlucht ist, um die ich herumgehen muss, wo der kürzeste Weg ist, und welche Umwege ich gerne in Kauf nehme, um bestimmte Ziele, die ich mit meiner Wanderung verbinde, auch noch zu erreichen (z.B. eine Pause an einem bekannten See). Das Konzept trifft also Aussagen dazu, welche Ziele angesteuert werden können, welche Wege zu diesen Zielen führen und was der Wanderer auf dem Weg zu diesen Zielen vermutlich erwarten kann. Andere Informationen sind aber auf Grund des Abstraktionsgrades des Konzeptes nicht eingezeichnet. So ist es Bedeutungslos, ob der Nadelwald aus Felsen-Gebiergstannen oder Nordmanntannen besteht. Auch ist die genaue Position einzelner Bäume eine zu vernachlässigende Information, welche auf der Ebene der Landkarte (des Konzeptes) keine Rolle spielt.*

*Unterhalb dieser Ebene des Konzeptes spielt nun eine weitere Ebene eine Rolle: Die* **Ebene des Settings***. Diese entspricht, um im Bild der Wanderung zum Gipfel zu bleiben, der Landschaft. In der Landschaft bildet sich eine Menge ab, was schon auf der Landkarte zu ersehen war (bzw. umgekehrt bildet die Landkarte eine Menge ab, was in der Landschaft bedeutsam erscheint). Aber dennoch gibt es deutliche Unterschiede. So sind Informationen wie z.B. die Steigung eines Wegabschnittes in der Landkarte als Zahl abstrahiert, in der „echten" Landschaft stellen sie sich als konkretes Hindernis dar. Auch andere Faktoren wie z.B. der Einfluss des Wetters lassen sich in der Landkarte und der Festlegung meines Weges kaum aufnehmen, dennoch ist ein Sparziergang bei brütender Hitze oder bei unwetterartigem Gewitter völlig anders – die Landschaft, also das Setting des Sparzierganges ist plötzlich verändert. Auch kann die Landschaft Elemente enthalten, die in der Landkarte gar nicht verzeichnet waren. Ein abgebrochener Baumstamm wird zum idealen Pausenplatz, so dass die Wanderung plötzlich leichter fällt. Ein Starkregen hat das kleine Bächlein, welches über eine Brücke passierbar sein sollte, in einen reißenden Fluss verwandelt, so dass das Ziel nur über einen riesigen Umweg erreichbar erscheint, und ein Brombeerstrauch sorgt für eine unerwartete Stärkung, nach dem der eigentlich erwartete Kiosk vor Monaten geschlossen wurde. Sprich: Unser konkretes Handeln auf der Wanderung wird stärker durch die realen Bedingungen der Landschaft (des Settings) geprägt sein, als durch unsere Vorüberlegungen auf der Landkarte (des Konzeptes). Das Setting setzt letztlich den Rahmen für die* **Ebene der Methoden***, auch wenn diese durchaus schon auf Grund des theoretischen Wissens („Ich kann nicht fliegen!")*

*sowie der Landkarte („Wo kann ich gemütlich laufen, wo muss ich klettern oder sogar schwimmen?") feststehen mögen, die Entscheidung, welche Methoden zur Anwendung kommen, können nur in der konkreten Landschaft getroffen werden. Und eine zweite Ebene, die unterste Betrachtungsebene unserer Wanderung, beeinfluss die Methodenwahl: die* ***Ebene der konkreten Interaktion****, also unserem tatsächlichen Spaziergang (vgl. Baumann, Bolz & Albers 2017)*

Diese fünf Ebenen – Theorie, Konzept, Setting, Methode, Interaktion – gilt es in der pädagogischen Arbeit auseinander zu halten und zu beschreiben. Und in der Arbeit so junge Menschen, die das Potential haben, als ‚Systemsprenger' zu agieren, scheint der Ebene des Settings eine besondere Bedeutung zuzukommen. Ich werde zunächst einmal „klassische" Settingbedingungen für so genannte ‚Systemsprenger' oder auch ‚schwierigstes Klientel' betrachten und den aktuellen Forschungsstand hierzu darstellen, bevor ich Beispiele sehr kreativer und außergewöhnlicher Settings vorstellen möchte.

## 8.1 Intensivpädagogische Settings?

Eine wesentliche Entwicklung der Jugendhilfe in den letzten beiden Jahrzehnten lässt sich beschreiben als ein Weg hin zu einer immer intensivpädagogischeren Ausrichtung. Auffällig ist dabei, so konnten wir kürzlich am Lehrstuhl für Intensivpädagogik an der Fliedner-Fachhochschule Düsseldorf in einer Studie mit 19 Trägern, die über größtenteils mehrere als „intensivpädagogisch" deklarierte Angebote verfügen, zeigen, dass der Begriff „Intensiv" in der Praxis eher unspezifisch ist, und damit eine Vielfalt sowohl von Konzepten, vor allem aber auch von Settings umfasst. Dabei zeigt sich, dass es sowohl einen Teil von Angeboten gibt, bei dem sich selbst mit viel Phantasie nicht erkennen lässt, was nun das „Intensive" sein soll, welches in Abgrenzung zu anderen Angeboten steht. Grundlegend lassen sich aber drei Bedeutungsebenen skizzieren, welche das Wort „Intensiv" in der Praxis wiederspiegeln (vgl. Koß, Wagner & Baumann 2018):

- „Intensiv" bedeutet die Bereitschaft zur Aufnahme von „schwierigem" Klientel:

  Einrichtungen, die sich als intensivpädagogisch bezeichnen oder unter ähnlichen Begriffen (traumapädagogisch, heilpädagogisch, individualpädagogisch, therapeutisch etc.) arbeiten, zeichnen sich dadurch aus, dass sie eine erhöhte Bereitschaft haben, auch Kinder und Jugendliche aufzunehmen, die in der Vergangenheit durch störende Verhaltensweisen und Regelverstöße aufgefallen

sind. In der Regel haben die junge Menschen mindestens eine stationäre Jugendhilfemaßnahme hinter sich, bevor sie in eine „Intensivgruppe“ aufgenommen werden. Diese Bereitschaft muss sich nicht zwingend in speziellen konzeptionellen Überlegungen niederschlagen, sondern kann auch einfach eine Haltung darstellen. Dabei gilt: bei jüngeren Kindern ist die Belegung der Gruppen eher als heterogen zu bezeichnen, bei den Jugendlichen dagegen erfolgt der Versuch einer möglichst homogenen Belegung durch eine Fokussierung (Spezialisierung?) auf bestimmte Aufnahmekriterien, Krankheitsbilder (gemäß ICD 10) oder Symptome.
Die meisten Angebote, die unter dieser Kategorie zu fassen sind, weisen aber auch Besonderheiten im Bezug auf das Setting auf.

- „Intensiv“ bedeutet eine verringerte Platzzahl und einen bestimmten Betreuungsschlüssel:
  So setzte z.B. der Rahmenvertrag des Landes Nordrhein-Westphalen, welcher zum Zeitpunkt der Konzipierung der meisten in unserer Stichprobe erfassten Angebote Gültigkeit besaß, einen Mitarbeiterschlüssel von 1,0-1,69 bezogen auf die Platzzahl als „Intensivangebot“ fest. Dabei umfassten die Angebote im Durchschnitt sieben Plätze, die Streuung reichte aber von wenigen Angeboten mit nur fünf Plätzen bis zu zwei Angeboten, die über jeweils neun und zehn Plätze verfügen. Das Kriterium des Personalschlüssels bewegte sich in der Untersuchungsstichprobe zwar im Rahmen der vom Rahmenvertrag festgelegten Spanne. Dies scheint in der Praxis aber dennoch ein recht beliebiges Kriterium darzustellen. 77% der in der Untersuchung einbezogenen Gruppen verfügte über lediglich fünf bis sechs Vollzeitstellen. Zwar gaben die Einrichtungsleiter fast durchgängig an, dass die Betreuung zumindest Tagsüber immer durch zwei Fachkräfte durchgeführt wird – dies ist bei fünf Vollzeitstellen aber unter Berücksichtigung von Krankheits- und Urlaubstagen sowie administrativen Tätigkeiten, die nicht „eben nebenbei“ erledigt werden können, schon rein rechnerisch gar nicht möglich – bei sechs Vollzeitstellen ist dies theoretisch zu einem Teil zu gewährleisten, sichergestellt ist es aber zumindest Nachmittags bis in die Abendstunden und an Wochenend- und Ferientagen erst ab 6,8 Vollzeitstellen, was bei geringer Platzzahl aber innerhalb des Rahmenvertrages so gar nicht möglich erscheint. Immerhin zwei der interviewten Einrichtungsleitungen reflektierten diesen Punkt kritisch und wünschen sich mehr Flexibilität.
  Die Untersuchung zeigt also, dass sich in vielen Fällen die erhöhte Personaldichte lediglich durch eine Verringerung der Platzzahl bei recht gewöhnlicher

Betreuungsorganisation (fünf bis sechs Mitarbeiter sind auch in Regelangeboten nicht ungewöhnlich) auszeichnet. Auch im schulischen Kontexten werden Intensivprojekte initiiert (auch wenn sie dort selten so heißen), in denen die Lehrkraft anstatt 26 Schüler_innen lediglich acht bis vierzehn Schüler_innen zu unterrichten hat – eine konsequente Doppelsteckung bei gleichzeitiger Reduzierung der Platzzahl ist die Ausnahme.

- „Intensiv“ bedeutet ein hohes Maß an Spezialisierung:
  Gerade für Jugendliche bedeutet „intensivpädagogisch“ häufig die Spezialisierung auf bestimmte Zielgruppen, wobei diese Spezialisierung häufig auch durch die Bereitstellung von Zusatzleistungen realisiert wird. Im Kontext der Jugendhilfe zeigt sich dabei ein massives Defizit an Angeboten für junge Menschen mit massiv grenzverletzendem Gewaltverhalten, sexuellen Problematiken sowie akuter Drogenproblematik. Hier wurde in der Untersuchung auf Spezialeinrichtungen an der Schnittstelle zur Psychiatrie verwiesen.
  Spezialisierte Angebote halten neben dem definierten Betreuungsschlüssel, vor allem Zusatzmodule, meistens in Form von (psycho-) therapeutischen Angeboten, bestimmten Trainingsprogrammen oder tiergestützten Angeboten bereit und weisen auf eine besondere Schulung des Betreuungspersonals mit Bezug auf die Zielgruppe hin. Kritisch zu betrachten ist an dieser Stelle, dass diese Angebote recht hochschwellig einzuschätzen sind. Sie erwarten vom jungen Menschen sowie dessen Familie eine Mitwirkungsbereitschaft und ein Einlassen auf den meist eng strukturierten Rahmen. Der qualitative Teil der Untersuchung deutet darauf hin, dass dies für einige junge Menschen eine Chance darstellt, andere aber auch dauerhaft dagegen rebellieren.

Deutlich geworden ist in der Untersuchung, dass selten Besonderheiten in der Arbeitsweise des erzieherischen Alltags benannte wurden, und wenn doch, dann lagen diese im therapeutischen Bereich, wenig in der Pädagogik.
Reflektiert wurde in den Interviews die besondere Bedeutung des Aufnahmeverfahrens. Nahezu allen Einrichtungen war bewusst, dass eine sorgfältige Einschätzung des Hilfebedarfs vor Aufnahme wichtig ist – nach speziellen Konzepten oder Verfahrensweisen gefragt zeigte sich allerdings, dass diese in der Praxis nahezu vollständig fehlen. Auf Rückfrage gaben die beteiligten Einrichtungen an, dass sie sich grundlegend auf die Einschätzung des Jugendamtes verlassen, die meist telefonisch oder aus Vorberichten erhobenen Daten dann in einer kurzen Beratung bezogen auf die aktuelle Gruppenkonstellation und –Dynamik reflektieren, und dann auch kurzfristig entscheiden.

Insofern kommt der Einschätzung des fallführenden Jugendamtes eine Schlüsselrolle zu. Auch zu diesem Thema, dem Entscheidungsprozessen in der Hilfegewährung durch die öffentliche Jugendhilfe, wurde am Lehrstuhl für Intensivpädagogik der Fliedner-Fachhochschule Düsseldorf eine qualitative Studie durchgeführt (vgl. Koß, Wagner & Baumann 2018). An dieser Studie nahmen insgesamt acht Personen aus fünf Jugendämtern aus Nordrhein-Westphalen teil. Dabei handelte es sich um fünf Leitungskräfte sowie drei Sachbearbeitern des Allgemeinen Sozialen Dienstes (ASD). Diese Untersuchung zeigt, dass in den Jugendämtern durchaus Regelabläufe zur Hilfegewährung bestehen, welche die Beschaffung von Informationen durch persönliche Gespräche mit den Betroffenen sowie die Sichtung von Vorberichten zugrunde legen. Allerdings zeigt sich deutlich, dass ein erheblicher subjektiver Anteil bleibt – welche Informationen tatsächlich einbezogen werden, bleibt der zuständigen Fachkraft überlassen und oft ist das rein subjektive „Gefühl" für die Entscheidung wichtiger als inhaltliche Aspekte. Auch scheint die akute Arbeitsbelastung des Mitarbeiters einen starken Einfluss auf die Fallanalyse zu haben – was vor allem bei komplexen Fallverläufen, in Urlaubs- oder Krankheitszeiten oder nach einer eigenen Abwesenheit bedeutsam ist. Somit spielt der Zeitpunkt, zu dem ein „Fall" entschieden werden muss, eine wesentliche Rolle für die fachliche Fundiertheit der Entscheidung. Darüber hinaus werden die Entscheidungen häufig durch die Kapazitäten der Träger und die persönlichen Erfahrungen, die mit einzelnen Trägern gemacht wurden, gelenkt. Und hier ergibt sich ein gefährlicher Zirkelschluss, der dringend einer weiteren wissenschaftlichen Untersuchung bedarf: Die Träger benennen die Einschätzung des Jugendamtes als die verlässlichste Entscheidungsgröße im Aufnahmeverfahren, diese geschieht aber gerade in komplexen Fallverläufen häufig wenig durch fachlichen Kriterien geleitet und vor allem an der Aufnahmekapazität des Trägers orientiert – Von einer passgenauen Eingangsdiagnostik für die doch oft hochpreisigen Maßnahmen kann also in weiten Teilen der „Intensivpädagogik" kaum die Rede sein. Vielmehr steht an der Stelle, wo pädagogische Diagnostik stehen sollte, ein sich selbst aufrechterhaltender zirkulärer Prozess.

Diese Ausführungen zeigen, dass das Feld der so genannten „Intensivpädagogik", welches eine wesentliche Rolle in der Betreuung (aber auch im Scheitern) so genannter ‚Systemsprenger' spielt, bisher wenig strukturiert erscheint. Allerdings lässt sich aktuell zeigen, dass diesbezüglich wenig Handlungsdruck auf der Praxis liegt, da die Anfragesituation für intensivpädagogische Betreuungsplätze das vorhandene Angebot deutlich übersteigt und somit das bereits im ersten Band (Baumann 2010) beschriebene „Try-and-Error-Spiel" aus Trägersicht durchaus funktional erscheint – unter Druck stehen eher die Mitarbeitenden der öffentlichen Jugendhilfe, wenn sie einen jungen Menschen versorgen müssen, der nicht in das skizzierte Raster passt.

## 8.2 Wie erfolgreich sind intensivpädagogische Settings?

Erstaunlich ist, dass trotz des hohen Drucks und auch in Anbetracht der hohen Kosten, welche durch „intensivpädagogische", therapeutische, individualpädagogische oder wie auch immer benannte Angebote entstehen, der wissenschaftliche Forschungsstand wenig bis gar nicht in den Diskurs und in die Entscheidungsfindung einbezogen wird. So habe ich in den letzten Jahren immer wieder Gutachten in den Akten von jungen Menschen gelesen, bei welchen in der Vergangenheit ein Antrag auf geschlossene Unterbringung gemäß BGB §1631b gestellt wurde. In keinem dieser Gutachten wurde auf wissenschaftliche Erkenntnisse zur geschlossenen Unterbringung Bezug genommen, obwohl es hierzu einiges an Erkenntnissen gibt. Ähnlich dürfte es sich bei den Empfehlungen für individualpädagogische Auslandsmaßnahmen verhalten. Aus diesem Grunde soll an dieser Stelle der aktuelle Forschungsstand bezogen auf die „klassischen" Settingbedingungen vorgestellt werden, bevor im nächsten Schritt Beispiele kreativer Settings vorgestellt werden.

*Individualpädagogische Maßnahmen im In- und Ausland*

Individualpädagogik ist kein in sich geschützter oder geschlossener Begriff. Dennoch ist in der Praxis hierunter größtenteils das Konstrukt des 1:1-Settings verstanden. Das bedeutet, eine pädagogische Fachkraft betreut einen jungen Menschen rund um die Uhr über einen gewissen Zeitraum. Die Entwicklung ist dabei von zunächst zeitlich eher eng gefassten Maßnahmen mit stark erlebnispädagogischer Ausrichtung hin zu eher familienorientierten und längerfristig angelegten Maßnahmen verlaufen (vgl. Klawe 2008). Diese Maßnahmen stehen öffentlich oft in der Kritik, weil das Bild des „Urlaubs auf Staatskosten" kritisiert wird – dies scheint aber in Anbetracht der schweren Traumatisierungen und Biographien, welche in der Regel die Indikation für diese Maßnahmen bilden, völlig unangemessen (Lichtenberg 2014).

Qualitative Verlaufsuntersuchungen zeigen, dass individualpädagogische Maßnahmen deutliche Wirkfaktoren haben, die vor allem in der Beziehung zum/ zur Pädagog_in liegen (vgl. Klawe 2008, Lichtenberg 2014, Riemann, Jöst, Fischer & Berchhold 2014). Einerseits bedeutet dies, dass eine Hilfe nur dann gelingen

kann, wenn der junge Mensch sich auf sie einlassen kann, andererseits ist es offenbar durchaus eine Intention der Hilfen, den jungen Menschen auf Grund der Enge und der fremden Lebenswelt (z.B. fehlende sprachliche Kenntnisse im Ausland) quasi dazu zu zwingen, in die Beziehung zu gehen, auch wenn dies eigentlich seinen autonomen Lebensweisen widerspricht (vgl. Klawe 2008).
Aus diesem Befund heraus ergibt sich auch die Schwierigkeit, die Effektivität der individualpädagogischen Maßnahmen „zu messen" und in einer „Erfolgsquote" zu benennen. Klawe ist an dieser Stelle in seiner Einschätzung vorsichtig. Er betrachtet als Kriterium die Zufriedenheit mit der Maßnahme aus Sicht des Jugendlichen und aus Sicht des Jugendamtes. Während 60% der Jugendlichen angaben, gut oder sehr gut mit dem Betreuer zurecht gekommen zu sein, und damit die Maßnahme als gut für die eigene Entwicklung bewerten, zeigt sich auf Seiten der Jugendämter eine Einschätzung von 17,8% als sehr erfolgreich, und 34,9% erfolgreich – also etwas über 50% (Klawe 2008, 2011).
Die InHaus-Studie um die Forschungsgruppe von Michael Macsenaere ermittelte ein deutlich positiveres Ergebnis. Zwar weisen die Autoren darauf hin, dass ca. 40% der Hilfen vorzeitig und ohne Erreichen der Hilfeplanziele beendet werden, und dass auch Kriseninterventionen in diesem Bereich eine große Rolle spielen (vgl. Klein, Arnold & Macsenaere 2011, 60 f). Aber gemessen an den nachweisbaren positiven Entwicklungen wurde in dieser Studie eine „Erfolgsquote" von 89% der Hilfeverläufe ermittelt (ebenda 151). Dem gegenüber stehen aber auch 9% Hilfeverläufe, welche offenbar während der individualpädagogischen Maßnahme massiv eskaliert sind. Einschränkend muss bei der Bewertung der Studie dieser Forschungsgruppe aber beachtet werden, dass lediglich Hilfen ausgewertet wurden, die auch mindestens drei Erhebungszeiträume zuließen – die bereits nach sehr kurzer Hilfedauer abgebrochenen Hilfen tauchen also in der Studie nicht auf. Festhalten lässt sich also, dass individualpädagogisch Hilfen, die mindestens ein halbes Jahr bestehen, sehr positive Effekte vorweisen können. Gründe für Abbrüche und nicht gelingende Hilfen dagegen sind Entweichungen der jungen Menschen, dauerhafter Widerstand gegen die Hilfe, tätliche Angriffe auf die Betreuer sowie eine nicht entstehende Beziehung. Inwieweit diese Faktoren durch eine gute Fallanalyse im Vorfeld erkennbar wären, wurde bisher nicht systematisch untersucht.

*Intensivgruppen mit Zwangselemente und Punktesystemen*

Eine weitere Settingvariante sind Intensivgruppen, die neben dem erhöhten Personalschlüssel vor allem auch verhaltenstherapeutische Elemente wie Punkte- und Stufensysteme oder sogar punktuell Zwangselemente wie Time-Out-Räume oder nächtlichen Einschluss zur Anwendung bringen. Schwabe (2013a) kommt zu dem Ergebnis, dass ca. ein Drittel der Jugendlichen diese Zwangselemente und Punktepläne für sich als Chance begreift und von diesen eindeutig profitiert. Ein weiteres Drittel versuchte zwar, sich den Zwangselementen anzupassen und Sanktionen zu vermeiden, erreichte aber keine nennenswerten Fortschritte. Das letzte Drittel dagegen blieb über den gesamten Beobachtungszeitraum im Widerstand und kämpfte gegen die Sanktionen und Interventionen an. Die Entwicklung innerhalb der Maßnahme verlief also negativ und der Abbruch war die Regel (Schwabe 2013a).

Abgesehen davon, dass dieses Ergebnis nicht besonders optimistisch stimmen lässt angesichts der Tatsache, dass Zwangselemente ein massiver Eingriff in die Entwicklung des Kindes darstellen, welche ausschließlich hochreflektiert zum Einsatz kommen dürfen. So weisen Kessl, Lorenz & Wittfeld (2018) ausdrücklich darauf hin, dass alle Fälle von Machtmissbrauch, die in den letzten Jahren aus der Jugendhilfe heraus publik wurden, eben in Einrichtungen stattgefunden haben, die sich an verhaltenstherapeutischen Entwicklungsmodellen und auf klaren Sanktionsmechanismen stützenden Erziehungskonzepten orientierten.

Zwang kann als schützendes Moment durchaus eine notwendige Randbedingung von Erziehung zu sein – wenn sie vom jungen Menschen mindestens mittelfristig als solche erkannt werden kann. Hiermit haben wir in der Hilfegestaltung in den letzten Jahren durchaus gute Erfahrungen gemacht, vor allem im Zusammenhang mit Suizidalität und sexuellen Problematiken, weniger im Kontext des Drogenkonsums (vgl. nächster Abschnitt). Aber als Erziehungskonzept, welches Verhaltensveränderungen herbeiführen soll, scheinen Zwangselemente und ausschließlich auf Belohnung und Bestrafung setzende Settings wenig geeignet.

Die Frage, ob der junge Mensch Zwang in Situationen des Kontrollverlustes als Chance und Schutz erleben kann, lässt sich im Vorfeld diagnostisch relativ klar beschreiben und kann durch ein gutes, transparentes Partizipationskonzept während der Maßnahme abgesichert werden. Dies scheint eine notwendige Voraussetzung, um solche Elemente erfolgreich umsetzen zu können. An dieser Stelle fehlen aber noch weitestgehend Standards, derer es aber dringend bedürfte.

*Geschlossene Unterbringung*

Die wohl am kritischsten und emotionalsten diskutierte, aber gleichzeitig auch am besten erforschte Unterbringungsform im intensivpädagogischem Feld ist die geschlossene Unterbringung. Interessanterweise nimmt die Diskussion aber meistens keinerlei Bezug auf diesen Forschungsstand oder rezitiert ihn sehr einseitig. Stattdessen werden eher moralische Extrempositionen bezogen.

Diese Unterbringungsform ist in Deutschland nur auf der Grundlage einer familiengerichtlichen Genehmigung gemäß BGB §1631b zulässig. Einerseits kann dies den in der Regel sehr kurzen Aufenthalt in einer Kinder- und Jugendpsychiatrie zur akuten Krisenintervention bedeuten. Unterbringungen in geschlossenen Wohngruppen sind dagegen meist für mindestens ein Jahr angelegt und können optional sogar auf zwei Jahre verlängert werden. Ein dauerhafter Freiheitsentzug stellt einen massiven Eingriff in die Grundrechte des jungen Menschen dar und wird von diesen auch als ein solcher erlebt (vgl. Menk, Schnoor & Schrapper 2013, Permien 2010, Oelkers, Feldhaus & Gaßmöller 2015).
Geschlossene Unterbringung agiert – und dies erscheint als Paradoxie – immer im Spannungsfeld der Akzeptanz der jungen Menschen: Nur wenn der junge Mensch sich dem Zwang freiwillig unterwirft, kann die Hilfe lange genug fortbestehen, um positive Effekte zu zeichnen. Dem entsprechend weisen geschlossene Maßnahmen gerade am Beginn der Hilfe eine recht hohe Abbruchquote auf (vgl. Stadler 2005, Schwabe, Stallmann & Vust 2013), was oft für Enttäuschung sorgt, da die Befürworter der Hilfe (und noch mehr die hilflosen Erziehungsberechtigten) meist davon ausgingen, dass hier eine vorzeitige Beendigung nicht möglich erscheint. Die geschlossene Unterbringung als so genannte „Ultima Ratio“ ist also gerade keine Endstation, an welcher ein junger Mensch solange weggeschlossen bleibt, bis er sich verändert hat. Gerade dies könnte aber aus meiner Lesart heraus als ein besonderes Qualitätskriterium der geschlossen arbeitenden Settings betrachtet werden, dass sie den Zwang konsequent beenden, wenn er Kontraindiziert zu sein scheint (vgl. Baumann 2015a). Offenbar ist der größte Teil der Träger, der in Deutschland mit freiheitsentziehenden Maßnahmen arbeitet, in der Lage, verantwortlich mit diesem Machtinstrument umzugehen.
Ein besonders kritischer Aspekt von freiheitsentziehenden Maßnahmen ist ihre zeitliche Begrenztheit. Die Forschungsgruppe um Christian Schrapper (Menk u.a. 2013) hat in den Rekonstruktionen von Hilfekarrieren mit jungen Menschen, die in dieser Hilfeform zeitweise untergebracht waren, ermittelt, dass die meisten jungen Menschen diese „Etappe“ ihrer Hilfekarriere mit zeitlichem Abstand „nur“ als eine von vielen Stationen wahrnehmen, der sich unabhängig vom Verlauf dann noch viele Anschließen. Wenn sich positive Entwicklungen andeuten, so muss logischerweise der Zwang beendet werden, was in der Regel einen Wechsel des Settings erfordert. Die also nicht transferfähigen Beziehungserfahrungen, welche aber in der Jugendhilfe nachweisbar die wichtigste Einflussgröße auf den Hilfeverlauf haben (vgl. Macsenaere 2014), lassen also den Wechsel in offene Betreuungsform schwierig erscheinen. Darüber hinaus konnte Macsenaere nach-

weisen, dass die durchschnittlich höchste Effektstärke von Jugendhilfemaßnahmen auf die Entwicklung des jungen Menschen erst nach anderthalb bis zu vier Jahren auftreten (vgl. Macsenaere 2014). Bis zu vier Jahre kann aber wohl keiner ernsthaft befürworten, einem jungen Menschen die Freiheit zu entziehen. Insofern müssen geschlossene Unterbringungsformen wohl als eine „Übergangshilfe" betrachtet werden, was in einem gewissen Widerspruch zur beziehungsorientierten Arbeit der meisten Konzepte steht.

Dennoch zeigen alle im deutschsprachigen Raum durchgeführten Studien, dass ein erheblicher Teil der jungen Menschen, die über einen längeren Zeitraum in einer solchen Hilfe bleiben, positiv von diesen profitieren. Von den etwa 60% der Jugendlichen, die nicht vorzeitig abbrechen, profitieren je nach Studie zwischen 50 und 65 Prozent von der Maßnahme (vgl. Permien 2010, Menk u.a. 2013, Oelkers u.a. 2015). Macsenaere ermittelte, dass die Effektstärke ausgeprägter sei als in offenen Intensivgruppen in vergleichbarer Zeit (Macsenaere 2014). Dagegen zeigt die Langzeituntersuchung von Menk, Schnoor und Schrapper (2013), dass sich sieben Jahre nach dem Aufenthalt in der geschlossenen Einrichtung nur noch bei 13% der jungen Menschen positive Effekte nachweisen lassen, die im Zusammenhang mit der Maßnahme stehen – dies aber als Argument gegen freiheitsentziehende Maßnahmen zu werten, wäre nicht sachgemäß, da diese Forschungsgruppe erstens eine Stichprobe mit verhältnismäßig kurzer Verweildauer untersuchte, und zweitens für kein anderes Setting Studien mit dieser Laufzeit vorliegen.

Festzuhalten gilt also: Die Freiheitsentziehenden Maßnahmen gemäß BGB §1631b gilt in vielen Fallverläufen als „letzte Chance", wenn „alle anderen" Maßnahmen – was auch immer das im Einzelfall heißen mag – gescheitert sind. Dabei ist dieses Try-and-Error-Spiel im Vorfeld offenbar ein eigenständiger Risikofaktor für die Hilfeverläufe und auch für die Effektivität der geschlossenen Unterbringung. Wenn aber die Wahrscheinlichkeit, dass eine solch gravierende Maßnahme auch positive Wirkung zeigt, über die unterschiedlichen Studien hinweg bei maximal 50% (Schwabe errechnet bereinigt um die Abbruchquote einen Wert von 38%; vgl. Schwabe, Stallmann & Vust 2013) einzuschätzen ist, und man berücksichtigt, dass die Arbeit mit den jungen Menschen, die die Maßnahme als nicht hilfreich erlebt haben, im Anschluss noch schwieriger scheint als vorher, so ist es aus pädagogischer Sicht unabdingbar, das qualitativ erworbene Wissen über diese Hilfeform bei der Indikationsstellung genauestens zu reflektieren. Ihre komplette Abschaffung zu fordern erscheint dem gegenüber als Sozialromantik, da sich in der Vergangenheit gezeigt hat, dass immer dann und dort, wenn Jugendhilfe sich dem Thema Zwang verschlossen hat, andere Systeme rekrutiert werden, die als Stellvertreter handeln. Um es an zwei selbst erlebten Beispielen deutlich zu machen: Wieso offene Jugendhilfe besser sein soll, wenn ein junger Mensch jeden zweiten Abend auf die Pritsche geschnallt in die Psychiatrie gebracht wird, oder ein anderer Jugendlicher über Monate in der geschlossenen forensischen Erwachsenenpsychiatrie untergebracht wird, weil er aus der U-Haft-Vermeidung immer wieder wegläuft und ein Gutachter ihn als „nicht Haftfähig" eingestuft hat, erschließt sich nicht ernsthaft und verweist auf die Notwendigkeit, sich der schon von Immanuel Kant formulierten Paradoxie der „Erziehung zur Freiheit bei all dem Zwange" (Kant 1803) zu stellen.

Ein erster wichtiger Faktor, der nicht nur, aber besonders auch für die geschlossene Jugendhilfe gilt, ist die Zusammensetzung des Klienteıs und die daraus entstehenden Dynamiken. Verschiedene Studien zeigen, dass die Hauptindikation für geschlossene Unterbringung der Faktor der Fremdgefährdung in Form körperlicher und/ oder sexueller Gewalt ist (Permien 2010, Rüth 2006, Hoops 2006). Diese Ballung von jungen Menschen mit gewaltförmigen Verhaltensweisen führt nun, so zeigen es die Studien, die sich mit der subjektiven Sicht der betroffenen jungen Menschen selbst befasst haben, zu einer erhöhten Wahrscheinlichkeit, im Rahmen der Maßnahme Opfer von Gewalt durch andere Jugendliche zu werden (vgl. Permien 2010, Menk u.a. 2013). Dies führt dann in der Folge dazu, dass Einrichtungen der Jugendhilfe als unsichere und gefährliche Orte wahrgenommen und zukünftig eher gemieden werden (Menk u.a. 2013, Münch 2010). Insofern scheint ein erster zu reflektierender Anteil die Frage, ob der junge Mensch potentiell auch zur Opferrolle geneigt scheint und ob es Anzeichen dafür gibt, dass er in diese gelangen könnte. Junge Menschen mit deutlichen Opferanteilen scheinen in geschlossenen Settings eher nicht gut untergebracht zu sein, sondern deutlich besser in individuelleren Lösungen aufgehoben. Dies ist nicht nur, aber eben auch ein Problem von Zwangssettings, es gilt aber für Intensivsettings insgesamt, wobei die räumliche Enge, welche durch die Geschlossenheit entsteht, verschärfend wirkt.

Ein zweiter Aspekt, den die Forschung ermittelt hat, hängt an der Frage, wie wahrscheinlich es ist, dass ein junger Mensch seine Opposition gegen den Zwang aufgibt und sich auf Beziehungen und Entwicklungen einlassen kann (vgl. Oelkers u.a. 2015; Menk u.a. 2013; Permien 2010; Hoops 2006). So paradox es klingen mag, die Forschungsbefunde sind eindeutig: Nach einer ersten Phase des Widerstandes – diese ist normaler Teil des Prozesses – muss der junge Mensch seine Opposition aufgeben und sich dem Zwangskontext quasi „freiwillig" unterwerfen,

seine innere Logik verstehen und die Ziele der Maßnahme zu „seinen Zielen" machen (Permien 2010, Oelkers u.a. 2015). Junge Menschen, bei denen der Kampf gegen das Hilfesystem also quasi Identitätsstiftend ist (vgl. z.B. die in Abschnitt 6.2 beschriebenen jungen Menschen), fühlen sich durch die Zwangsmaßnahme eher bestätigt und verharren in ihrem mehr oder weniger offenen Protest, welcher eine „Entwicklungsverweigerung" mit sich bringt.
Ein noch recht frisches, aber in seiner Bedeutung kaum zu überschätzendes Ergebnis, liefert die Studie von Oelkers, Feldhaus und Gaßmöller (2015). Sie arbeiten aus ihrer wissenschaftlichen Begleitung einer Geschlossenen Wohngruppe in Niedersachsen folgende Hypothese heraus:

> *„Voraussetzung für das Erreichen von Verhaltensveränderungen durch freiheitsentziehende Maßnahmen ist, dass das Freiheitsbedürfnis z.B. im Gegensatz zum Sicherheits- und Schutzbedürfnis der Jungen vorhanden bzw. besonders groß ist. Daraus ließe sich als erste vorsichtige These ableiten, dass, wenn Kinder stark traumatisiert oder durch lange Maßnahmekarrieren hospitalisiert wurden, andere Bedürfnisse wie beispielsweise das Schutzbedürfnis im Vordergrund stehen können. Nur wenn der eigenen Freiheit ein großer Wert beigemessen wird, kann Freiheitsentzug ein vorrübergehender Motivator sein, um (1) Verhaltensveränderungen (bspw. Über Stufenpläne und Privilegiensysteme) anzuregen und somit (2) ein Vehikel schaffen, um Zugänglichkeit für (sozial-)pädagogisches Einwirken zu erreichen."* (Oelkers u.a. 2015, 35).

Dieses Ergebnis ist meines Erachtens einer der großen Würfe der Erforschung geschlossener Unterbringung. Denn dieser Faktor ließe sich im Vorfeld durch eine verstehende Diagnostik herausarbeiten und einschätzen. Es kann unmittelbar bezogen werden z.B. auf das dynamische Eskalationsmodell, welches ich in Abschnitt 4.2 vorgestellt habe, und stellt die Frage danach, wie denn genau der Zwang als Wirkungsfaktor verstanden wird. Oelkers Hypothese geht davon aus, dass der Zwang in Privilegien eingreift, welche sich „zurückverdient" werden müssen. Unter dieser Maßgabe scheitern erstens alle Kinder und Jugendlichen, die für sich die Freiheit gar nicht als Wert sehen und die Sicherheit, die eine geschlossene Einrichtung z.B. gerade auf Grund der engen Strukturen bietet, für gewichtiger erahnen. Zweitens scheitern an dieser Hypothese diejenigen Kinder und Jugendlichen, die in Krisenmomenten jegliche Handlungskontrolle verlieren und nur noch im Hier und Jetzt verhaftet eine emotionale Überwältigung erleben. Diese Gruppe kann die Frage, ob ein Impulsdurchbruch Konsequenzen auf die Freiheitsgrade für den Rest der Woche haben wird, gar nicht antizipieren und scheitert dem entsprechend immer wieder daran.

Es ließe sich aber auch durchaus argumentieren, dass der Zwang und die Geschlossenheit selbst einen Schutzfaktor darstellen, z.B. in Fällen von schwerer Suizidalität. In diesem Falle wäre es ein Stück weit gewollt, dass der junge Mensch die räumliche Begrenzung zunächst positiv erlebt und es wäre Teil der pädagogischen Arbeit, erst einmal wieder eine Perspektive in Freiheit zu erarbeiten. Diese unterschiedlichen Herangehensweisen zeigen aber deutlich, dass dann bei der Zuweisung zu einer Einrichtung das Verständnis und die Umsetzung von Zwang wesentlicher Faktor ist und Geschlossenheit als Faktor sehr unterschiedliche Wirkung auf das Erleben des jungen Menschen nehmen kann.

Zusammenfassend zeigt die Diskussion, dass es durchaus qualitativ zu beschreibende Faktoren gibt, welche die Entscheidung, ob geschlossene Unterbringung eine Option darstellt oder nicht, weit jenseits der „Ultima-Ratio-Debatte" beeinflussen könnten. Es bleibt der Jugendhilfe zu wünschen, dass Fachlichkeit in die Diskussion zurückkehrt und die Paradoxie, dass der junge Mensch einerseits seinen Autonomiewunsch dem Zwang und der Struktur unterordnen muss, und andererseits sein Autonomiebedürfnis aktivieren muss, um sich aus dem Zwang wieder herauszuarbeiten, kritisch und fachlich betrachtet werden kann. Diese Paradoxie ist letztlich nicht neu – jede Kindertagesstätte enthält z.B. bauliche Vorrichtungen, welche die Kinder über lange Zeiträume hinweg daran hindern, das Gebäude zu verlassen. Jeder Elternteil hindert sein Kind daran, auf die Straße zu laufen – notfalls auch körperlich.
Und letztlich lässt sich sogar die Frage stellen, ob Zwang tatsächlich der entscheidende Settingfaktor ist, oder ob nicht die Qualität der pädagogischen Interaktionen viel mehr über den Verlauf von Maßnahmen aussagt, als die Frage geschlossener oder offener Türen – unter dieser Hypothese müssten die oben genannten Aspekte kritisch am Einzelfall reflektiert werden, um dann unter der Randbedingung „haltgebender Zwang" Betrachtung zu finden. Fragen, inwieweit der Zwang machtvoll gegen den jungen Menschen eingesetzt wird, um ihn zum Einlenken zu bewegen, oder ob er eine Rahmenbedingung ist, die von allen erduldet werden muss, da sie auch dem Pädagogen enge Grenzen seines Handelns setzt, ist ein Beispiel für eine solche inhaltliche Frage der Interaktionsqualität.
Noch unveröffentlichte Forschungsansätze aus dem Forschungsteam um Mathias Schwabe könnten hier in naher Zukunft interessante Befunde liefern, welche die Diskussion neu beleben lassen. Bis dahin sehe ich drei Hypothesen aus einer aktuellen Publikation von Schwabe (2018) als richtungsweisend für den Diskurs:

*„1. Sowohl die Anwendung von Zwang als auch der prinzipielle Verzicht auf Zwang beinhaltet Chancen, aber auch Risiken und (häufig geleugnete) Nebenwirkungen.*
*2. Institutionalisierte Formen von Zwang führen immer wieder zu Machtmissbrauch und müssen deswegen streng überwacht werden (...)*
*3. Es gibt jeweils über Fallverstehen identifizierbare Gruppen von Klienten, für die Zwang bzw. die klare Abstinenz relativ eindeutig richtig oder falsch sind und zu guten Entwicklungen beitragen. Bei der größten Gruppe von jungen Menschen bleiben die Mittel der Wahl aber (zum aktuellen Stand des Wissens; Anmerkung M.B.) unaufhebbar >>ungewiss<<, müssen aber dennoch entschieden werden."* (Schwabe 2018, 214)

*Therapeutische Wohngruppen*

Als Therapeutische Wohngruppen werden in der Regel Angebote bezeichnet, die eine enge Verzahnung zwischen den Bereichen Psychotherapie und Pädagogik/ Lebensbewältigung als Kern ihrer Arbeit sehen. Dies kann in der Umsetzung sehr unterschiedlich aussehen. Die meisten dieser Angebote sind verhaltenstherapeutisch oder traumatherapeutisch/ pädagogisch ausgerichtet. Diese beiden Ausrichtungen beschreiben wiederum inhaltlich völlig unterschiedliche Inhalte und Interventionsformen, so dass eigentlich die Zusammenfassung unter der Überschrift „Therapeutische Wohngruppe" wiederum eine künstliche Kategorie darstellt (wie bei allen bisher dargestellten Settingvarianten). Dem entsprechend sind auch die Evaluations- und Studienergebnisse schwer miteinander zu vergleichen.
Eine Studie von Silke Gahleitners Forschungsteam in Berlin untersuchte eher traumatherapeutische orientierte Wohngruppen und kam zu dem überaus positiven Ergebnis, dass bei 66% der jungen Menschen eine dauerhaft und nachhaltig positive Entwicklung aufgezeigt werden konnte und bei 34% der positiven Entwicklungen sogar eine sehr hohe Problemreduktion nachgewiesen wurde (Arbeitskreis therapeutischer Wohngruppen 2012).
Wilhelm Rotthaus (2010) entwickelte im Rahmen seiner Arbeit als Leiter der Kinder- und Jugendpsychiatrie Viersen ein eher medizinisch-therapeutisches Wohngruppenmodell für jugendliche Sexualstraftäter. Dieses Modell stellt eine Übergangsform von Zwangsmaßnahme und therapeutischer Einrichtung dar, denn einerseits droht den dort lebenden jungen Menschen eine Haftstrafe, wenn sie die Maßnahme vorzeitig beenden, oder von Seiten der Einrichtung beendet wird. Andererseits gibt es eine stark systemisch ausgerichtet Einzel- und Gruppentherapie

sowie eine alltagsorientierte Integration der Therapieinhalte. Evaluationen dieser Maßnahme zeigen, dass 35% der aufgenommenen Jugendlichen die Therapie nicht beenden sondern die Maßnahme vorzeitig abgebrochen wurde. Dies konnte von Seiten der jungen Menschen ausgehen, aber auch die Klinik bricht die Maßnahme ab, wenn Regeln nicht eingehalten werden oder der Therapiefortschritt ein Erreichen der Ziele im vorgegebenen Zeitrahmen in unerreichbarer Fernen erscheinen lässt. Bei den Jugendlichen, welche die Therapie aber planmäßig beendeten, zeigten sich beachtliche Erfolge: lediglich fünf bis sieben Prozent der bis zum Ende behandelten jungen Menschen beging im Anschluss an die Therapie erneut einschlägige Straftaten (Rotthaus 2010).
Beide Evaluationen zeigen also, dass therapeutisch ausgerichtete Konzepte – egal ob von Seiten der Jugendhilfe oder von Seiten einer Klinik gesteuert – bei planmäßiger Beendigung der Hilfe eine hohe Effektivität aufweisen. Allerdings ist die in der Praxis herrschende Unbestimmtheit, welche Kriterien tatsächlich zu erfüllen sind, damit eine Wohngruppe als „Therapeutische Wohngruppe" zu bezeichnen ist, ein großes Problem, weil das fallführende Jugendamt in letzter Konsequent nur schwer einschätzen kann, was im Detail tatsächlich an pädagogischen und therapeutischen Inhalten zusammenfließt. Ebenfalls zu beachten ist bei dieser Unterbringungsform die hohe Bereitschaft der jungen Menschen, sich auf die Gruppe und auf eine Therapie einzulassen, welche als Aufnahmevoraussetzung gesehen wird und über so genannte „Lippenbekenntnisse" hinausgehen muss. Zusätzlich verweist die hohe Abbruchquote, weil junge Menschen den ursprünglichen Aufnahmevertrag nicht einhalten können, auf Probleme. Somit ergibt sich eine hohe Selektivität der infrage kommenden jungen Menschen, bei diesen jedoch scheint die Verknüpfung von therapeutischen und pädagogischen Elementen sehr effektiv und nachhaltig zu sein.

*Niedrigschwellige Hilfen*

Für viele junge Menschen, die als ‚Systemsprenger' unerreichbar erscheinen, werden mittlerweile niedrigschwellige Hilfeformen ins Auge gefasst. Ausgehend von positiven Erfahrungen des Streetworks, der Notschlafstellen und z.T. der Jugendzentren, welche als freiwillige Angebote auch von stark problembelasteten jungen Menschen genutzt werden (vgl. Münch 2010), entstand die Idee, diese Jugendlichen (in der Regel ab sechzehn Jahren) in eigenem Wohnraum durch eine niedrigschwellige Unterstützung zu betreuen. Eines der radikalsten Projekte, welches diesen Ansatz verfolgte, hat Mathias Schwabe in Berlin ausführlich wissenschaftlich untersucht und evaluiert (vgl. Schwabe, Stallmann & Vust 2013;

Schwabe 2015). Das Setting enthielt nicht viel mehr als eine kleine Wohnung, das Angebot einer Anlaufstelle (inklusive Waschmaschinen), einem verpflichtenden Gespräch mit einem Sozialarbeiter vom Jugendamt, wenn der junge Mensch seinen Lebensunterhalt ausgezahlt bekommen wollte und die Möglichkeit, in einer Holzwerkstatt etwas Geld zu verdienen oder für den Eigenbedarf einfache Möbel oder Einrichtungsgegenstände anzufertigen. Forderungen an eine Alltagsstruktur gab es keine. Die Hilfe begriff sich als Übergangshilfe, immer mit der Hoffnung verbunden, dass der junge Mensch nach einer Phase der Beruhigung wieder einen eigenen Wunsch nach Struktur entwickelte (vgl. ebenda)

Die Evaluation zeigte deutlich, dass eine solche Maßnahme ein hohes Risiko bedeutet, da einige der Jugendlichen erhebliche Schwierigkeiten zeigten, die Freiräume zu nutzen, ohne dabei massiv straffällig zu werden oder in einen gesundheitsbedrohlichen Zustand des Drogenkonsums zu geraten. So geriet das Projekt unter massiven öffentlichen Druck, nach dem drei der dort betreuten Jugendlichen in Berlin eine Reihe schwerer und skrupelloser Raubüberfälle begingen, wovon auch eine Journalistin der Zeitung „Die Zeit" betroffen war (vgl. Leinemann 2010).

Auf der anderen Seite zeigte sich aber auch, dass das Projekt für eine Reihe der jungen Menschen, die zuvor in der Regel die anderen oben bereits beschriebenen Maßnahmen mehrfach durchlaufen hatten, eine gewaltige Chance bot: 38% der weiblichen und 25% der männlichen Betreuten wiesen auf eine deutlich positive und nachhaltige Entwicklung hin, weitere 50% stabilisierten sich, wenn auch auf niedrigem Niveau. Ähnliche Ergebnisse zeigte auch eine Streetworkerstudie aus Münster, bei dem durch beharrliche aber nicht-invasive Intervention ebenfalls eine große Gruppe von Jugendlichen, die von sich aus in Struktur zurückgekehrt sind, erreicht wurde (vgl. Bodenmüller & Piepel 2003). Qualitativ weist die Studie von Münch (2010) eine ganze Reihe von Faktoren aus, die dazu beitragen, dass niedrigschwellige und auf klassische pädagogische Strukturen verzichtenden Ansätze gerade bei einer bestimmten Klientel wirksam sind und als biographische Wendepunkte fungieren können. Unter diesem Forschungsstand müssen niedrigschwellige Hilfen trotz des erheblichen Risikos, das mit ihnen einhergehen, als ernstzunehmende Alternative zu den personalschlüssel- und strukturorientierten Maßnahmen, die allgemein als „intensiv" gelten, gesehen werden. Gerade für Mädchen und junge Frauen scheinen diese Maßnahmen eine echte Alternative zu den oft hilflos wirkenden Zwangsmaßnahmen darzustellen.

## 8.3 Die „Klaviatur pädagogischer Unterstützungsmöglichkeiten"

Was die bis hierher ausgeführten Forschungsergebnisse deutlich zeigen ist, dass es nicht *das eine* Setting für alle jungen Menschen geben kann. Individuelle Biographien und Verarbeitungsmuster sind zu komplex, als dass sie sich durch „einfache Lösungen" aufheben lassen würden. Allzu oft sind pädagogische Interventionen als Schubladen gedacht, die – wie im ersten Band ausführlich beschrieben – nacheinander oder parallel zueinander zur Anwendung kommen, selten aber Bezug aufeinander nehmen, aufbauen geschweige denn einen roten Faden erkennen lassen. So gilt für die meisten der genannten intensivpädagogischen Hilfen, dass sie nur zeitlich begrenzt zum Einsatz kommen sollen – bei entsprechender Verbesserung der „Symptome" soll die Hilfe dann wieder weniger intensiv und einschneidend bzw. bei den niedrigschwelligen Hilfen wieder mehr an gesellschaftlichen Normvorstellungen orientiert erscheinen. Auch für die schulischen Interventionen, die im Rahmen der Inklusion als gestuftes System sonderpädagogischer Förderung für Kinder mit dem Schwerpunkt emotionale und soziale Entwicklung entstanden ist, gilt, dass alle Interventionen, insbesondere jene, die an geschützten Orten segregieren, zeitlich eng umgrenzt stattfinden sollen (vgl. Rieß & Bolz 2015). Dies heißt in der Regel, dass es zu einer erneuten Übergangsproblematik kommt und für die Kinder und Jugendlichen eben keine Kontinuität entsteht.

Es scheint, dass die Kunst effektiver Hilfen eben gerade nicht (nur) in der Schaffung immer spezialisierter Einzelangebote liegt, sondern in der kreativen Nutzung von „ganz normalem" pädagogischen Handwerkszeug. Im Grund genommen sind die Interventionen, welche in diesem Kontext hilfreich erscheinen, gar nicht so spektakulär – vielmehr geht es darum, sie im Sinne einer „Klaviatur" kreativ zu nutzen und so eine flüssige Melodie entstehen zu lassen, welche sich zeitgleich über verschiedene Ebenen erstreckt, mal breite Akkorde produziert, mal schmalspurig eine kleine Melodie anstimmt – aber grundsätzlich nicht zentral in Kategorien und Paragraphen denkt, sondern die Möglichkeiten breit ausschöpft (vgl. Baumann, Bolz & Albers 2017). Ein solches Modell ließe sich z.B. wie folgt visualisieren:

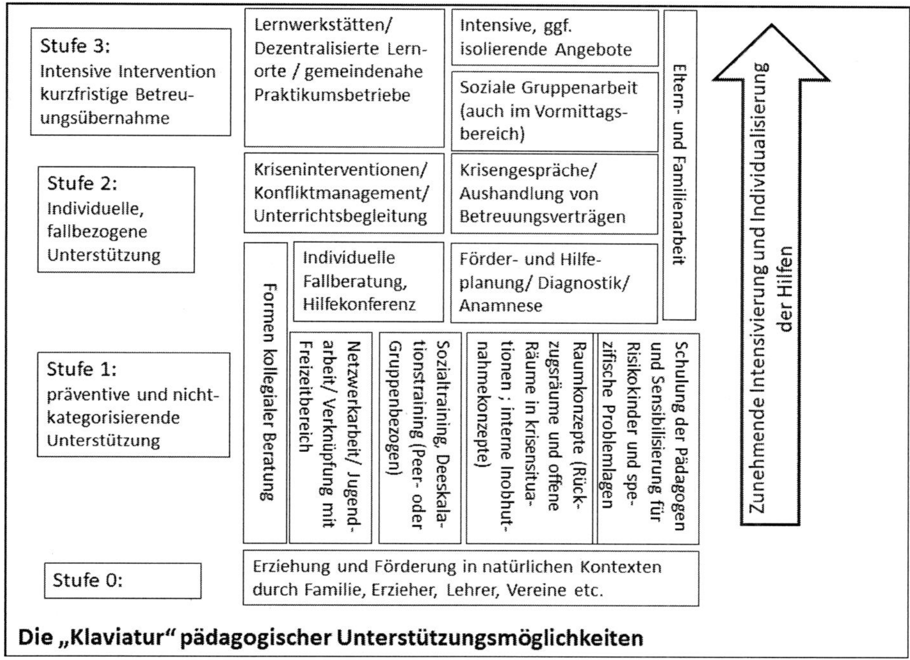

**Die „Klaviatur" pädagogischer Unterstützungsmöglichkeiten**

Die Kunst liegt eben darin, die einzelnen Bausteine, die nichts anderes sind als „best practise" der pädagogischen Arbeit, so zu nutzen, dass sie sich gegenseitig ergänzen und flankieren, so dass die niedrigschwelligeren Bausteine nicht durch die höherliegenden ersetzt, sondern vielmehr bereichert und somit tragfähig werden. Beispiele für solche Settinggestaltungen bieten die nächsten beiden Abschnitte.

## 8.4 Das Modell des pädagogischen Fallverbundes

An verschiedenen Orten in Deutschland haben sich in den letzten Jahren Projekte gegründet, die ich unter der Überschrift „Fallverbund" zusammenfassen möchte. Darunter verstehe ich wie auch immer strukturierte Vereinbarungen, unter welchen Jugendämter, freie Träger und ggf. weitere Akteure sich zusammenschließen, um individuelle Lösungen für besonders problematische Fallverläufe, also im weitesten Sinne ‚Systemsprenger', zu finden. Beispiel hierfür sind z.B. das Projekt „Neue Wege im Umgang mit Systemsprengern", welches aus dem Zusammenschluss von sechs Jugendhilfeträgern und den jeweils fallführenden Jugendämtern aus der Region Braunschweig/ Wolfenbüttel/ Salzgitter entstanden ist (vgl. Pahns, Wuttke, Ulrich, Knackstedt, Moller & Soluk-Pardylla 2015), das Projekt „NIU“ des Sozialen Dienstes der Stadt Karlsruhe (vgl. Niederbühl & Neuser 2015) oder die „Koordinierungsstelle Individuelle Unterbringung“ des Paritätischen Wohlfahrtsverbandes Hamburg (vgl. Peters 2015).

Gemeinsam ist diesen Konzepten, dass in einer Fallbesprechung – je nach Konzept in festgelegter Runde (Wolfenbüttel), einem festen Kern, welcher durch je nach Fall sinnvoll erscheinenden Akteuren ergänzt wird (Hamburg) oder in einer eigens für diesen Fall vom Konzeptleiter des Sozialen Dienstes ausgewählten Kreis (Karlsruhe) – eine möglichst von bisherigen gescheiterten Hilfeversuchen deutlich unterscheidbare neue Hilfeform entsteht, die in der Regel durch eine Kombination der Ressourcen unterschiedlicher Träger zusammengesetzt wird.

*So kann z.B. ein Träger Wohnraum im Rahmen mobiler Betreuung zur Verfügung stellen, während der junge Mensch gleichzeitig an die Tagesgruppe eines anderen Trägers angebunden wird, und vier Mitarbeiter unterschiedlicher Teams sich täglich die Kontakte in der Wohnung des jungen Menschen teilen. Eine andere Jugendliche wurde nachts in einer Notschlafstelle angebunden, da sie keinen Wohnort für sich akzeptieren konnte. Morgens wurde sie dann aber von ihren Betreuerinnen abgeholt, und bei einem Frühstück beim Bäcker um die Ecke eine mögliche Tagesstruktur besprochen, welche unter anderem eine Schulersatzmaßnahme eines anderen Trägers beinhalten konnte. Wie die Jugendliche den Tag letztlich verlebte, wurde nicht kontrolliert, aber ihr wurden immer wieder neue Angebote gemacht.*

*Eine dritte Jugendliche verblieb zwar zunächst in der Kinder- und Jugendpsychiatrie, wurde aber tagsüber im Rahmen individueller Einzelbetreuung sowie sozialer Gruppenarbeit durch zwei pädagogische Träger aktiviert. Zuletzt war sie nur noch zum Schlafen im geschützten Rahmen, bewegte sich tagsüber frei außerhalb der Klinik – zu großen Teilen betreut, aber zunehmend auch selbstständig, und konnte von dort aus an eine offene Wohngemeinschaft für junge Erwachsene mit psychischen Erkrankungen übergeleitet werden.*

Die Kunst dieser Arbeitsweise liegt genau darin, nicht in Träger- und Angebotsstrukturen zu denken, sondern diese Grenzen zu überschreiten und kreativ das Notwendige und richtig Erscheinende zu tun. Für alle Beteiligten entsteht dabei der Vorteil, dass die Belastung, das Risiko und letztlich auch die Verantwortung auf mehrere Schultern verteilt wird und ein Team entsteht, dass sich fachlich austauschen kann, ohne alltäglich in Verstrickungen zu sein. Es bildet sich eine Arbeitsgemeinschaft für diesen einen Fall mit der reinen Konzentration auf diese

Lösung. Gleichzeitig zeigen die unterschiedlichen Herangehensweisen der unterschiedlichen ambulanten und stationären Träger, schulischer Angebote und therapeutisch-medizinischer Akteure oft eine ungeheure Kreativität im Finden von Lösungen. Auch die klaren Strukturen großer Träger und die schnelle Beweglichkeit und Experimentierfreude, welche sich oft bei sehr kleinen Trägern findet, können sich an dieser Stelle hervorragend ergänzen.
Bei den mir bekannt gewordenen Fallverläufen, die in solchen Projekten besprochen wurden, scheint mir die Stärke dieser Fallverbünde darin zu liegen, außerhalb von „klassischen" Settings wie Wohngruppen oder Schule Lösungen zu entwickeln, welche die Chancen betreuter Wohnformen in eigenem Wohnraum kombiniert mit Elementen der Bildung, Tagesstrukturierung und medizinischen Versorgung, welche im Rahmen mobiler Betreuung sonst nicht leistbar erscheint. Ebenfalls scheint eine Stärke zu sein, dass die einzelnen Träger sehr sorgfältig in der Personalauswahl vorgehen können, da sie gucken können, welche Mitarbeitenden sich durch eine solche Herausforderung wohl am ehesten angesprochen fühlen. Dadurch scheint die Erfahrung zu zeigen, dass eine hohe Passung zwischen den beteiligten Akteuren und dem jungen Menschen entsteht, die in einem fest bestehenden Team wohl selten so treffsicher auf den Einzelfall gerichtet werden kann.

## 8.5 Beispiele kreativer und flexibler Settinggestaltung

Ich durfte in den letzten Jahren für einen norddeutschen Jugendhilfeträger zwei Intensivbereiche aufbauen, welche die Möglichkeit besaßen, äußerst individuell und flexibel auf Bedarfe zu reagieren und Settingbedingungen in laufenden Hilfen kreativ variieren zu können. Das eine Team „FIBUS" war hauptsächlich an unserer Förderschule mit dem Schwerpunkt Emotionale und Soziale Entwicklung angesiedelt und leistet hoch individualisierte ambulante Hilfen für Kinder und Jugendliche sowohl der Förderschule als auch dem Wohngruppenbereich, bei denen die Beschulung oder aber insgesamt die Tagesstruktur ein Kernproblem darstellte. Der zweite Bereich, den wir „Innovative Hilfen" genannt haben, versucht, sowohl stationär als auch ambulant für junge Menschen in hochkrisenhaften Lebens- und Hilfesituationen einen Lebensmittelpunkt zu schaffen oder zu erhalten. Hierzu gibt es sowohl Wohnprojekte mit einem eher hohen Personalschlüssel (2:1), ein familienanaloges Setting, trägereigene Wohnungen für flexible oder auch individuelle (bis zur Rund-um-die-Uhr) Betreuungen und ein Team, welches ambulant versucht, Lebensorte zu erhalten, zu stabilisieren oder Überleitungen in andere

Strukturen (z.B. runter von der Straße) zu begleiten. An den Schnittstellen kooperierten beide Teams eng miteinander. Darüber hinaus habe ich als Berater und Gutachter für Jugendämter mehrere Dutzend kreative Lösungen anregen und begleiten dürfen, aus denen sich viele Erfahrungen ableiten lassen.
Ich möchte an dieser Stelle Beispiele flexibler Settings sowie flexibler Verläufe darstellen, welche zu Wendepunkten in den jeweiligen Biographien wurden. Die Fallbeispiele wurden punktuell verfremdet, um die Anonymität der jungen Menschen zu wahren, enthalten aber die wesentlichen Elemente im Original:

*Die Balance zwischen Mitschwingen und Verbindlichkeit…*

*‚Janie' ist fünfzehn Jahre alt, als ich sie kennen lerne. In den letzten Monaten ist sie von einer Inobhutnahme zur nächsten gewandert, immer wieder mit der Zwischenstation Klinik. Zu Beginn der Hilfe hält sie sich in einer Inobhutnahmestelle auf. Es wird mit dem Jugendamt vereinbart, dass wir eine zusätzliche Rufbereitschaft übernehmen, um die Einrichtung in Krisensituationen zu unterstützen. Zusätzlich soll ‚Janie' einen festen Tag in der Woche in die Stadt kommen, in der unser Träger einen Standort hat, um dort einen niedergelassenen Kinder- und Jugendpsychiater aufzusuchen und mit uns als Krisenteam im Gespräch über mögliche Anschlussmaßnahmen zu bleiben. Nach einer Krisenintervention, bei der ‚Janie' aus der Inobhutnahmestelle herausgenommen und durch das Team „Innovative Hilfen" für eine Nacht zum Time-Out in einer familienanalogen Form aufgenommen wurde, nutzt ‚Janie' den noch offenen Konflikt in der Inobhutnahmestelle als Begründung und entweicht zu ihrer nicht sorgeberechtigten leiblichen Mutter. Die bisherigen Bezugsbetreuer des Krisenteams bleiben im Kontakt und konfrontieren sie mit der Erwartung, dennoch jeden Montag zur Therapie zu erscheinen. Entgegen jeder Erwartung: ‚Janie' kommt. Nach ca. drei Wochen wird deutlich, dass ‚Janie' doch nicht im Haushalt der Mutter und der Halbgeschwister bleiben kann und will. ‚Janie' bittet um eine eigene Wohnung, was rein rechtlich möglich wäre, da sie inzwischen sechzehn Jahre alt geworden ist. Da sie unter einer starken Angststörung leidet ist aber klar, dass sie nicht in ein ambulant betreutes Wohnen ziehen kann. Sie wechselt in trägereigenen Wohnraum des Teams „Innovative Hilfen", erhält neben einer Tagesbetreuung eine nächtliche Begleitung, damit sie nicht allein ist. Tagsüber wird sie eng betreut, erhält Angebote der Tagesstrukturierung (u.a. eine Schulersatzmaßnahme) sowie eine durchgehende Rufbereitschaft. Die Vereinbarung, welche ja im Rahmen einer offiziellen Mobilen Betreuung abgebildet werden kann, lautet: Wenn du drohst, ausagierst oder übergriffig wirst, wird die Mitarbeiterin gehen und dich allein lassen.*

*‚Janie' lebt so fast anderthalb Jahre in diesem Setting. Im Bereich der Tagesstrukturierung müssen immer wieder neue Maßnahmen gefunden werden, da ‚Janie' diese scheitern lässt oder verweigert. Als problematisch zeigt sich ihre Neigung, sich immer wieder auf Beziehungen zu Jungen einzulassen, die sich in der Prä-Kriminellen Szene aufhalten. Auch Polizeieinsätze zur Räumung der Wohnung sind notwendig. Unter dem Strich aber stabilisiert ‚Janie' sich deutlich. Kurz vor ihrem achtzehnten Geburtstag wird ‚Janie' schwanger. Deutlich scheint, dass ihr aktueller Lebenswandel mit Baby nicht verantwortbar ist. Aus Angst vor dem Kindsvater und um in der Nähe ihrer Adoptiveltern zu sein, wünscht sie sich eine Mutter-Kind-Einrichtung näher an ihrer Heimatstadt. Kurz vor der Geburt wechselt ‚Janie' wohnorttechnisch in eine Mutter-Kind-Einrichtung, die aber rund um die Uhr durch Fachkräfte besetzt ist. Gleichzeitig erhält sie für sich eine weitere Betreuung durch Teammitglieder, die sie in der Wohnung betreut haben. Eine enge Zusammenarbeit auf der Ebene der Fallbesprechungen wird zwischen den Trägern vereinbart und die Rufbereitschaft bleibt für ‚Janie' bestehen. Kommt es zur Krise, wird sie durch die Mitarbeiterinnen von Innovative Hilfen Inobhut genommen, das Baby dagegen könnte in einem solchen Fall kurzfristig zu den Adoptiveltern von ‚Janie'.*

*Nach einem dreiviertel Jahr scheint ein Auszug ‚Janies' in eine eigene Wohnung mit ihrem Baby möglich. Sie erhält wieder zwei Hilfen: Eine Sozialpädagogische Familienhilfe für das Baby, welche auch eine Kontrollaufgabe übernimmt, und eine Erziehungsbeistandschaft im Rahmen der Hilfen für junge Volljährige durch ihre Bezugsbetreuerinnen bei Innovative Hilfen. Als ‚Janie' zwanzig ist, wird die Hilfe bei uns beendet und sie erhält weitere ambulante Unterstützung. Im Nachgang zeigt sich, dass ihr Lebenswandel vor allem in der Beziehungsgestaltung zu jungen Männern extrem unruhig und wellenförmig bleibt.*

Man könnte sicherlich lange darüber diskutieren, ob dieser Hilfeverlauf im engeren Sinne „erfolgreich" war. Er bleibt in Bewegung, ‚Janie' wird jung schwanger – bevor sie sich eine schulische geschweige denn berufliche Perspektive sichern konnte – und endet keineswegs mit der Aussicht auf eine gesicherte Zukunft für Mutter und Baby. Dennoch lässt sich festhalten, dass ‚Janie' zuletzt über vier Jahre Betreuung durch dieselben Menschen zulassen kann, in verbindliche Beziehungen geht und durch diese in Ansätzen steuerbar wird. Sie ist weder zu einer Dauerpatientin der Psychiatrie noch zu einem völlig verwahrlosten Straßenmädchen geworden – und diese Alternativen schienen am Beginn der Hilfe der einzige denkbare Weg zu sein.

Was aber an der Hilfe für ‚Janie' gezeigt werden kann, sind zwei Faktoren: Erstens ein extrem flexibler Einsatz von unterschiedlichen Elementen der Hilfe und zweitens der Prozess des „Mitschwinges" zwischen den Polen „Nachgeben", um ‚Janie' immer wieder neue Perspektiven zu ermöglichen, und „Grenzsetzung", um ihr behutsam neue Erfahrungen zu ermöglichen. ‚Janie' hat den Rahmen, in dem sie betreut wurde, immer wieder überspannt, final durch die Schwangerschaft. Diese Grenze wurde markiert, sie wurde transparent damit konfrontiert, und dann eine neue gemeinsame Lösung gesucht. Aber schon zu Beginn der Hilfe zeigte sich: Sie wurde nicht einfach aufgenommen. Es wurde ihr Zeit gegeben, Krisen zu inszenieren, diese durchzustehen, die Schleife über ihre leibliche Mutter noch einmal zu gehen, und sich dann für eine Hilfe zu entscheiden, die zweifelsfrei auch nur eine Übergangslösung sein konnte. Innerhalb der Hilfe wurden viele Dinge, die sich in Jugendhilfe eigentlich ausschließen, lediglich dadurch beantwortet, dass die Mitarbeiterinnen das Feld verlassen haben. Diese Form der Konsequenz, welche von ‚Janie' nicht im Rahmen eines Machtkampfes bearbeitet werden konnte, war für sie neu. Sie konnte weder eine Auflage verweigern, noch sich gegen eine Sanktion zur Wehr setzen. Sie konnte nichts tun, um die Konfrontation durch weggehen zu verhindern oder zu gewinnen. Diese Interventionsform war zuvor sorgfältig im Rahmen einer Fallarbeit erarbeitet worden. ‚Janie' blieb in solchen Momenten allein zurück, was ihr einerseits unsägliche Langeweile verursachte, in den Abendstunden auch ihre Angststörung auf den Plan rief und somit eine Konsequenz hatte, die der Realität geschuldet war – sie konnte die Situation aber auch wieder verändern, war ihrer Angst also nicht mehr hilflos ausgeliefert. Sie geriet in die Situation, sich dieser Realität stellen zu müssen und schnell wieder in die Kooperation zu gehen. Tat sie das, bekam sie sofort wieder ein positives Beziehungsangebot und lernte somit sehr niedrigschwellig Wege kennen, ihrer Angst zu begegnen.

Durch die Schwangerschaft kam eine völlig neue Situation hinzu, aber wieder wurde das Prinzip der Kontinuität gewahrt und ‚Janie' auch in der Überleitung in die Mutter-Kind-Einrichtung begleitet. Als sie letztlich in die eigene Wohnung zog – interessanterweise spielten ihre Ängste jetzt kaum noch eine Rolle – begleiteten sie ihre Mitarbeiterinnen wiederum noch eine ganze Weile, wodurch ‚Janie' auch den Kontakt zu der kontrollierenden Hilfe des Sozialpädagogischen Familienhilfe aushalten konnte, zugegebenermaßen mit starken Schwankungen.

Sicherlich ist ‚Janie' kein stabilisierter junger Mensch im engeren Sinne. Ihr Leben bleibt krisenbehaftet, vermutlich vor allem nach Beendigung der Hilfe. Aber was dieser Hilfeverlauf zeigt ist, dass trotz aller Schwierigkeiten und negativen Prognosen zu Beginn der Hilfe über viele Stationen hinweg Kontinuität und Beziehung gewahrt werden konnte und dies zu einer gewissen Stabilisierung, wenn auch auf niedrigem Niveau, geführt hat. ‚Janie' ist ein Paradebeispiel für einen Hilfeverlauf, in dem es die „gute" Lösung nicht zu geben scheint, sondern die Jonglage zwischen verschiedenen Kompromissen das Leitmotiv darstellt.

*Entzerrungen und haltender Rahmen trotz Beziehungslosigkeit…*

*‚Timo' kommt mit erst neun Jahren in seine bereits vierte Wohngruppe, nachdem er im Alter von sieben Jahren auf Grund massiver Gewaltexzesse aus seiner Familie genommen werden musste. Es gab stichhaltige Hinweise, dass die Eltern Sex-Partys organisierten, bei denen sich auch Männer und Paare in ‚Timos' Zimmer schlichen und ihn sexuell und körperlich schwer misshandelten. ‚Timo' selbst zeigte eine starke Impulsivität und ein extremes Misstrauen Erwachsenen gegenüber. Die Wohngruppe, die eigentlich schon auch auf die Arbeit mit traumatisierten Kindern ausgerichtet war, zeigte sich sehr schnell mit ‚Timos' aktiven Gewaltanteilen überfordert. Da die Eltern aber aktuell auf Rückerlangung des Sorgerechts klagten, schien ein erneuter Wechsel der Wohngruppe äußerst ungünstig – abgesehen von der Frage, wo es denn hingehen und was dort anders werden sollte.*

*Zur Entzerrung und Entlastung der Lebenssituation wurde folgendes Setting gebaut:*

*Vormittags wurde ‚Timo' durch eine Einzelbetreuung in einer pädagogischen Kleingruppe an einem Förderzentrum unterstützt. Dabei teilten sich die Vormittagsbetreuung drei Kolleg_innen auf. Eine Kollegin, die Hauptansprechpartnerin der Schulmaßnahme war, begleitete Timo am Montag ganztägig und an den anderen vier Tagen jeweils die ersten zwei Stunden. Somit entstand für ‚Timo' ein stark ritualisierter Wochen- und Tagesanfang. An den anderen Tagen wechselten die Kollegen dann zur dritten Stunde tagesweise ab. Somit wurde keiner der Kolleg_innen überlastet, weil jeder ein überschaubares Maß an Zeit mit Timo verbrachte. Gleichzeitig entstand aber ein regelmäßiges Betreuungsmuster, welches durch starke Ritualisierung unterstützt wurde.*

*Mittags wechselte ‚Timo' dann in eine Soziale Gruppenarbeit. Hiervon hielt der Träger parallel mehrere Angebote bereit, so dass ‚Timo' jeden Tag in einer anderen Gruppe untergebracht werden konnte. Bei Gruppenkonstellationen, die an sich schon sehr dynamisch waren, wurde ‚Timo' durch die zusätzliche Begleitung eines Bundesfreiwilligendienstlers unterstützt. Somit kehrte ‚Timo' erst um 17:30 Uhr zurück in die Wohngruppe. Es wurde genau darauf geachtet, dass zu diesem Zeitpunkt zwei Mitarbeiter_innen im Dienst waren, damit eine Fachkraft ‚Timo' in Empfang nehmen konnte. Der Gruppenalltag war in der Regel um diese*

*Zeit gut strukturiert und die anderen Kinder in feste Beschäftigungen eingebettet, so dass die erste Gruppensituation das Abendbrot war. Zur Schlafenszeit - auch ein typischer „Krisenherd" für ,Timo' und eine Zeit, in der auch andere Kinder viel Aufmerksamkeit forderten, kamen dann im Wechsel zwei männliche Mitarbeiter eines ambulanten Teams, um diese Situation zu gestalten.*
*In diesem Rahmen konnte ,Timo' über ein Jahr begleitet werden, bevor bei ihm selbst der Wunsch nach einer festeren Struktur laut wurde und ein Platz in einem Kleinstangebot genutzt werden konnte. Zwei der bisherigen Mitarbeiterinnen, zu denen ,Timo' guten Kontakt aufgenommen hatte, wechselten mit in den neuen Betreuungsrahmen, die schulische Maßnahme konnte aufrecht erhalten bleiben.*

Auf den ersten Blick mag einem das Setting für ,Timo' wie eine pädagogische Katastrophe vorkommen. So viele unterschiedliche Betreuer, so viele Wechsel innerhalb des Settings, und dass bei einem noch so jungen Kind. Aber auch dieses Setting war im Rahmen genauer Fallanalysen erarbeitet worden. Als Grundgedanken galten folgende: Erstens, ,Timo' muss erst erfahren, dass dieser Rahmen ihn halten und schützen kann, bevor es sich für ihn lohnt, Beziehungen zu wagen. Zweitens, um die massive Impulsdurchbrüchigkeit ,Timos' ertragen zu können, müssen die Mitarbeitenden oft genug wechseln und in ihrem beruflichen Handeln mit genügend anderen, gewaltfreien Arbeitskontexten befasst sein. Drittens, ,Timo' fällt es leichter, äußerlich haltgebende Rituale und Strukturen zu nehmen, als auf der Beziehungsebene zu interagieren. Er definiert Lebensräume über Tätigkeiten, weniger über Menschen. Viertens, wenn ,Timo' im Laufe der Hilfe Anzeichen von Beziehungsaufbau zeigt, sind diese aufzugreifen und auszubauen, aber nur, wenn der Impuls eindeutig von ihm ausgeht.
Auch die Hilfe von ,Timo' bleibt „auf dünnem Eis". Auch er muss die Wohngruppe nach einer Zeit verlassen und wechselt in ein anderes Angebot. Aber es gelingt, diesen Wechsel nicht aus der Krise heraus, sondern mit ihm gemeinsam als geplanten Prozess unter Wahrung personeller Kontinuität und erhalt der schulischen Maßnahme zu vollziehen. Insgesamt zeigte sich eine deutliche Stabilisierung. Das Prinzip: Stabiler Rahmen vor Bindung gewann in diesem Hilfeverlauf eine enorme Bedeutung und hat dazu geführt, dass ,Timo' trotz seiner Impulsdurchbrüche über weite Teile in die Kooperation gehen konnte. Und die Impulsdurchbrüche verteilten sich ausreichend gut auf so viele Personen, dass keiner vollkommen überlastet wurde.

*Flexibilisierung des Schutzkonzeptes, wenn nötig*

*‚Alisha' kommt mit fünfzehn Jahren in eine individualpädagogische Maßnahme, nachdem sie zuvor über ein Jahr in einer Kinder- und Jugendpsychiatrie untergebracht war, weil keine Entlassungsadresse, sprich ein neuer Träger gefunden werden konnte. Sie geht zunächst in einen guten Kontakt mit den Mitarbeiterinnen. Aber nach ca. zwei Wochen beginnt sich ihre Problematik der Selbstverletzung (Kopf gegen die Wand schlagen) und Suizidversuche (die Treppe hinunterstürzen, auf die Hauptverkehrsstraße laufen) in einem Ausmaß zu realisieren, welches sich selbst zuvor nicht gezeigt hatte. Es kommt zu mehreren Notaufnahmen in der örtlich zuständigen Kinder- und Jugendpsychiatrie. Schließlich wurde deutlich, dass dieser Weg über kurze Notaufnahmen in der Klinik nicht zielführend sei und überdies auch die Sorge der Mitarbeiterinnen, der Rettungswagen könnte einmal zu langsam sein, stieg. Auf sehr kurzem Weg konnte mit dem fallführenden Jugendamt eine Anpassung des Schutzkonzeptes vereinbart werden. An der örtlich ansässigen Universität konnten drei Studenten, die neben einem pädagogischen Studium auch Sport studierten (z.B. Lehramt Sonderpädagogik) angeworben werden, die in voraussehbaren Krisenzeiten die Dienste unterstützten. Dies war vor allem in den Abendstunden und wenn es Familienkontakte gab, oder wenn tagsüber besonders schöne Ausflüge unternommen worden waren. Eine zusätzliche Rufbereitschaft wurde eingerichtet.*

*Somit gab es in Krisensituationen folgendes Setting: Es war rund um die Uhr eine Pädagogin vor Ort, die als Bezugsperson ansprechbar war. In Krisenzeiten war zusätzlich ein männlicher Kollege anwesend, der den klaren Auftrag hatte, im Falle eines Suizidversuches einzugreifen. Inwieweit ‚Alisha' mit ihm in den Kontakt geht, war ihre Entscheidung und von Kollege zu Kollege durchaus unterschiedlich. Wenn es tatsächlich zu einer Krise kam, konnte schnell eine dritte Person hinzugezogen werden, welche im Hintergrund unterstützen konnte oder die Kommunikation mit ‚Alisha' entlastete. In solchen Situationen hatte ‚Alisha' nun folgende Rahmung: Sie durfte sich mit einer der Personen in ihr Zimmer zurückziehen und wurde verlässlich nicht allein gelassen. Die Wahl der Person oblag ihr. Blieb sie im Wohnzimmer, was auch ihre Entscheidung war, blieben alle drei Personen vor Ort, da dieser Raum unübersichtlicher und schlechter zu sichern war. In ihrem Zimmer durfte sie nichts aufbewahren, was zu einer selbstverletzenden Handlung verwendet werden konnte (dies musste natürlich im Alltag kontrolliert werden). Ihr Fenstergriff war abschließbar und wurde in solchen Situationen verschlossen. ‚Alisha' wusste, dass sie in solchen Situationen nicht ohne Begleitung die Wohnung verlassen durfte, sonst würde sofort die Polizei*

*hinzugezogen. Wenn ‚Alisha' sich in ihr Zimmer zurückzog, durfte sie telefonieren, außer mit ihrem Bruder, da dieser sie zu suizidalen Handlungen ermutigte. Auch ein oberflächliches Ritzen wurde im kontrollierbaren Rahmen toleriert, wenn ‚Alisha' sich darauf einließ, hinterher medizinisch versorgt zu werden, und sich nicht den Handgelenken näherte. Wenn ‚Alisha' sich nicht nach kurzer Zeit wieder regulieren konnte, wurde telefonisch Rücksprache mit der Kinder- und Jugendpsychiatrie gehalten. Es gab in Folge solcher Phasen grundsätzlich keinerlei Sanktionen, stattdessen wurden sofort wieder positive Beziehungsangebote (gemeinsames Essen, zum Kiosk laufen etc.) gemacht. Am Tag nach einer Krisensituation wurde ‚Alishas' Vormund angerufen, damit sie mit ihm besprechen konnte, wie die Krisensituation aus ihrer Sicht verlaufen sei.*
*Durch diesen engen und verbindlichen Schutzrahmen, dessen Botschaft lautete: „Wir werden nicht zulassen, dass du dich umbringst, aber wir werden bei dir sein, bis du das nicht mehr tun musst!", konnte die Zahl der notwendigen Aufnahmen in der Klinik drastisch reduziert werden. Für ca. fünf Monate musste der Rahmen derart eng und personalintensiv gehalten werden. Nach fünf Monaten wurde dann deutlich, dass ‚Alisha' einerseits extrem nach Kontakt zu anderen Jugendlichen suchte, und andererseits der Betreuungsrahmen in der individualpädagogischen Maßnahme zu eng für sie wurde, da ihre gegen sich selbst gerichteten destruktiven Anteile nun im Kontext sich langsam entwickelnder Beziehungen als Aggressionen gegen außenstehende, auch Mitarbeiterinnen, gerichtet wurden. ‚Alisha' wechselte zunächst mit ihrem gesamten Team in eine Einliegerwohnung auf dem Gelände einer Intensivgruppe, um nach sechs Wochen in diese Gruppe mit nur vier Plätzen aufgenommen zu werden. In dieser Gruppe war rund um die Uhr eine Doppelbesetzung (außer nachts) gewährleistet, das Team bestand zu dem Zeitpunkt zu Dreivierteln aus männlichen Kollegen. Zusätzlich wurde ‚Alisha' in der Anfangszeit von den Kolleginnen aus der individualpädagogischen Maßnahme sowie von einem der Sportstudenten, der einen guten Bezug zu ihr hatte, vier Mal die Woche in den Abendstunden begleitet. Klar war aber, dass in dem Gruppenkontext Verhaltensweisen wie Selbstverletzung aus Rücksicht auf die anderen Kinder verboten waren. Die zuvor eng begleiteten destruktiven Anteile wurden nun also möglichst unterbunden und die Anforderung an ‚Alisha', sich durch den Kontakt zu ihren Betreuer_innen selbst zu regulieren, wurde deutlich offensiver formuliert. Nach dem es zu einer sehr positiven Entwicklung gekommen war, kam es nach ca. einem Jahr zu einem Unfall, bei dem ‚Alisha' sich durch einen Sturz das Bein brach. Jetzt benötigte sie eine intensiven 1:1 Pflegesituation, die durch die männlichen Kollegen nicht abgedeckt werden konnte. Auch dies konnte aber kurzfristig mit den Kostenträgern*

*vereinbart werden und ‚Alisha' genoss die pflegerische Umsorgung in der Gruppe sichtlich. Nach dieser sehr anstrengenden Phase wurde aber allen Beteiligten klar, dass für ‚Alisha' ein neuer Schritt dran war. Mit fast achtzehn Jahren nahm ‚Alisha' Kontakt zur Erwachsenenpsychiatrie auf und durchlebte noch einmal ausführlichst den „Drehtüreffekt", mit dem die Maßnahme einst begonnen hatte. Diesmal entschieden wir uns, diesen nicht mehr zu unterbrechen, sondern laufen zu lassen, bis ‚Alisha' für sich die Perspektive entwickelt hatte, in einer Wohngemeinschaft für junge Erwachsene mit psychischen Erkrankungen leben zu wollen. Mit achtzehn Jahren ging sie freiwillig für sechs Wochen in die Klinik zur Behandlung, und wechselte von dort aus in eine solche Wohngemeinschaft. Ein halbes Jahr lang wurde sie noch unregelmäßig von der Teamleiterin der Wohngruppe besucht. In diesem halben Jahr war es zu keiner Krisensituation gekommen, so dass die Jugendhilfemaßnahme auch aus ‚Alishas' Sicht beendet werden konnte und sie ganz in der Betreuung im Rahmen der Wohngemeinschaft unterstützt werden konnte. Zum Abschluss-Hilfeplangespräch kam ihr früherer Vormund noch einmal dazu – dies war für ‚Alisha' ein besonderes Ereignis, da sie wusste, dass dieser das in seiner Freizeit tun musste, weil er ja gar nicht mehr zuständig war. ‚Alisha' hielt noch lange Zeit einen lockeren Kontakt über Telefon und soziale Medien zu einer ganzen Reihe der ehemaligen Betreuer_innen.*

Es gibt keine Alternative: Auch pädagogische Systeme müssen sich der Situation stellen, dass es manchmal schlicht und ergreifend um Schutz geht. Die Gewährleistung von Schutz stellt dabei ein besonders komplexes Thema dar, weil einerseits die Rechte des jungen Menschen und ein möglichst hohes Maß an Partizipation auch unter den Bedingungen schützenden Zwanges gewährleistet sein müssen, und andererseits, weil Schutz niemals einfach oder billig zu haben ist. Was der Fallverlauf von ‚Alisha' aber deutlich zeigt, ist, wie aktiv der für sie angewandte Schutzrahmen immer wieder entschieden, angepasst, innerhalb des Fallverlaufes reflektiert und mit ihr gemeinsam eingerichtet wurde. Somit konnte für sie – trotz mehrerer Settingwechsel , trotz eines zeitweise sehr hohen Aufwandes und immer wiederkehrenden Wellenbewegungen zwischen deutlichen Positiventwicklungen und ebenso klar vernehmbaren „Rückwärts-Saltos" – in einer engen Kooperation von Jugendamt, Amtsvormund und Träger ein Rahmen geschaffen werden, der ihren Bedürfnissen entsprach, den sie annehmen konnte und wollte und der für ihre Biographie einen entscheidenden Wendepunkt darstellte. Dies konnte nur gelingen, weil das Thema „Schutz" in Krisensituationen nicht ausgelagert, sondern innerhalb der Rahmung immer wieder neu justiert wurde. Der

Hilfeverlauf hat die beteiligten Helfer_innen viel Kraft gekostet und verlief auch auf der Teamebene nicht krisenfrei. Viele der in Kapitel 7 reflektierten Aspekte habe ich gerade an dem Hilfeverlauf mit ‚Alisha' wie in kaum einem anderen Setting lernen müssen, aber das Durchhalten hat es ‚Alisha' ermöglicht, heute als junge Erwachsene zwar nicht ohne Hilfe, aber doch mit einer klaren positiven Lebensperspektive zu leben.

## 9. Epilog: Waren wir erfolglos, wenn wir scheitern?

Am Ende dieser Ausführungen, die ich eingangs als „Spurensuche" bezeichnet habe, bleibt die entscheidende Frage: Kann „gute Pädagogik", wenn sie nur „gut genug" wäre, wirklich Abbrüche und scheiternde Hilfeverläufe zu hundert Prozent verhindern? Ich glaube kaum. Dies anzunehmen hieße, das Phänomen ‚Systemsprenger' doch wieder zu einem Problem des jungen Menschen zu erklären, und dann die richtige, möglichst evidenzbasierte Lösung darauf zu haben – ich hoffe, dass an dieser Stelle klar ist, dass dies so einfach nicht zu haben sein wird. Wenn wir von der systemischen Grundannahme ausgehen, die ich eingangs postuliert habe, dass eine ‚Systemsprenger-Karriere' immer das Zusammenspiel der Weltsicht, der inneren Logik eines jungen Menschen in seinem biographischem Gewordensein, der inneren Handlungslogik des Hilfesystems und den einzelnen Helfern sowie der Erfahrungen, die diese beiden Systeme miteinander machen, darstellt, dann zeigt sich, dass ein solch komplexer Prozess niemals vollständig berechenbar sein wird – und auch nicht sein sollte.

Dennoch bleibt festzuhalten: Der ständige Wechsel von Betreuungs- und Förderangeboten, der aus Abbrüchen resultiert und in der fachlichen Einschätzung in der Regel dem Verhalten des jungen Menschen zugeschrieben wird, erhöht die Wahrscheinlichkeit einer sich chronifizierenden Negativentwicklung, eines viel zu frühen „Care-Leavings" und eines dauerhaft auf staatliche Unterstützung angewiesen Seins ungemein (vgl. Witte & Sander 2006; Tornow & Ziegler 2012; Arnold & Macsenaere 2012). Dies ist also ein Prozess, für den sowohl die jungen Menschen wie auch die am Fallverlauf beteiligten Helfer und letztlich volkswirtschaftlich gesehen die gesamte Gesellschaft einen hohen Preis bezahlen. Und klar ist auch: Alle Studien weisen darauf hin, dass fachliches Handeln dazu beiträgt, Abbruchrisiken zu senken (vgl. Tornow & Ziegler 2012) oder die Folgen eines Abbruches für den jungen Menschen zu reduzieren (vgl. Baumann 2015a).

Dennoch seien am Ende dieses Buches ein paar Anmerkungen gemacht, die Mut machen, auch seinem eigenen Scheitern aktiv zu begegnen:

Zunächst einmal muss festgehalten werden, dass Scheitern/ der Abbruch eines Förderprozesses ein ganz normaler Prozess ist. Arnold und Macsenaere stellen in der Auswertung von Fallverläufen ähnliche Zahlen dar wie Tornow und Ziegler – nämlich über 40 % unplanmäßige Beendigungen über alle Jugendhilfemaßnahmen hinweg. Lediglich bei einem Drittel dieser Abbrüche spielen aktuelle Krisen oder Verhaltensprobleme des jungen Menschen eine Rolle (vgl. Arnold & Macsenaere 2012, 291) – damit stimmt die Zahl wieder mit dem Wert aus meiner Studie überein (vgl. Baumann 2010). Eine Vielzahl der Hilfen „scheitert" also ohne große Krisen und ohne besonderes Zutun der Jugendlichen. Und nicht jede abgebrochene Hilfe stellt für den jungen Menschen eine Krise dar. Betrachten wir diesen Prozess näher:

Zunächst einmal muss die Frage gestellt werden, was „scheitern" eigentlich bedeutet. Michael Winkler stellt völlig treffend fest, dass Diskontinuität ein Kernmerkmal pädagogischer Bildungsprozesse ist, ohne welche diese kaum vorstellbar sind (Winkler 2012). Er sieht das Thema Abbrüche in einem zweifachen Konfliktfeld: Erstens, „Brüche führen zum Konflikt mit den Intuitionen darüber, was denn gut für Menschen sei." (Winkler 2012, 206). Insofern sind Brüche wichtiger Bestandteil der Hilfesysteme, die ansonsten in ihrem Effizienzstreben zu sehr an den Gedanken klammern, am Ende eines Hilfeprozesses stehe ein fertiges Produkt – und dies stellt für die Pädagogik eine schwierige Haltung dar. „Wer vorgibt >>effizient<< und >>ergebnisorientiert<< helfen zu können, (...) degradiert den Lebensvollzug zu einem gleichsam mechanisch beeinflussbaren Vorgang (...)" (Sattler 2016, 171). Insofern ist die Akzeptanz auch scheiternder Verläufe die einzige Möglichkeit, Pädagogik nicht linear-kausal zu denken, sondern als ergebnisoffenen Bildungsprozess, in dessen Fokus Identität und nicht wirtschaftliche Verwertbarkeit steht, welche sich dann mit einem aus der Wirtschaft entnommenen Vokabular des Controlligs messen lässt. Eine Pädagogik ohne Scheitern kann keine demokratiefördernde Erziehungswissenschaft und –Praxis sein!

Der zweite Fokus Winklers ist die Feststellung, dass gerade in der Jugendphase Brüche häufig einen wichtigen Entwicklungsschritt darstellen, um zu markieren, dass der Bildungsprozess des jungen Menschen neu verhandelt werden muss, weil der alte Entwurf nicht mehr passend ist (Winkler 2012, 296). Dies ist ein biographisch normaler Vorgang, der auch jungen Menschen zugestanden werden muss, die in ihrem Verhalten zu radikaleren und riskanteren Inszenierungen neigen als der Durchschnitt. Seien wir mal ehrlich: Wie oft inszenieren junge Menschen ihren Abschied auf dramatische Weise, und erst in dieser Inszenierung wird uns klar, dass wir schon lange auf der Stelle treten? Insofern ist Scheitern nicht nur normal, sondern sogar manchmal notwendig – die Frage ist nur, ob es nach dem Scheitern Alternativen gibt. Sattler definiert an dieser Stelle als Gegenteil von >>Scheitern<< nicht den Erfolg, sondern das >>Handeln<< (Sattler 2016, 169). Die Frage ist also nicht, ob Pädagogik erfolgreich im Sinne von Effizienz ist (was auch immer das heißen mag), sondern ob sie Handlungsfähig bleibt.

Ein dritter Aspekt zum Thema „Scheitern" ist meiner Ansicht nach, dass junge Menschen auch die „Erlaubnis" brauchen, scheitern zu dürfen. Dies ist in einer kapitalistischen Leistungsgesellschaft nicht so einfach. Der Soziologe Ulrich Beck

(1987) hat in seiner Theorie der Individualisierung dargestellt, wie in der kapitalistischen Moderne zwischen „Erfolg“ und „Nicht-Erfolg“ individualisiert wurde, und wie das mehr an Freiheitsgrade des Einzelnen auch dazu führt, bei nicht gelungener Integration die „Schuld“ für das „Scheitern“ dem Einzelnen zuzuschreiben. Daraus ergibt sich meiner Ansicht nach folgende Paradoxie: Pädagogik, die nicht scheitern möchte, muss es dem Einzelnen erlauben, zu scheitern, ohne ihn dadurch zu stigmatisieren und aufzugeben. Nur wenn das Scheitern nicht individualisiert wird, also als Kriterium für Ausgrenzung dient, scheitert der Erziehungsprozess nicht. Auch aus diesem Blickwinkel bleibe ich bei der These, dass Handlungsfähigkeit das zentrale Merkmale pädagogischen Handelns darstellt, nicht die Effizienz.

In vielen Hilfeverläufen, die ich in den letzten Jahren beobachten, begleiten und erforschen durfte, gab es eine Vielzahl von Brüchen, auch nachdem bereits positive Entwicklungen eingesetzt haben. Und vor allem eine Beobachtung ist mir dabei als abschließendes Fazit deutlich geworden: Bei vielen dieser jungen Menschen gab es in anschließenden Phasen doch wieder Anknüpfungspunkte, wo auf Ressourcen gemachter Positiverfahrungen zurückgegriffen wurde. Sei es eine Zeit der Stabilität in einer ehemaligen Pflegefamilie, ein positiver Kontakt zu einem früheren Betreuer (oder einem/ einer Mitbewohner_in) oder ein Erfolgserlebnis in der Schule – wer in seinem Leben solche positiven Resilienzerfahrungen sammeln konnte, kann auch später in seinem Leben darauf zurückgreifen und in späteren Phasen, die wieder mehr Stabilität bieten, an diese anknüpfen. Insofern ist Scheitern in Erziehungsprozessen niemals ein endgültiges Scheitern, solange sie nicht in Handlungsunfähigkeit mündet.

## Literatur:

*Adolphs, R.* (2002): Recognizing Emotion from Facial Expressions: Psychological and Neurological Mechanisms; In: Behavioral and Cognitive Neuroscience Reviews (1) 1/ 2002; S. 21 – 61

*Ahrbeck, B.* (2008): Psychoanalytische Handlungskonzepte. In: Gasteiger-Klicpera, B./ Julius, H./ Klicpera, C. (Hrsg.): Sonderpädagogik der sozialen und emotionalen Entwicklung; Göttingen, Bern, Wien: Hogrefe Verlag, 497-508

*Arbeitskreis therapeutischer Wohngruppen* (2012): Das therapeutische Milieu als Angebot der Jugendhilfe, Band III: Wirksamkeit und Perspektive. Berlin: Verlag allgemeine Jugendberatung

*Arnold, J. & Macsenaere, M.* (2012): Abbrüche in den Hilfen zur Erziehung: Häufigkeit, Relevanz und Vermeidung. In: Evangelische Jugendhilfe (89) 5/ 2012, S. 284-294

*Baier, D., Pfeiffer, S., Simonson, J. & Rabold, S.* (2009)*:* Jugendliche in Deutschland als Opfer und Täter von Gewalt. KFN-Forschungsbericht 107, Hannover 2009.

*Bauer, J. (2011)*: Schmerzgrenze – Vom Ursprung alltäglicher und globaler Gewalt. München: Blessing Verlag

*Baumann, M.* (2007): Emotion und Interaktion im Kontext (neuro-) wissenschaftlicher Forschung – Ein Beitrag zum Umgang mit neurowissenschaftlichen Forschungsergebnisse in erziehungswissenschaftlichen Kontexten; Verfügbar über: www.neuro-paedagogik.de; Stand: Feb. 2010

*Baumann, M.* (2009): Verstehende Subjektlogische Diagnostik bei Verhaltensstörungen – Ein Instrumentarium für Verstehensprozesse in pädagogischen Kontexten. Hamburg: tredition Verlag

*Baumann, M.* (2010): Kinder, die Systeme sprengen – Wenn Jugendliche und Erziehungshilfe aneinander scheitern. Baltmannsweiler: Schneider Verlag Hohengehren

*Baumann, M.* (2011): Jugendgangs und Stadtteilcliquen – Interdisziplinäre Versuche des Verstehens. In: Ittel, A., Merkens, H. & Stecher, L. (Hrsg.): Jahrbuch Jugendforschung 10. Ausgabe 2010. Wiesbaden: VS-Verlag; 183-206

*Baumann, M.* (2012a): Die kindliche Hirnentwicklung unter den Bedingungen von Gewalt und Misshandlung. In: Schulze, G.C. & Zieger, A. (Hrsg): Erworbene Hirnschädigungen – Neue Herausforderungen an eine interdisziplinäre Rehabilitationspädagogik. Bad Heilbrunn: Julius Klinkhardt Verlag; S. 136-146

*Baumann, M.* (2012b): Der Sog der Straße – Scheiternde Bildungsverläufe und gewaltförmige Jugendgruppen. In: Ricking, H. & Schulze, G. (Hrsg.): Schulabbruch - ohne Ticket in die Zukunft? Bad Heilbrunn: Julius Klinkhardt Verlag; S. 94-105

*Baumann, M. (2013)*: Kinder, die Systeme sprengen – Junge Menschen in der Pendelbewegung zwischen Hilfe, Zwang und (Selbst-) Aufgabe. In: Die Kinderschutzzentren (Hrsg.): Aufbruch – Hilfeprozesse gemeinsam neu gestalten. Köln 2013: Eigenverlag; S. 335-354

*Baumann, M.* (2014): Jugendliche Systemsprenger - zwischen Jugendhilfe und Justiz (und Psychiatrie). Zeitschrift für Jugendkriminalrecht und Jugendhilfe (ZJJ) 2/14, 162-167

*Baumann, M.* (2015): Intensivpädagogik – Das Gegenteil von Inklusion? Versuch einer Standortbestimmung. www.socialnet.de

*Baumann, M.* (2015a): >>Intensiv<< heißt die Antwort – Wie war noch mal die Frage? Vom Streit um das richtige Setting zur passgenauen Hilfe. In: Baumann, M. (Hrsg.): Neue Impulse in der Intensivpädagogik. EREV Schriftenreihe Beiträge zur Theorie und Praxis der Jugendhilfe (11) 1/ 2015. S. 8-26

*Baumann, M.* (i.Vorb.): Inventar: Handlungs- und Gefährdungsräume bei sexuell übergriffigem Verhalten.

*Baumann, M., Bolz, T. & Albers, V.* (2017): >>Systemsprenger<< in der Schule? Auf massiv störende Verhaltensweisen von Schülerinnen und Schülern reagieren. Weinheim: Beltz Verlag

*Beck, U.* (1987): Individualisierung sozialer Ungleichheit – Zur Enttraditionalisierung der Industriegesellschaftlichen Lebensformen. Hagen: Fernuniversität, Gesamthochschule. 2. Bde.

*Bodenmüller, M. & Piepel, G.* (2003): Streetwork und Überlebenshilfe. Weinheim, Berlin, Basel: Beltz Votum

*Brumlik, M.* (2008): Ab nach Sibirien – Wie gefährlich ist unsere Jugend? Weinheim: Beltz Verlag

*Ciompi, L.* (1999): Die emotionalen Grundlagen des Denkens – Entwurf einer fraktalen Affektlogik. Göttingen: Vandenhoek & Ruprecht

*Damasio, A.R.* (2002): Ich fühle, also bin ich – Die Entschlüsselung des Bewusstseins. München: List Verlag, 2. Aufl.

*Damasio, A.R* (2010): Selbst ist der Mensch – Körper, Geist und die Entschlüsselung des menschlichen Bewusstseins. München: Siedler Verlag

*Damasio, A.R.* (2017): Im Anfang war das Gefühl – Der biologische Ursprung menschlicher Kultur. München: Siedler Verlag

*Dornes, M.* (2001): Der Kompetente Säugling. Die präverbale Entwicklung des Menschen. Frankfurt a.M.: Fischer Verlag

*Enser, M.* (2007): Massive Gefühls- und Verhaltensstörungen bei Jungen in freiheitsentziehenden Jugendhilfemaßnahmen nach §1631b BGB i.V. §§ 70 FGG. Frankfurt a.M., Berlin, Bern, Bruxelles, New York, Oxford, Wien: Peter Lang Verlag

*Fingerle, M., Freytag, A. & Julius, H.* (1999): Ergebnisse der Resilienzforschung und ihre Implikatjaonen für die (heil)pädagogische Gestaltung von schulischen Lern- und Lebenswelten; In: Zeitschrift für Heilpädagogik (50) 6/99; S. 302 – 209

*Fonagy, P., Gregely, G., Jurist, E.L. & Target, M.* (2004): Affektregulierung, Mentalisierung und die Entwicklung des Selbst. Stuttgart: Klett Cotta Verlag

*Gallese, V., Keysers, C. & Rizzolatti, G.* (2004): A unifying view of basis of social cognition; In: Trends in Cognitive Science, 9/2004, S. 396 – 403

*Göppel, R.* (2008): Grenzen der Erziehung – Erziehung an den Grenzen - Erziehung durch Grenzen. In: Reiser, H., Dlugosch, A. & Willmann, M. (Hrsg.): Professionelle Kooperation bei Gefühls- und Verhaltensstörungen - Pädagogische Hilfen an den Grenzen der Erziehung. Hamburg: Verlag Dr. Kovac; S. 45-66

*Harari, Y. N.* (2015): Eine kurze Geschichte der Menschheit. München: Deutsche Verlagsanstalt (Random House)

*Hardy, K.V. & Laszloffy, T.A.* (2007): Teens who Hurt – Clinical Interventions to Break the Cycle of Adolescent Violence; New York

*Hekele, K.* (2014): Sich am Jugendlichen orientieren. Ein Handlungsmodell für subjektorientierte Soziale Arbeit. Weinheim: Beltz Juventa

*Höllmüller, H.* (2015): „Geh dich ritzen, Elefant!" – Aktuelle Erfahrungswelten von als „besonders schwierig" etikettierten Jugendlichen in der Kinder- und Jugendhilfe. In: soziales_kapital. wissenschaftliches journal österreichischer fachhochschul-studiengänge soziale arbeit Nr. 14 (2015)/ Rubrik „Sozialarbeitswissenschaf". S. 156-170

*Hoops, S.* (2006): Zum Problem der Indikationsstellung und der Verfahrensweisen bei Unterbringungen nach §1631b BGB im Rahmen von Jugendhilfe. In: : Rüth, U./ Pankofer, S./ Freisleder, F.J. (Hrsg.): Geschlossene Unterbringung ...im Spannungsfeld von Kinder- und Jugendpsychiatrie und Jugendhilfe; München, Wien, New York; S. 61-80

*Jackson, C.* (1999): Testen und getestet werden – Was man über moderne Psychodiagnostik wissen sollte. Bern, Göttingen, Toronto, Seattle: Hans Huber Verlag

*Kalter, B.* (2004): „Verhindert Prävention Intervention?" – Ergebnisse einer Voruntersuchung zum Evaluationsprojekt EPSO. In: Schrapper, C. (Hrsg.): Sozialpädagogische Forschungspraxis – Positionen, Projekte, Perspektiven. Weinheim, München: Juventa Verlag, S. 141-161

Kant, I. (1803): Über Pädagogik. In: Kant, I.: Werke in 10 Bänden. Herausgegeben von Weischedel, W., Band 10. Darmstadt: Wissenschaftliche Buchgesellschaft. S. 691.734

*Kersten, J.* (2008)*:* Der Code der Straße. In: Brumlik, M. (Hrsg.): Ab nach Sibirien? Wie gefährlich ist unsere Jugend. Weinheim: Beltz Verlag, 41-61

*Kessl, F, Lorenz, F. & Wittfeld, M.* (2018): Machtmissbrauch und Gewalt in den stationären Hilfen. Strukturmermale gegenwärtiger Gewaltkonstellationen. In: Unsere Jugend 1/ 2018, S. 21.28

*Klawe, W.* (2008): Individualpädagogische Maßnahmen als tragfähiges Beziehungsangebot - Ergebnisse einer empirischen Studie. In: Unsere Jugend 5/2008, S. 208-217

*Klawe, W.* (2011): Zur Evaluation individualpädagogischer Maßnahmen. In: Felka, E. & Harre, V. (Hrsg.): Individualpädagogik in den Hilfen zur Erziehung. Baltmannsweiler: Schneider Verlag Hohengehrden, S. 188-210

*Körner, B. & Uschold-Meier, E.* (2010): Pädagogische Präsenz in der Heimerziehung – Gewaltloser Widerstand – auch im Rahmen stationärer Jugendhilfe? In: Schlippe, A. von & Grabbe, M. (Hrsg.): Werkstattbuch Elterncoaching – Elterliche Präsenz und gewaltloser Widerstand in der Praxis. Göttingen: Vandenhoeck & Ruprecht; 175-189

*Koß, P., Wagner, C. & Baumann, M.* (2018): Riskant agierende junge Menschen – über hilflose Systeme und ihre so genannten „Systemsprenger“. In: Zeitschrift für Jugendkriminalrecht und Jugendhilfe (29) 4/2018, 285-291

*Lawick, J. van & Visser, M.* (2017): Kinder aus der Klemme – Interventionen für Familien in hochkonflikthaften Trennungen. Heidelberg: Carl Auer Verlag

*Leinmann, S.* (2010): Der Überfall. In: Die Zeit 49/ 2010

*Lichtenberg, J.D., Lachmann, F.M. & Fosshage, J.L.* (2000): Das Selbst und die motivationalen Systeme. Frankfurt a.M.: Brandes und Appel

*Lichtenberg, G.* (2014): Grenzerfahrungen und Schlüsselmomente im Umgang mit schwierigsten Kindern und Jugendlichen. In: Deutsches Institut für Urbanistik (Hrsg.): Grenzgänger, Systemsprenger, Verweigerer. Berlin

*Lindemann, H. (2008):* Systemisch beobachten, lösungsorientiert handeln. Ein Lehr-, Lern- und Arbeitsbuch für die pädagogische und betriebliche Praxis. Münster: ökotopia Verlag

*Luhmann, N. & Schorr, K.E.* (1982): Das Technologiedefizit der Erziehung und die Pädagogik. In: Luhamnn, N. & Schorr, K.E. (Hrsg.): Zwischen Technologie und Selbstreferenz. Fragen an die Pädagogik. Berlin: Suhrkamp Verlag, 11-41

*Niederbühl, R. & Neuser, D.* (2015): Nichts ist unmöglich – Ein Konzept des Sozialen Dienstes Karlsruhe zum Umgang mit Systemsprengern. In: Baumann, M. (Hrsg.): Neue Impulse in der Intensivpädagogik. EREV Schriftenreihe Theorie und Praxis der Jugendhilfe (11) 1/2015. Hannover: SchöneWorth Verlag. S. 85-90

*Macsenaere, M.* (2014): Was wirkt in der Erziehungshilfe? Wirkfaktoren und Effektivität bei der Arbeit mit schwierigen Kindern und Jugendlichen. In: Deutsches Institut für Urbanistik (Hrsg.): Grenzgänger, Systemsprenger, Verweigerer. Berlin

*Menk, S., Schnoor, V. & Schrapper, C.* (2013): Woher kommt die Freiheit bei all dem Zwange? Langzeituntersuchung zu (Aus-)Wirkungen geschlossener Unterbringung in der Jugendhilfe. Weinheim, Basel: Beltz Juventa

*Merten, J.* (2013): Einführung in die Emotionspsychologie. Stuttgart: Kohlhammer

*Moser, V. (2005)*: Professionalisierung im Fokus sonderpädagogischer Disziplinentwicklung. In: Horster, D., Hoyningen-Süess, U. & Liesen, C. (Hrsg.): Sonderpädagogische Professionalität. Berlin, Heidelberg, New York: Springer Verlag, 87-96

*Münch, F.* (2010): Prekäre Hilfen? Soziale Arbeit aus Sicht wohnungsloser Jugendlicher. Wiesbaden: VS Verlag

*Niproschke, S., Oertel, L., Schubarth, W., Ulbricht, J. & Bilz, L.* (2016): Mehr oder weniger Gewalt an Schulen? Eine Replikationsstudie 1996-2014 an sächsischen Schulen. In: Zeitschrift für Soziologie der Erziehung und Sozialisation (36) 1/2016, 78-96

*Oelkers, N., Feldhaus, N. & Gaßmöller, A.* (2015): Geschlossene Unterbringung in der Kinder- und Jugendhilfe – Drahtseilakt? Vechta: Vechtaer Verlag für Studium, Wissenschaft und Forschung

*Ollefs, B. & Schlippe, A. von* (2010): Manual für das Elterncoaching auf der Basis des gewaltlosen Widerstands. In: Schlippe, A. von & Grabbe, M. (Hrsg.): Werkstattbuch Elterncoaching – Elterliche Präsenz und gewaltloser Widerstand in der Praxis. Göttingen: Vandenhoeck & Ruprecht; 47-101

*Pahns, S., Wuttke, A., Ulrich, B., Knackstedt, M., Moller, P. & Soluk-Pardylla, C.* (2015): Neue Wege im Umgang mit >>Systemsprengern<<: Vorsellung eines Praxismodells aus der Region Braunschweig/ Wolfenbüttel/ Salzgitter. In: Baumann, M. (Hrsg.): Neue Impulse in der Intensivpädagogik. EREV Schriftenreihe Theorie und Praxis der Jugendhilfe (11) 1/2015. Hannover: SchöneWorth Verlag. S. 74-84

*Permien, H.* (2010): Erziehung zur Freiheit durch Freiheitsentzug? Zentrale Ergebnisse der DJI-Studie >>Effekte freiheitsentziehender Maßnahmen in der Jugendhilfe<<. München: Deutsches Jugendinstitut. Verfügbar unter: http://www.dji.de/freiheitsentzug. Abruf: 21.08.2015

*Perry, B.D. (2001):* The neurodevelopment impact of violence in childhood. In: Schetky, D./ Benedek, E. (Hrsg.): Textbook of child and adolescent forensic psychiatry. Washington D.C.: American Psychiatric Press, 221-238

*Peters, M.* (2015): Koordinierungsstelle individuelle Unterbringung – Ein Modellprojekt des Paritätischen Hamburg stellt sich vor. In: Baumann, M. (Hrsg.): Neue Impulse in der Intensivpädagogik. EREV Schriftenreihe Theorie und Praxis der Jugendhilfe (11) 1/2015. Hannover: SchöneWorth Verlag. S. 41-51

*Piaget, J.* (1983): Meine Theorie der geistigen Entwicklung; Herausgegeben von Reinhard Fatke; Frankfurt am Main: Fischer Taschenbuch Verlag

*Pinker, S.* (2013): Gewalt – Eine neue Geschichte der Menschheit. Frankfurt a.M.: Fischer Taschenbuch

*Pirker-Binder, I.* (2006): Biofeedback in der Praxis, Band 1: Kinder. Springer Verlag: Wien

*Plass, A.* (1998): Mr. Harpers Traum vom Leben. Moers: Brendow Verlag

*Reichholf, J.H.* (2014): Das Rätsel der Menschwerdung – Die Entstehung des Menschen im Wechselspiel der Natur. München: Deutscher Taschenbuch Verlag

*Reiser, H.* (1998): Sonderpädagogik als Serviceleistung? In: Zeitschrift für Heilpädagogik (49) 2/ 1998, 46.54

*Reiser, H.* (2000): Annäherungen an innere Pfade und Wege aus dem Dickicht. In: LernChancen 16, 10-17

*Reiser, H.* (2005): Professionelle Konzepte und das Handlungsfeld Sonderpädagogik. In: Horster, D., Hoyningen-Süess, U. & Liesen, C. (Hrsg.): Sonderpädagogische Professionalität. Berlin, Heidelberg, New York: Springer Verlag, 133-150

*Reiser, H.* (2006): Psychoanalytisch-systemische Pädagogik – Erziehung auf der Grundlage der Themenzentrierten Interaktion. Stuttgart: Kohlhammer

*Riemann, J., Jöst, S., Fischer, C. & Berchtold, N.* (2014): Beziehungsweise Bindung – Intensivpädagogische Hilfeverläufe unter der Lupe. Augsburg: ZIEL Verlag

*Rieß, B. & Bolz, T.* (2015): Das gestufte System sonderpädagogischer Förderung in Niedersachsen. In: Sonderpädagogik in Niedersachsen (43) 4/2015, S. 98-108

*Rotthaus, W.* (2010): Die systemische Behandlung jugendlicher Sexualstraftäter. Verfügbar unter: http://www.praxis-institut.de/fileadmin/Redakteure/Sued/Praxis-Dialog/2010_Rotthaus_Die%20systemische%20Behandlung%20jugendlicher%20Sexualstraftäter.pdf Abruf: 10.09.2018

*Rüth, U.* (2006): Indikationen zur geschlossenen Unterbringung in der Jugendhilfe aus Sicht des Jugendpsychiatrischen Gutachters. In: Rüth, U./ Pankofer, S./ Freisleder, F.J. (Hrsg.): Geschlossene Unterbringung ...im Spannungsfeld von Kinder- und Jugendpsychiatrie und Jugendhilfe; München, Wien, New York; S. 47-60

*Sattler, D.* (2016): Rechne mit dem Unerwarteten! Überlegungen zum Scheitern in der Sozialarbeit. In: Evangelische Jugendhilfe (93) 3/2016, S. 169-173

*Schleiffer, R.* (2009): Zum Nutzen der Bindungsforschung für die Praxis der stationären Erziehungshilfe. In: Evangelische Jugendhilfe 4/2009, 217-223

*Schlippe, A. von* (2010): Der Mythos der Macht und Krankheiten der Erkenntnistheorie. In: Schlippe/ Grabbe (Hrsg.): Werkstattbuch Elterncoaching – Elterliche Präsenz und gewaltloser Widerstand in der Praxis. Göttingen: Vandenhoeck & Ruprecht; 17-25

*Schlippe, A. von & Schweitzer, J.* (1996): Lehrbuch der systemischen Therapie und Beratung. Göttingen: Vandenhoek & Ruprecht

*Schlippe, A. von & Grabbe, M.* (2010) (Hrsg.): Werkstattbuch Elterncoaching – Elterliche Präsenz und gewaltloser Widerstand in der Praxis. Göttingen: Vandenhoeck & Ruprecht

*Schmid, M.* (2008): Psychische Belastung und aggressives Verhalten an Schulen für Erziehungshilfe. In EREV (Hrsg.): Schule für Erziehungshilfe: „Vielfalt statt Einfalt. Die Chance für das förderbedürftige Kind. Schriftenreihe (49) 3/2008. Hannover: Schöneworth Verlag. S. 13-20

*Schmid, M.* (2104): Traumapädagogik braucht es, weil... Die Projektidee und Überlegungen zur konkreten Umsetzung des Projekts. In: Schmid, M./ Kaiser, U./ Ziegenhain, U. (Hrsg.): Traumapädagogik und ihre Bedeutung für pädagogische Einrichtungen. Hannover: Schöneworth-Verlag (EREV). S. 13-37

*Schmid, M. & Kind, N.* (2018): Folgen von Grenzverletzungen an sozialpädagogischen Fachkräften in stationären Settings. In: unsere jugend (70) 1/ 2018, S. 11-20

*Schmitz, C.* (2010): Gesund trotz Risikobelastung? Resilienz und Salutogenese – Zwei Konzepte zur Erhaltung und Verbesserung von Gesundheit; In: Baumann, M., Schmitz, C. & Zieger, A. (Hrsg.): RehaPädagogik, RehaMedizin, Mensch – Einführung in den interdisziplinären Dialog humanwissenschaftlicher Theorie- und Praxisfelder; Baltmannsweiler: Schneider Verlag Hohengehren; 95 – 107

*Schmitz, C. & Wittrock, M.* (2010): Auch Verhalten muss gelesen werden – Behavioral Literacy; In: Zeitschrift für Heilpädagogik (61) 2/ 2010, S. 51 – 58

*Schwabe, M.* (1996): Eskalation und De-Eskalation in Einrichtungen der Jugendhilfe – Konstruktiver Umgang mit Aggression und Gewalt in Arbeitsfeldern der Jugendhilfe. Frankfurt a.M.: IGFH Eigenverlag:

*Schwabe, M.* (2013): Settings zwischen spezial und normal, flexibel und rigide, sicher und riskant. Vortrag im Rahmen des Fachtages „Systemsprenger“ am 7.6.2013 in Wolfenbüttel; unveröffentlichtes Vortragsskript.

*Schwabe, M.* (2014): Wie erfolgreich arbeiten Settings für „Grenzgänger, Systemsprenger und Verweigerer“ mit Elementen von Zwang in sozialpädagogischer Absicht? In: Deutsches Institut für Urbanistik (Hrsg.): Grenzgänger, Systemsprenger, Verweigerer. Berlin, 61-78

*Schwabe, M.* (2015): >>Bude ohne Betreuung<< - ersehnte Freiräume mit beträchtlichen Risiken. In: Baumann, M. (Hrsg.): Neue Impulse in der Intensivpädagogik. EREV Schriftenreihe Theorie und Praxis der Jugendhilfe (11) 1/2015. Hannover: SchöneWorth Verlag. S. 63-73

*Schwabe, M.* (2016): Die „dunkle Seite“ der Sozialpädagogik – Ideale, Negatives und Ambivalenzen. Ibbenbüren: Münstermann Verlag.

*Schwabe, M.* (2016b): Was hilft wem? Typologien selbst- und fremdgefährdend agierender junger Menschen und die Frage nach dem passenden Erziehungshilfe-Setting. In: Perspektiven – Denkanstöße zu Theorie und Praxis der Jugendhilfe (1). Verfügbar unter: http://drk-kinder-jugend-familienhilfe.de/uploads/tx_ffpublication/Impulse_fuer_die_Jugendhilfe.indd.pdf. Abruf: 07.02.2018

*Schwabe, M.* (2018): Warum man über Zwang nicht vernünftig sprechen kann: Der Versuch einer Meta-Perspektive. In: Evangelische Jugendhilfe (95) 3/ 2018, S. 208-215

*Schwabe, M., Stallmann, M. & Vust, D.* (2013): Freiraum mit Risiko: Niedrigschwellig Erziehungshilfe für sogenannte Systemsprenger/innen. Ibbenbühren: Klaus Münstermann Verlag

*Sewing, J.* (2010): Abbrüche in der stationären Erziehungshilfe – Ergebnisse einer internationalen Literaturstudie. In: Evangelische Jugendhilfe 5/ 2010, S. 304-313

*Sewing, J.* (2012): >>Da hatt' ich keinen Bock mehr drauf, weil… << Eigene Sichtweisen Jugendlicher auf Abbrüche in der Heimerziehung – Ergebnisse einer Interviewstudie. In: EREV-Schriftenreihe 3/2012: Abbrüche in stationären Erziehungshilfen (ABiE). Hannover: SchöneworthVerlag, S. 119-164

*Shaw, J. (2016)*: Das trügerische Gedächtnis. Wie unser Gehirn Erinnerungen verfälscht. München: Carl Hanser Verlag

*Sutterlüty, F.* (2003): Gewaltkarrieren – Jugendliche im Kreislauf von Gewalt und Missachtung; Frankfurt a.M., New York

*Stadler, H.* (2005): Therapie unter geschlossenen Bedingungen – ein Widerspruch? Berlin: Fachbereich Rehabilitationswissenschaften (Dissertation)

*Stein, D.G./ Brailowsky, S./ Will, B.* (2000): Brain – Repair: Das Selbstheilungspotential des Gehirns; Stuttgart, New York: Thieme Verlag

*Stein, R.* (2011): Pädagogik bei Verhaltensstörungen – Zwischen Inklusion und Intensivangeboten. In: Zeitschrift für Heilpädagogik (62) 9/2011, 324-336

*Steinlin, C., Dölitzsch, C., Fischer, S., Lüdtke, J, Fegert, J.M. & Schmid, M.* (2015): Burnout, Posttraumatische Belastungsstörung und Sekundärtraumatisierung – Belastungsreaktionen bei pädagogischen Fachkräften in Kinder- und Jugendhilfeeinrichtungen der Schweiz. In:Trauma & Gewalt (9) 1/ 2015, S. 6-21

*Steinlin, C., Fischer, S., Dölitzsch, C., Lüdtke, J, Fegert, J.M. & Schmid, M.* (2015): Pädagogische Arbeit in Kinder- und Jugendhilfeeinrichtungen, eine gefahrengeneigte Tätigkeit – Ergebnisse einer epidemiologischen Studie. . In:Trauma & Gewalt (9) 1/ 2015, S. 22-32

*Tammena, D. & Oltrop, A.* (2015): Innovative Hilfen – Ein Projekt für vermeintliche >>Systemsprenger<<. In: Baumann, M. (Hrsg.): Neue Impulse in der Intensivpädagogik. EREV Schriftenreihe Beiträge zur Theorie und Praxis der Jugendhilfe (11) 1/ 2015. S. 52-62

*Tomasello, M.* (2002): Die kulturelle Entwicklung des menschlichen Denkens. Zur Evolution der Kognition. Berlin: Suhrkamp Verlag

*Tornow, H. & Ziegler, H.* (2012): Ursachen und Begleitumstände von Abbrüchen stationärer Erziehungshilfen (ABiE). In: EREV-Schriftenreihe 3/2012: Abbrüche in stationären Erziehungshilfen (ABiE). Hannover: SchöneworthVerlag, S. 11-118

*Wagner, L. & Baumann, M.* (in Vorb.): Belastungsfaktoren und Belastungserleben von Mitarbeitern und Mitarbeiterinnen der stationären Jugendhilfe – Untersuchungsergebnisse einer Studie in Luxemburg.

*Walter, J.* (2008): Zwischen Erziehung und Strafe. Was kann Jugendstrafvollzug leisten? In: Brumlik, M. (Hrsg.): Ab nach Sibirien? – Wie gefährlich ist unsere Jugend? Weinheim und Basel: Belz Verlag; S. 154-183

*Weihrauch, J.* (2015): Zur Notwendigkeit der Mitarbeitersicherung in intensivpädagogischen Settings am Beispiel der innovativen Hilfen im Leinerstift e.V. In: Baumann, M. (Hrsg.): Neue Impulse in der Intensivpädagogik. EREV Schriftenreihe Beiträge zur Theorie und Praxis der Jugendhilfe (11) 1/ 2015. S. 104-114

*Werning, R.* (2006): An Lösungen denken! – Ein kleiner Werkzeugkasten für den Umgang mit Störungen. In: LernChancen 49/ 2006, S. 9–11

*Witte, M.D. & Sander, U.* (2006): Einleitung: >>Problemjugendlicher<< als Herausforderung für die Jugendhilfe. In: Witte, M.D. & Sander, U. (Hrsg.): Erziehungsresistent? >>Problemjugendliche<< als besondere Herausforderung für die Jugendhilfe. Baltmannsweiler: Schneider Verlag Hohengehren, S. 7-15

*Winkler, M.* (2012): Fuck off – oder: Die Normalität der Diskontinuität. In: Evangelische Jugendhilfe (89) 5/2012, S. 295-301